Liebe Leserin, lieber Leser,

es freut mich, dass Sie sich für einen Titel aus der Reihe "Studien 2003" entschieden haben.

Diese Reihe wurde von mir zusammengestellt, um einem breiten Publikum den Bezug von herausragenden wissenschaftlichen Abschlussarbeiten zu ermöglichen. Bei den Abschlussarbeiten handelt sich um hochwertige Diplomarbeiten, Magisterarbeiten, Staatsexamensarbeiten oder Dissertationen mit einer sehr guten Bewertung.

Diese Studien beschäftigen sich mit spezifischen Fragestellungen oder mit aktuellen Themen und geben einen guten Überblick über den Stand der wissenschaftlichen Diskussion und Literatur. Wissenschaft und andere Interessierte können durch diese Reihe Einblick in bisher nur schwer zugängliche Studien nehmen.

Jede der Studien will Sie überzeugen. Damit dies immer wieder gelingt, sind wir auf Ihre Rückmeldung angewiesen. Bitte teilen Sie mir Ihre kritischen und freundlichen Anregungen, Ihre Wünsche und Ideen mit.

Ich freue mich auf den Dialog mit Ihnen.

Björn Bedey
Herausgeber

Diplomica GmbH
Hermannstal 119k
22119 Hamburg

www.diplom.de
agentur@diplom.de

Raphael Hartmann: Therapeutische und beratende Arbeit mit Eltern suizidierter Kinder / Björn
Bedey (Hrsg.), Hamburg, Diplomica GmbH 2004
Zugl.: Osnabrück, Universität, Diplom, 2003

ISBN 3-8324-7819-1
© Diplomica GmbH, Hamburg 2004

Bibliografische Information der Deutschen Bibliothek
Die Deutsche Bibliothek verzeichnet diese Publikation in der Deutschen Nationalbibliografie;
detaillierte bibliografische Daten sind im Internet über <http://dnb.ddb.de> abrufbar.

Dieses Werk ist urheberrechtlich geschützt. Die dadurch begründeten Rechte, insbesondere die der Übersetzung, des Nachdrucks, des Vortrags, der Entnahme von Abbildungen und Tabellen, der Funksendung, der Mikroverfilmung oder der Vervielfältigung auf anderen Wegen und der Speicherung in Datenverarbeitungsanlagen, bleiben, auch bei nur auszugsweiser Verwertung, vorbehalten. Eine Vervielfältigung dieses Werkes oder von Teilen dieses Werkes ist auch im Einzelfall nur in den Grenzen der gesetzlichen Bestimmungen des Urheberrechtsgesetzes der Bundesrepublik Deutschland in der jeweils geltenden Fassung zulässig. Sie ist grundsätzlich vergütungspflichtig. Zuwiderhandlungen unterliegen den Strafbestimmungen des Urheberrechtes.

Die Wiedergabe von Gebrauchsnamen, Handelsnamen, Warenbezeichnungen usw. in diesem Werk berechtigt auch ohne besondere Kennzeichnung nicht zu der Annahme, daß solche Namen im Sinne der Warenzeichen- und Markenschutz-Gesetzgebung als frei zu betrachten wären und daher von jedermann benutzt werden dürften.

Die Informationen in diesem Werk wurden mit Sorgfalt erarbeitet. Dennoch können Fehler nicht vollständig ausgeschlossen werden, und die Diplomica GmbH, die Autoren oder Übersetzer übernehmen keine juristische Verantwortung oder irgendeine Haftung für evtl. verbliebene fehlerhafte Angaben und deren Folgen.

Raphael Hartmann

Therapeutische und beratende Arbeit mit Eltern suizidierter Kinder

 1970 wurde ich im westfälischen Ibbenbüren geboren. Nach der Grundschule besuchte ich von 1981 bis 1987 die Hauptschule und absolvierte anschließend eine Lehre als Kraftfahrzeugmechaniker (1987 – 1990). Da mir die Zukunftsperspektive in der Mechanikerbranche wenig viel versprechend erschien, absolvierte ich direkt nach der Lehre, ab 1990, am Comenius-Kolleg in Mettingen mein Abitur. Der anschließende Zivildienst legte den Grundstein für eine berufliche Zukunft im sozialen Bereich, den ich ab 1996 mit dem Studium der Psychologie an der Universität in Osnabrück umsetzte.

Schwerpunkt des Studiums war die Klinische Psychologie, wobei hier die Differentielle Psychologie und ganz besonders die Systemische Therapie / Familientherapie meine Schwerpunkte bildeten.

In der Systemischen Therapie entstand auch die Diplomarbeit, die versucht den Weg der Eltern aufzuzeigen, deren Kinder sich das Leben nahmen.

Meinen Eltern

Inhaltsverzeichnis:

1.	**Einleitung**	6
1.1.	Statistische Daten	7
1.2.	Suizid und Selbstmordversuch	9
1.3.	Suizidmethoden	10
2.	**Definitionen**	13
2.1.	Ein sehr individuelles Phänomen	13
2.2.	Abgrenzung der Begriffe Selbstmord, Selbsttötung, Freitod und Suizid	15
2.3.	Definition des Begriffes Suizid	17
2.4.	Definition des Begriffes Parasuizid	20
3.	**Drei Theorien über die Gesetzmäßigkeit zur Überwindung der Individualität**	22
3.1.	Suche nach unterschiedlichen Motiven: Der Ansatz von Shneidman	23
3.1.1.	Todessuchende	24
3.1.2.	Todesinitiatoren	24
3.1.3.	Todesverächter	25
3.1.4.	Todesherausforderer	25
3.2.	Suche nach Gemeinsamkeiten: Das praesuizidale Syndrom nach Ringel	26
3.2.1.	Einengung	27
3.2.1.1.	Situative Einengung	27
3.2.1.2.	Dynamische Einengung	28
3.2.1.3	Einengung der Wertwelt	28
3.2.2.	Gehemmte und gegen die eigene Person gerichtete Aggression	29
3.2.3.	Selbstmordphantasien	30
3.3.	Blick auf gestörte Persönlichkeitsstrukturen: Henselers Ansatz	31
3.3.1.	Der harmonische Primärzustand	31
3.3.2.	Lust- und Unlusterfahrung	32
3.3.3.	Copingstrategien	33
3.3.4.	Narzismus und der Weg zum Suizid	33
4.	**Suizid als Kommunikation: Systemische Überlegung**	36
4.1.	Das Prinzip von Ursache und Wirkung	36
4.2.	„Muster" statt Schuldzuweisung	38
4.3	Ebenen der Kommunikation	40
4.4.	Die Botschaft des Kindes	41
4.5	Die Botschaft der Eltern	42

5.	**Entwicklung der Fragestellung**	**44**
5.1.	Die kulturell definierte Trauer	45
5.2.	Die Trauer der Angehörigen suizidierter Menschen	46
5.3.	Die Frage nach dem, was geholfen hat	48
6.	**Ziel der Untersuchung: Grundidee**	**51**
6.1.	Auswahl des Erhebungsverfahrens	51
6.2.	Zentrale Merkmale qualitativer Forschung und das Untersuchungsdesign	52
7.	**Datenerhebung**	**54**
7.1.	Reaktionen und Mißerfolge: Verhalten von psychiatrischen-, beratenden- und Selbsthilfeeinrichtungen	54
7.2	Das Interview	56
7.3	Durchführung des Interviews	57
8.	**Explikation**	**59**
8.1	Die Kategorien und ihre Entstehungen	61
8.1.1.	1. Kategorie: Intrapersonell	61
8.1.2.	2. Kategorie: Beziehung zum Kind	62
8.1.3.	3. Kategorie: Eigeninitiative	63
8.1.4.	4. Kategorie: Hilfe	64
8.1.5.	5. Kategorie: Soziales Umfeld	66
8.1.6.	6. Kategorie: Verlauf	68
8.1.7.	7. Kategorie: Eigene Theorien über das Begehen des Suizids	71
9.	**Ergebnisse und Diskussion**	**73**
9.1.	Die Struktur im Überblick	74
9.2.	Ergebnisse im Detail	77
9.2.1.	Ergebnisse der 1. Kategorie: Intrapersonel	78
9.2.2.	Ergebnisse der 2. Kategorie: Beziehung zum Kind	80
9.2.3.	Ergebnisse der 3. Kategorie: Eigeninitiative	82
9.2.4.	Ergebnisse der 4. Kategorie: Hilfe	84
9.2.5.	Ergebnisse der 5. Kategorie: soziales Umfeld	91
9.2.6.	Ergebnisse der 6. Kategorie: Verlauf	95
9.2.7.	Ergebnisse der 7. Kategorie: Eigene Theorien über das Begehen des Suizids	106
10.	**Gütekriterien**	**108**
10.1.	Die sechs Gütekriterien nach Mayring	110
10.2.	Stichprobengröße	111

Inhaltsverzeichnis

11.	Schlußbemerkung und Aussichten	113
12.	Danksagung	116
13.	Literaturverzeichnis	117
14.	Anhang	122
14.1.	Anhang A – Kodierleitfaden der Transkripte	124
14.2.	Anhang B – Erster Schritt der Analyse	127
14.3.	Anhang C – Zweiter und dritter Schritt der Analyse	160

JEREMY

At home, drawing pictures of mountain tops with him on top
Lemin yellow sun, arms raised in a V
And the dead lay in pools of maroon below
Daddy didn't give attention
Oh, to the fact that mommy didn't care
King Jeremy the wicked...oh, ruled his world...
Jeremy spoke in class today...
Jeremy spoke in class today...

Clearly I remember pickin' on the boy
Seemed a harmless little fuck
Ooh, but we unleashed a lion...
Gnashed his teeth and bit the recess lady's breast...
How can I forget?
And he hit me with a surprise left
My jaw left hurtin'...ooh, dropped wide open
Just like the day...oh, like the day I heard

Daddy didn't give affection, no...
And the boy was something that mommy wouldn't wear
King Jeremy the wicked...oh, ruled his world
Jeremy spoke in class today...
Jeremy spoke in class today...

Try to forget this...try to forget this...
Try to erase this...try to erase this...
From the blackboard...

Jeremy spoke in class today...
Jeremy spoke in, spoke in...
Jeremy spoke in class today...

Pearl Jam: „Jeremy" CD: "Ten"
© 1991 Sony Music Entertainment Inc.

Einleitung

Jeremy Wade Delle, 16 Jahre, war ein Junge, der in den Vereinigten Staaten lebte und der sein Leben, so wie er es kannte, nicht weiterführen wollte und auch nicht konnte. Vor seiner Klasse in Dallas nahm sich Jeremy während des Unterrichts das Leben. Der Werdegang Jeremy´s und auch die Methode, die er für seinen Suizid wählte sprechen für einen „klassischen[1]" Verlauf. Einsamkeit und damit das in sich Zurückziehen kommen in diesem Text sehr gut heraus, wie auch die Tatsache, daß es einen Entscheidungs*prozeß* gibt, also eine relativ lang andauernde Phase, in der der Suizident zunächst Möglichkeiten sucht, Hilfe aus dem sozialen Umfeld zu bekommen. Dies geschieht häufig durch Provokation, die durch Gedanken und Theorien über den Tod dem sozialem Umfeld gegeben werden. Reagiert dieses Umfeld zum wiederholten Male nicht angemessen, steigert sich die Resignation des Suizidenten bis zur Eskalation. An diesem Punkt angelangt, fehlt nur noch der Tropfen, der das Faß zum Überlaufen bringt. Der Auslöser zum Suizid. Dieser muß nichts mit den Problemen des Suizidenten zu tun haben und kann von seinem äußeren Anschein her sehr unbedeutend sein. In Jeremys Fall war es das Fehlen in den letzten Englisch-Stunden. Er wurde von der Lehrerin aufgefordert sich von der Verwaltung der Schule eine Bescheinigung über die nicht besuchten Stunden abzuholen. Nach der Rückkehr stellte sich Jeremy direkt vor die Klasse und erschoß sich mit einer mitgebrachten Waffe vor 30 Mitschülern. Von „PEARL JAM" wird diese Aktion als *„Jeremy spoke in class today..."* beschrieben und bezeichnet damit das Unvermögen des Suizidenten, sich seiner Umwelt auf eine „richtige" Weise verständlich zu machen.

Auch wird in dem Songtext klar, daß es nicht *ein* Grund ist, der Jeremy in den Tod treibt, sondern das sich eine Vielzahl von Gründen bündeln und zu der Entscheidung führen, so nicht mehr leben zu können. Die wichtigsten Punkte, die Suizidale tragen, sind im Text angesprochen und beinhalten z.B. die Vereinsamung oder das Zurückziehen der Person aus dem Freundeskreis, und damit das einhergehende Unvermögen, vorhandene Probleme mit Freunden oder Eltern besprechen zu können, um andere Sichtweisen seiner Probleme und damit Lösungen zu bekommen. Dabei ist

---

[1] Klassisch steht hier in Anführungszeichen, da es *den* klassischen Werdegang im Suizid nicht gibt. Um aber die Gemeinsamkeiten von Personen zu untermauern, die einen Suizid begangen haben, wurde das Wort „klassisch" gewählt. Welche Vor- und Nachteile durch den Versuch einer Klassifizierung entstehen und welche Arten der Klassifizierung es gibt, wird im Kapitel 2 „Definitionen" und im Kapitel 3 „ Drei Theorien über die Gesetzmäßigkeit zur Überwindung der Individualität" noch genauer diskutiert.

es nicht selten, daß ein hohes Selbstbild aufgebaut wird, dessen Ziele so hoch gesteckt sind, daß sie im realen Leben nicht verwirklicht werden können (Im Songtext heißt es: *„At home drawing Pictures of mountain tops with him on top"*). Das anschließende Gefühl des Versagens kann zum Suizid beitragen. HENSELERs Theorie beschreibt diesen Aspekt ausführlicher.

Auch die Eltern spielen eine (naturgemäß) wichtige Rolle im Leben des jugendlichen Suizidenten. Im „Jeremy-Text" wird keine Schuldzuweisung aufgezeigt, sondern das Gefangensein in Verhaltensweisen, die sich zwischen Kind und Eltern, aber auch zwischen den Eltern selber eingespielt haben. Auch die Eltern werden in einer Opferrolle[2] dargestellt (*„Daddy didn`t give attention, to the fact that mommy didn`t care"*). Das Musikvideo unterstützt diesen neuen Ansatz, der aus der systemischen Sichtweise stammt, indem es die Eltern in einer starren Pose der gegenseitigen Schuldzuweisung zeigt, aus der sie sich nicht mehr befreien können, und in der Jeremy keine Möglichkeit hat, sich Gehör zu verschaffen. Auch in RINGELS praesuizidalem Syndrom wird dieser Zustand näher beschrieben.

So kann man sagen, daß die Verarbeitung des Falles „Jeremy" durch die Gruppe „PEARL JAM" künstlerisch einen Überblick über das Thema des Suizides gibt ohne den Leser des Textes oder den Betrachter des Musikvideos mit Bildern in einen schockierten Zustand zu versetzen. Es wird sehr schonend an das Thema herangeführt, wobei der Leser erst nach und nach die Tiefe des Themas, seine Individualität und die der musikalischen Umsetzung erfährt. Daher scheint mir der Text als Einleitung die ideale Weise zu sein, diese Arbeit zu beginnen.

Aus Gründen der Lesbarkeit habe ich mich dazu entschlossen, die männliche Form der Personen zu benutzen. Es ist aber selbstverständlich, daß damit auch weibliche Personen angesprochen sind. Sollte es geschlechtliche Unterschiede z.B. bei den statistischen Daten geben, wird gesondert darauf hingewiesen.

Statistische Daten

Zunächst soll über einige Daten referiert werden, die die Stellung des Suizids in der Gesellschaft darstellen.

---

[2] Über den Zusammenhang Eltern und Suizid, bzw. dem Konstrukt der Kausalität, im Sinne des Ursache-Wirkung-Prinzips, wird im Kapitel 4 „Suizid als Kommunikation: Systemische Überlegungen" ausführlich referiert.

Einleitung

JAMISON (2000) veröffentlichte eine Tabelle (Tabelle 1) mit den häufigsten Todesursachen weltweit, getrennt nach Männern und Frauen. Aus ihren Daten geht hervor, daß bei Frauen der Suizid an zweiter Stelle der Todesursachen steht.

Tab. 1:
Todesursache nach Häufigkeit bei Frauen und Männern (in Prozent aller Sterbefälle; Zusammenfassung aus JAMISON 2000)

Frauen		Männer	
Todesursache	**Prozent**	**Todesursache**	**Prozent**
Tuberkulose	9,4	Verkehrsunfälle	10,9
Selbstmord	7,1	Tuberkulose	9,0
Krieg	4,4	Tod durch Gewalteinwirkung	8,8
Verbluten bei der Geburt	4,0	Selbstmord	6,6
Verkehrsunfälle	3,7	Krieg	5,0
HIV / AIDS	3,4	Herzdurchblutungsstörungen	3,7
Hirngefäßerkrankungen	2,7	HIV / AIDS	2,9
Herzdurchblutungsstörungen	2,7	Leberzirrhose	2,9
Brandunglück	2,5	Ertrinken	2,8
Infektion der Atemwege	2,4	Hirngefäßerkrankungen	2,8

Bei den Männern ergibt sich ein anderes Bild. Der Tod durch Suizid steht hier an 4. Stelle. Durch Verkehrsunfälle kamen bei den Männern zwar weltweit mehr Menschen ums Leben, berücksichtigt man aber die Tatsache, daß Männer den Verkehrsunfall als eine Suizidmethode benutzen und die Grenze zwischen Unfall und Suizid nicht immer klar erkennbar ist, sollte das Ergebnis relativiert betrachtet werden.

Nach DIEKSTRA (1990) sind in Europa die Staaten Ungarn (45,3[3]), Deutschland (43,1) und Österreich (28,3) die Länder mit den höchsten Suizidraten (zitiert nach COMER 1995).

Nach HENSELER (1974) nehmen sich in der BRD jedes Jahr 13.000 Menschen das Leben. Da die Daten noch ohne das Gebiet der neuen Bundesländer gerechnet wurde liegen die Zahlen heute weitaus höher. Bestätigt werden diese Zahlen von HÖMMEN (1989) und NISSEN (1989), wobei sich auch ihre Zahlen nur auf das Gebiet der alten Bundesrepublik beziehen. Um die Zahlen etwas zu verdeutlichen, spricht HÖMMEN von

---

[3] Suizide pro 100.000 Einwohner

einer Kleinstadt wie Bad Tölz, die jedes Jahr nur durch Suizid von der Landkarte verschwände. HENSELER weist auch darauf hin, daß die Suizidrate der damaligen BRD nur um ein Drittel niedriger liegt, als die der Verkehrstoten, deren Höhe er mit 18.000 Menschen pro Jahr angibt. Bei HÖMMEN hat sich das Verhältnis gewendet. Aus ihren Daten, die in West Berlin erhoben wurden, geht hervor, daß 1989 schon weit mehr als doppelt so viele Menschen (436) durch Suizid starben als durch Verkehrsunfälle (192). Welche Einwirkung die brisante politische Lage der Stadt auf die Auswirkung der Suizidrate haben könnte und ob die Suizidrate im Vergleich zu anderen deutschen Städten angemessen ist, wurde nicht differenziert. NISSEN kann die Tendenz, die HÖMMEN für Berlin feststellte, für das gesamte Bundesgebiet bestätigen. Er fand heraus, daß 1984 10.200 Menschen durch Verkehrsunfälle gestorben sind, aber 12.600 Menschen durch Suizid. NISSEN weist auch darauf hin, daß die Suizidrate bei Erwachsenen im Zeitraum von 1968-1985 gleich geblieben ist, die Rate Kinder aber steigt.

Suizid und Selbstmordversuch

Im Gegensatz zu den Suiziden können die Selbstmordversuche (Parasuizide) nicht genau erfaßt werden, da es keine Meldepflicht gibt. Es ist davon auszugehen, daß eine große Dunkelziffer besteht[4]. HENSELER referiert über Verhältnisse zwischen Suizid und Parasuizid von 1:5 bis 1:15 und noch darüber hinaus (HENSELER 1974). HAENEL (1989) spricht von einem Verhältnis zwischen 1:50 und 1:100. Diese eindeutigen Verhältnisse von Suizid und Parasuizid werfen vor allem in der Geschlechterverteilung unter dem Aspekt Suizid und Parasuizid viele Thesen auf. HENSELER referiert Daten der WHO, die von fast allen Autoren bestätigt wurden, nach denen Männer die Liste der Suizide anführen und Frauen bei den Suizidversuchen das dominante Geschlecht sind. Die wichtigsten Daten besagen, daß:

- Männer eher zu „harten" Methoden greifen,
- Frauen eher zu den „weichen" Methoden tendieren
- durch die Methode Männer eher Opfer von Suiziden werden und
- Frauen den Suizdversuch öfter überleben als Männer

---

[4] Über den Umgang mit Suizidversuchen und der vorhandenen Scham, dieses Thema an die Öffentlichkeit zu bringen, wird im Kapitel 5 „Entwicklung der Fragestellung" noch näher erläutert.

Daraus resultieren folgende Thesen:

- Männer sind sehr viel entschlossener als Frauen sich das Leben zu nehmen.
- Frauen haben einen weniger intensiven Todeswunsch.

Es handelt sich hierbei um eine Stigmatisierung der Personen, die zu einem falschen Eindruck führt. Es wird zu leicht der Schluß vermittelt, daß Frauen den Apellcharakter des Suizid's benutzen, um auf sich und ihre Probleme aufmerksam zu machen, sie aber eigentlich nicht sterben wollen, und daß generell Menschen, die „weiche" Suizidmethoden wählen, keinen intensiven Wunsch haben zu sterben. Gerade hier können die Gründe für falsche (therapeutische und beratende) Verhaltensweisen gegenüber dem Suizidenten liegen.

Suizidmethoden

BIENER UND BURGER (1976) haben in einer Untersuchung an 438 parasuizidalen Menschen in Wien zwischen 1960 und 1970 Daten erhoben. Sie fanden heraus, daß Suizidmethoden, die in Kombination mit Tabletten unternommen wurden, sowohl bei Frauen als auch bei Männern an erster Stelle stehen, gefolgt von der Einnahme anderer Giftsubstanzen und dem Öffnen der Adern. Tabelle 2 gibt eine Überblick über die Rangreihe der ermittelten Methoden.

Auch hier fällt auf, daß, wie oben bereits besprochen, die Frauen bei den Methoden, die gemeinhin als „weiche"[5] Methoden bezeichnet werden, (Tabletteneinnahme, Suizidmethode in Kombination mit Tabletten, Vergiften durch Gas) zahlenmäßig dominieren. Die Männer zeigen hingegen eine Dominanz bei den Methoden, die als „harte" Methoden klassifiziert wurden (Stich/Schnitt, Ertrinken, Erhängen, Absturz, Schuß). Geradezu lehrbuchhaft ist die Schnittstelle zwischen „harten" und „weichen" Methoden (andere Giftsubstanzen). Hier sind die Zahlen ausgeglichen. Je „härter" die Methoden werden (Schuß), um so dominanter das Zahlenverhältnis der Männer. Je „weicher" die Methoden werden, um so dominanter das der Frauen.

---

[5] In der gesamten Literatur sind keine Aspekte zur expliziten Klassifizierung in „harte" und „weiche" Methoden gefunden worden. Anhand von Gemeinsamkeiten verschiedener Quellen gehe ich davon aus, daß der zu erwartende Schmerz ab dem Beginn des suizidalen Aktes bis zum Eintreten des Todes und die Veränderung der Ästhetik des Körpers die ausschlaggebenden Kriterien zur Klassifizierung sind.

Tab. 2: Selbstmordversuche Jugendlicher, Methoden. Zürich 1960-1970, in Prozent (*n*=438). (aus BIENER UND BURGER, 1976)

Methoden des SMV[6]	männlich	weiblich
Nur Tabletten	51	63
Kombinierte Methoden mit Tabletten	4,5	5,5
Andere Giftsubstanzen	2,5	2,5
Stich/Schnitt	19	12
Ertrinken	5	4,5
Erhängen	4,5	0,5
Gas	4,5	6
Absturz	4	3,5
Schuß	2,5	0,5
Sonstige Methoden (Sturz aus Zug, Sturz aus Auto, Brand, kombiniert, unbekannt)	2,5	2

Wenn man die wichtigsten statistischen Daten zur Beschreibung von Suizidenten heranziehen würde, entstünde der „Prototyp" eines Suizidenten, mit unten angeführten Eigenschaften (MCINTOSCH 1991 zitiert nach COMER 1995):

Der Prototyp des Suizidenten ist demnach

a) über 65

b) eher männlich

c) statistisch gesehen eher von weißer Hautfarbe

d) alleinstehend oder geschieden

RESNIK (1980) bestätigt diese Daten überwiegend. Von ihm werden noch andere Kategorien hinzugezogen:

e) Katholiken haben geschichtlich gesehen die niedrigste Rate, Protestanten eine der Höchsten.

f) Verheiratete haben eine Rate von 11 Suizidenten auf 100.000 Einwohner.

g) Die Rate der Ledigen liegen doppelt so hoch.

h) Geschiedene haben eine Rate von 24 auf 100.000

i) Verwitwete haben eine Rate von 40 auf 100.000

---

[6] SMV = Selbstmordversuch

j) 70% leiden an einer oder mehreren chronischen Körpererkrankungen.

k) Ärzte und Psychiater haben die höchste Rate im Berufsvergleich.

l) 7% der Klienten besuchten einen Arzt am Tag des Suizides, 27% in den letzten 7-30 Tagen, 50% einen Monat vorher.

Die Darstellung eines Prototypen des Suizidenten dient hier dazu, statistische Daten transparent erscheinen zu lassen. Die Daten können in einer Therapie als Gedankenstütze dienen. Bei Klienten, deren Therapieproblematik zunächst nicht auf Suizid schließen läßt, kann hier die Aufmerksamkeit des Therapeuten veranlassen, den suizidalen Aspekt zu hinterfragen.

Definitionen

„Weil das Wort Selbstmord in der Unterhaltung immer wiederkehrt, könnte man annehmen, seine Bedeutung sei allgemein und eine weitere Definition erübrige sich. In Wirklichkeit jedoch sind die Wörter der Umgangssprache immer mehrdeutig, ebenso die Vorstellung, die sie ausdrücken. Würde ein Wissenschaftler sie ohne eingehende Prüfung anwenden, wie er sie vorfindet, so setzt er sich sehr ernsten Mißverständnissen aus"

DURKHEIM (1987, S.23).

Noch denkwürdiger als die von DURKHEIM aufgezeigte Problematik einer Definition des Begriffes Suizid, ist ihr vollständiges Fehlen. Ebenso ist auch die Nomenklatur im Bereich der Suizidologie noch sehr verschwommen. Dabei ist es zunächst wichtig, Klarheit über die Begriffe zu geben, mit denen gearbeitet werden soll. Aus den zahlreichen Begriffen der Suizidologie, werden in dieser Arbeit die wichtigsten unter zwei Aspekten diskutiert. Zum einen soll eine klare Abgrenzung zu anderen Begriffen gefunden werden, wobei damit zusätzlich der Inhalt der Begriffe definiert wird. Zum anderen ist die Frage nach dem Sinn und Unsinn des Gebrauchs dieser Begriffe zu klären. Dabei liegt der Fokus in der therapeutischen oder beratenden Arbeit mit Suizidenten. Durch den Gebrauch diverser Begriffe kann der Therapeut oder Berater in seinem Urteil, das er gegenüber dem Suizidenten aufbaut, und die Intensität der Suizidabsicht, die Motive, die zu dem Wunsch des Sterbens führen, falsch deuten oder übersehen. Die Folgen einer solchen Fehldeutung beschreibt u.a. BRONISCH (1999): Ein Arzt unterschätzt die Intensität der Suizidabsicht des Suizidenten durch eine falsche Interpretation des ersten Suizidversuchs. Er stuft den Suizidversuch als nicht ernst gemeint ein und hält eine weitere Beobachtung während der Nacht nicht für nötig. In dieser Nacht aber stürzt sich der Suizident vom 5. Stock des Krankenhauses in den Tod. Aus diesem Grund sollte die Einstufung in ernstgemeinten und nicht ernstgemeinten Suizid oder eine Klassifizierung der Intensität des Todeswunsches möglichst kein Gewicht beigemessen werden.

Ein sehr individuelles Phänomen

Bevor es darum geht, Begriffe für die Untersuchung genauer zu bestimmen, sollte die Frage gestellt werden, ob es überhaupt Sinn macht, den Begriff Suizid und das dazugehörige Vokabular zu definieren. Zunächst sollte die Frage gestellt werden, ob es möglich ist, eine Verhaltensweise, die, wie später noch zu zeigen sein wird, sehr individuell betrachtet werden muß, in das Korsett der wissenschaftlichen Definition zu zwängen. Kein Suizid läßt sich mit dem Anderen vergleichen. Das wird durch eine mannigfache Zahl an Fallbeispielen in der Literatur immer wieder bestätigt. Nahezu jede Abhandlung über den Suizid wird mit persönlichen Erlebnissen und meist therapeutischen Erfahrungen der Autoren zum besseren Verständnis der Psychopathologie, Psychodynamik oder der theoretischen Beweisführung unterlegt. Jeder dieser Beispiele zeigt den einzigartigen Werdegang und besondere Verhaltensweisen des Suizidenten. Damit sind diese Fallbeispiele auch gleichzeitig Zeugen der Unzulänglichkeit einer Einordnung in bestehende Schemata, die von der Forschung bereitgestellt werden.

ADLER stellte schon 1928 die Frage nach dem Zusammenhang zwischen Statistiken über den Selbstmord und den Motiven eines Suizidenten. Er erklärt eindeutig, daß die Statistiken keinerlei Informationen über die Motivation eines Suizidenten geben können. Der Suizid folgt genau wie andere Erscheinungen nur dem *„Gesetz der großen Zahl"*. Aus diesem Grund kann der Selbstmord nur individuell begriffen werden, der soziale Voraussetzungen braucht und soziale Folgen nach sich zieht (ADLER 1929).

JAMISON (2000) stellt die Frage nach der Möglichkeit, den Suizid thematisch zu erfassen, und erklärt, daß *„der Tod durch die eigene Hand"* eben nicht mit den wissenschaftlich scharf definierten Methoden erfaßt werden kann. Das Problem des Suizids ist ein zu persönliches, das letztlich aus *„einem Bündel unbekannter Motive, komplexer psychologischer Gegebenheiten und ungewissen Umständen"* resultiert (JAMISON 2000). Weder die Linguisten noch eine psychologische Definition oder die Philosophen sind in der Lage das Konstrukt des Suizides *„angemessen zu beschreiben"*.

Auch AMÈRY, ein Befürworter des Freitodes, stellt fest, daß das Sammeln von Daten und Fakten nicht zum addierten Wissen über den Suizid führt, sondern, ganz im Gegenteil, daß sich durch das Anhäufen von Wissen und Fakten der Mensch vom Freitod entferne. *„Wo immer der Suizid als ein objektives Faktum betrachtet wird, als gehe es um Galaxien oder Elementarpartikel, entfernt der Betrachter, je mehr Daten und Fakten er sammelt, desto weiter sich vom Freitod"* (AMÈRY 1976, S.12).

Viele Autoren scheuen die Frage nach dem Sinn einer Definition oder die Auseinandersetzung mit dem Untersuchungsgegenstand überhaupt. Selbst bei dem Verfassen ganzer Bücher, die den Suizid zum Inhalt haben, wird weder die Frage nach einem Sinn der Definition angesprochen, noch eine solche diskutiert, geschweige denn gegeben. Auf der anderen Seite kann es nicht der Rahmen einer Untersuchung sein, mit unklaren Begriffen zu arbeiten. Klare Aussagen über den Untersuchungsgegenstand sind unumgänglich, führen aber zum Verlust von Details. Ein in der psychologischen Forschung an sich „täglich" vorkommendes Ereignis, das in der Suizidologie aber schwerer wiegt, da der Verlauf ein sehr individueller ist und die Folgen verheerender sind, womit auch die Fallbeispiele in den Publikationen eine Rechtfertigung finden. Um Klarheit über den Untersuchungsgegenstand zu bekommen und ihn im größeren Rahmen vergleichbar zu machen, bedarf es einer Definition seiner Terminologie. Dynamiken und Kausalitäten derer sich in der Literatur bedient wird, dürfen nicht als Dogma sondern müssen als Wegweiser zum Verständnis des Phänomens Suizid verstanden werden. Das Thema der linearen Kausalität und damit des Ursache-Wirkungsprinzips wird im Kapitel 5 ausführlich diskutiert.

Abgrenzung der Begriffe Selbstmord, Selbsttötung, Freitod und Suizid

Wie im obigen Zitat von DURKHEIM schon erwähnt, sind Alltagsbegriffe immer mehrdeutig. Dies trifft auch für den Begriff „Selbstmord" zu. DURKHEIM (1897) sagt über den Begriff, daß er ein angemessener sei und es keinen Grund gäbe, einen anderen zu wählen. Auch FREUD und ADLER bedienten sich in ihren Werken des Begriffes „Selbstmord". Aus der heutigen Sicht beherbergt der Begriff Selbst-*Mord* aber die Konnotation einer Strafhandlung, die zwar gegen sich selber gerichtet ist, trotzdem aber den Beigeschmack einer illegalen Handlung trägt. Im juristischen Sinn würden dem Selbst-*Mörder* Motive unterstellt, *„seine Handlung aus Mordlust, zur Befriedigung des Geschlechtstriebs, aus Habgier, aus sonst niederen Beweggründen, heimtückisch oder grausam, mit gemeingefährlichen Mitteln, um eine andere Straftat zu ermöglichen oder zu verdecken vorzunehmen"* (SCHÖNFELDER 2002). Es werden dem Suizidenten mit dem Begriff „Mörder" Motive unterstellt, die nicht im entferntesten etwas mit den eigentlichen Motiven einer suizidalen Handlung zu tun haben. Die Selbsttötung, wie sie im Strafgesetzbuch beschrieben ist, ist im Gegensatz zum Mord aber straflos (TRÖNDLE 1997).

Neben der Diskussion um wissenschaftlich exakte Begrifflichkeit können sich die Angehörigen auch missverstanden fühlen. So schreibt SALZBRENNER (2002):

„Warum empfinde ich den Begriff „Selbstmord" als so schlimm? Weil er eine Wertung und Verurteilung einschließt." Und weiter unten: *„Mit der gängigen, einst von der Kirche geprägten Bezeichnung verhält man sich nicht nur unkorrekt, sondern man kränkt unsere Lieben und uns, die Hinterbliebenen. Man stempelt uns ungerechtfertigt zu Angehörigen von Mördern ab in einer Gesellschaft, die mit vielem, was kirchliche Tradition und Wertung anbelangt, längst gebrochen hat."*

Um die Straffreiheit in der Konnotation der Begriffe deutlich zu machen und eine Unterstellung falscher Motive zur Handlung zu vermeiden, sollte der Begriff „Selbstmord" durch den aus dem Latein stammenden Begriff „Suizid" ersetzt werden. *Sui caedere* bedeutet soviel wie „sich töten" (BRONISCH, 1999) und erfaßt den alltagssprachlich selben Sachverhalt, wie ihn auch der Begriff „Selbstmord" umspannt. Ein Vorteil der „Suizid"- Konnotation liegt in seiner Wertfreiheit und damit in einer Vermeidung der (unbewußten) Zuschreibung von delinquentem Verhalten.

Auch „Selbsttötung" scheint aus den Gründen, die ebenfalls den Begriff „Selbstmord" ungeeignet erscheinen lassen, für einen wissenschaftlichen Gebrauch nicht in Frage zu kommen.

Der Begriff „Freitod" suggeriert den Tatbestand eines freiwilligen Aktes, mit dem Ziel das Leben zu beenden. Die betreffende Person scheint einen Überblick über seine Lage in der Gesellschaft zu haben und kann sein Leben und die Existenz reflektieren und auf dieser Basis eine realitätsnahe Einschätzung seiner Probleme und deren Lösungsmöglichkeiten vornehmen. Aufgrund der Reflexion erwarten diese Personen vom Leben nur noch Demütigung und Schmerz. Auf der Basis dieser Bilanz soll der Freitod der einzige Ausweg sein, sich der Hoffnungslosigkeit des Lebens und den zu erwartenden Demütigungen und Schmerzen zu entziehen. In der Literatur fand der Begriff Freitod auch unter dem Namen *Bilanzsuizid* Aufmerksamkeit.

Einer der eindrucksvollsten Vertreter ist JEAN AMÈRY, mit seinem Essay „Hand an sich legen. Ein Diskurs über den Freitod" (AMERY, 1976). AMÈRY bezeichnet darin den Akt der Selbsttötung als ein *„Privileg des Humanen" (S.43)*. Ein Mensch, der sich das Leben nehmen will muß weder dem Wahnsinn verfallen sein, noch handelt es sich um eine gestörte Person. Es ist ein Mensch, der sich selber gehört und, wenn die Tat vollbracht wurde, auch sich selber gehorcht hat. Wobei der Entschluß zum Freitod von zwei Seiten angegangen wird: zum einen erfolgt aus dem Scheitern in der Welt nur ein würdeloser Weg zurück ins Leben, dem der Freitod vorgezogen werden muß. Zum anderen weist AMÈRY auf die Absurdität des Lebens hin. Die Existenz als solche ist absurd. Die Zeit macht alles vergessen und bescheinigt der Existenz somit „nur den Unsinn unseres Daseins" (BONDY, FRENZEL, KAISER, KOPELEW, & SPIEL 1989). Es wird klar, daß auch der Begriff des Freitodes, wie ihn AMERY versteht nicht als Bezeichnung für den Sachverhalt des Suizidenten in Frage kommt, da es sich beim Freitod um eine freie Entscheidung handelt, das eigene Leben zu beenden. Diese Voraussetzungen hat der Suizident nicht. Im Gegenteil, er ist in den meisten Fällen durch psychische Störungen oder Krankheiten in seiner Wahrnehmung und damit auch in seiner Entscheidungsmöglichkeit stark eingeschränkt. Er kann in seiner Verfassung keine Bilanz über sein noch zu erwartendes Leben ziehen, da er aufgrund von traumatischen Erziehungsmethoden (RINGEL 1989) oder Lebensereignissen eine Realitätsverzerrung erlitten hat, die ihm seine Position in der Gesellschaft nicht realistisch wiedergibt. Deshalb kommt Ringel zu dem Schluß, daß das Wort „Freitod" falsch sei und zitiert den österreichischen Journalisten Maiwald mit den Worten: „Der Freitod ist eine Verharmlosung von Zwängen" (RINGEL 1978, S.50).

Es bleibt festzuhalten, daß aus den vielen Begriffen, der Alltagssprache der des Suizids[7] den zu untersuchenden Sachverhalt am besten umschreibt.

Definitionen des Begriffes Suizid

Eine Definition des Suizid-Begriffes sollte den Facettenreichtum der Handlung, seine Multikausalität, die Motive und den Werdegang (Suizidkarriere) wiedergeben und damit alle wichtigen Aspekte berücksichtigen, die zu einem Suizid führen oder ihn auslösen können. Es ist eine große Herausforderung, den Facettenreichtum einer Suizidkarriere in einer Definition zu erfassen, da sich dieser nicht nur aus objektiven Verhaltensweisen zusammensetzt sondern auch aus subjektiven Faktoren (die Motivation z.B. ist nur schwer zu erfassen). Persönlichkeitsstrukturen spielen eine Rolle, die in ihrer Entstehung und Verhaltensmodifikation so komplex sind, daß ihre Zusammenhänge nicht in wenigen Sätzen erfaßt werden kann.

Eine Definition, die die gesamte Bandbreite der Motivationen einschließt, scheint unter der Berücksichtigung dieser Motive ein hoffnungsloses Unterfangen zu sein.

Die andere Möglichkeit eine Definition des Suizides zu geben ist die Beschreibung des Objektiven und damit leichter erfassbaren Verhaltens des Suizidenten. Aus der

---

[7] Ab hier wird, um Mißverständnisse zu vermeiden, nur noch der Begriff Suizid verwendet. Die Begriffe „Selbstmord", „Selbsttötung" und „Freitod" werden im folgenden Text nur noch durch Zitate einfließen.

Komplexität des Konstruktes Suizid heraus sind in der Literatur Definitionen gebräuchlich, die einen Teilaspekt besonders fokussieren, wobei andere Aspekte in den Hintergrund treten.

So beschreibt SHNEIDMAN die Ambivalenz des Suizidenten, der zwar nicht leben kann aber auch nicht sterben will (SHNEIDMAN zitiert nach COMER 1995).

FREUD fragt im „Schlußwort der Selbstmord-Diskussion" (FREUD, 1909), wie es möglich sein kann, den *„außerordentlich starken Lebenstrieb zu überwinden"*. Er stellt damit die Quelle einer lebensbejahenden Einstellung, einer Lebensenergie (Libido) der einer lebensauslöschenden Energie gegenüber. Die lebensauslöschende Energie wird von FREUD noch nicht Todestrieb genannt, sondern stellt eine Energieform dar, die aus zwei möglichen Dynamiken des Topologischen Modells resultieren kann. Zum einen ist es eine enttäuschte Libido, ein Nachlassen der Lebensenergie, die die Kraft der auslöschenden Energie Oberhand gewinnen läßt. Zum anderen könnte der Verzicht des Ichs auf vermittelnde Motive, die dem Ich als Vermittler zwischen gesellschaftlichen Normen und den Ich-fremden-Lustbedürfnissen (HELFERICH, 1998) erscheinen lassen, ein Grund für die lebensauslöschenden Energie sein. Mit dem zweiten Modell würden die beiden grundsätzlichsten Instanzen des Modells ohne Vermittler aufeinander treffen. Das Krisenpotential einer solchen Kollusion würde langfristig zum Suizid führen.

ADLER (1928) sieht in der Entwicklung zum Entschluß für den Suizid, eine Parallele zu der Entwicklung einer nervösen Erkrankung. Die *„neurotische Dynamik"* speist sich aus zwei Punkten: Zum einen die Ambivalenz einer Doppelrolle, die jeder Mensch in der Kindheit zu erfüllen hat und in dem der Wunsch des kleinen und schwachen Wesens nach Wärme, Zärtlichkeit und Anlehnung nur dann erfüllt wird, wenn es gegenüber seiner sozialen Umwelt Gehorsamkeit und Unterwerfung zeigt. Diese Doppelrolle wird vom Kind nicht mit dem Bewußtsein wahrgenommen, wohl aber mit dem Gefühl. Zum anderen setzen sich die Züge des Eigenwillens mehr und mehr durch. Selbständigkeit und damit einhergehend Trotz und Großmannssucht verursachen einen inneren Konflikt, eben zwischen Unterwerfung und Triebbefriedigung. Dieser Konflikt führt zu einer Selektion der Verhaltensweisen des Kindes, die ihm die nötige Aufmerksamkeit aus der Umwelt sichern. Das Kind lernt mit der Zeit, welches Verhalten ihm Aufmerksamkeit aus der Umwelt verschafft. Pathologisiert sich die Selektion der Verhaltensweisen im Laufe der Entwicklung, richtet der Erwachsene sein Verhalten so aus, daß er sich der Aufmerksamkeit seiner Umgebung durch Ängstlichkeit, Ungeschicktheit und Kränklichkeit sicher sein kann. Ist eine Krankheit als Mittel zur

Zielerreichung erst akzeptiert, kann auch der Suizid in weiterer Übersteigerung diesem Ziel dienlich werden (ADLER 1928).

LEENARS UND DIEKSTRA (1997) sehen im Suizid ein multidimensionales Unwohlsein, welches sie auf drei Aspekte beschränken: Zum einen ist es ein intrapsychischer Aspekt, der es dem Suizidenten nicht erlaubt, auf den Lebensschmerz oder ein wichtiges Ereignis mit einer Copingstrategie zu reagieren. Der Suizid ist aber auch ein interpersonelles Phänomen, das sich in der Beziehungen zu anderen (oder dem Fehlen dieser Beziehungen) entwickelt. Metaphorisch kann man den Suizid als ein intrapsychisches Drama auf einer interpersonellen Bühne sehen (LEENARS UND DIEKSTRA 1997).

DURKHEIM (1897) sieht den Schlüsselpunkt einer suizidalen Handlung in der Selbständigkeit der Handlung eines Suizidenten. Dabei ist es unwichtig, ob es dabei um eine aktive Handlung geht, also einer Tätigkeit deren Folge der Tod ist oder ob es um eine passive Handlung geht, bei der das Unterlassen einer Tätigkeit den Tod zur Folge hat. Wichtig ist bei Durkheim, daß die Handlungen vom Suizidenten selber ausgeführt werden müssen, damit sie als Suizid gelten können. Damit ergibt sich eine klare Abgrenzung zu der Sterbebegleitung mit Patientenanweisungen, wie sie u.a. in Hospitzen vorkommen.

HENSELER (1974) stellt fest, daß die Begriffe Selbstmord, Selbsttötung und Suizid schon eine Interpretation als Autoaggression beherbergen. Auf eine nähere Eingrenzung der Begriffe läßt er sich nicht ein, kommt aber zum Schluß, daß sich diese Einstellung klinisch bewährt hat.

Die WHO beschreibt den Suizid als einen Handlung mit tödlichem Ausgang, die der Verstorbene mit Wissen und in Erwartung des tödlichen Ausganges geplant und durchgeführt hat (WHO zitiert nach KELLEHER, KEELEY, CHAMBERS, & CORCORAN 2000a). Dabei wird angenommen, daß der Suizident einen Änderungswunsch hatte, den er mit dem Akt des Suizides umsetzen wollte

HÖMMEN (1996) schreibt:

„Die Selbsttötung ist eine gegen das eigene Leben gerichtete Handlung mit tödlichem Ausgang. Es ist nicht entscheidend, ob der Tod beabsichtigt wurde oder nicht" (S.18). Abgesehen von der Konnotation, die, wie oben bereits besprochen, kritisch zu bewerten ist, orientiert sich diese Definition an den objektiven Gegebenheiten der Suizidenten. Die Selbstbestimmtheit der Tat wird nicht eingegrenzt und läßt damit Spielraum für psychisch gesunde oder erkrankte Menschen. Auch die Freiwilligkeit der Tat, im

durchaus umstrittenen Sinne AMÈRY's wird nicht näher beleuchtet und damit Platz für beide Positionen gelassen. Der Suizid kann nach der Definition HÖMMEN's sowohl aktiv als auch passiv vollzogen werden, d.h., es muß nicht die eigene Hand sein, die an sich gelegt wird. Es genügt hier der Wunsch oder die Äußerung des Suizidenten, der als Basis zum Suizid verstanden werden kann, deren Handlung der Suizident alleine aber nicht durchführen kann.

Aus den oben angeführten Gründen scheint die Definition HÖMMEN's am geeignetsten, um sie als Basis dieser Arbeit zu nutzen.

Definition des Begriffs Parasuizid

Parasuizid steht für eine bewußt vorgenommene Handlung, deren logische Konsequenz der Tod wäre. Eine Unterbrechung des Ablaufs verhindert aber den Eintritt des Todes. Die Meinungen darüber, ob Suizid dasselbe wie Parasuizid nur ohne tödlichen Ausgang ist oder ob hier völlig andere Aspekte eine Rolle spielen und der Tod von vornherein als Ausgang der Tat ausgeschlossen wurde (reiner Apellcharakter), wird in der Literatur diskutiert. So beschreibt COMER (1995) den Parasuizid als „*erfolglose Selbsttötungsversuche*" (COMER 1995, S.358).

Auch STENGEL (1952) weist zunächst auf die Überschneidungen hin, die zwischen Menschen bestehen die einen Suizid und denen die einen Parasuizid begangen haben so, daß in beiden Gruppen eine tatsächliche Suizidabsicht bestanden hat (STENGEL 1952 zitiert nach KELLEHER, KEELEY, LAWLER, CHAMBERS, MCAULIFE & CORCORAN 2000). Als Basis der Terminologie schlägt KELLEHER ET AL. die von der WHO verfaßte Definition des Parasuizides vor:

„*Eine Handlung mit einem nicht tödlichen Ausgang, bei der ein Mensch absichtlich ein ungewohntes Verhalten zeigt, bei dem er sich ohne das Eingreifen anderer eine Selbstschädigung zufügt oder vorsätzlich eine Substanz in einer höheren als die vorgeschriebene Menge oder der allgemein als therapeutisch angesehenen Dosierung zu sich nimmt. Ziel dabei ist, die vom Ausführenden gewünschte Änderung zu bewirken mit Hilfe der tatsächlichen oder erwarteten physischen Konsequenz.*" (WHO 1992 zitiert nach KELLEHER et al. 2000).

Voraussetzung für den Parasuizid ist nach dieser Definition, eine gewünschte Änderung des Bestehenden. Dieser Teil der Definition impliziert durch den Wunsch nach Veränderung, der mit dem Akt des Parasuizides erreicht werden soll, einen geringen Todeswunsch und einen hohen Apellcharakter. Der Parasuizid wird von vornherein als

Mittel zum Zweck gesehen und verfehlt damit seine therapeutische Neutralität gegenüber dem parasuizidalen Menschen (siehe Fallbeispiel am Anfang dieses Kapitels).

Ich sehe den Begriff des „selbstschädigenden Verhaltens" als Oberkategorie zur Beschreibung von Handlungsweisen, die dem eigenen Organismus Verletzungen (und damit auch Intoxikationen) zufügen. In der Suizidologie haben diese Verletzungen tödlichen Charakter, d.h., sie müssen in ihren Auswirkungen für den Menschen nicht tödlich sein, der Verursacher nimmt aber in letzter Konsequenz den Tod in Kauf. Damit *beinhaltet* die Selbstschädigung eine in der Definition der WHO zusätzlich beschriebene Intoxikation. Mein Vorschlag für eine Definition des Parasuizides lautet:

„Parasuizid ist eine Handlung mit einem nicht tödlichen Ausgang, bei der ein Mensch absichtlich ein ungewohntes Verhalten zeigt, dessen Folge Selbstschädigung mit tödlichem Charakter ist."

Drei Theorien über die Gesetzmäßigkeiten zur Überwindung der Individualität

„Wenn also ein Grund vorläge anzunehmen, daß jeder Freitod eine Entscheidungsform von Irresein darstellte, dann wäre unser Problem bereits gelöst; Selbstmord wäre dann lediglich die Folge eines in der Person begründeten Leidens."

DURKHEIM (1987, S.41)

So einfach stellt sich das Problem Suizid aber nicht dar, denn es gibt nicht den *einen* Grund, der einen Menschen Hand an sich legen läßt. Wie im Definitionskapitel besprochen, ist jeder Suizid eine so individuelle Angelegenheit, daß eine Definition sehr schwer zu finden ist, die die wichtigsten Punkte beinhaltet ohne den Fokus zu sehr auf die zu untersuchenden Aspekte legt und damit andere vernachlässigt. Zu oft wurde schon die Erfahrung gemacht, daß vorgenommene Klassifizierungen der Ernsthaftigkeit zu einer Unterschätzung des akuten Selbstmordrisikos führten, die dann mit dem Tod des Suizidenten endeten (DICKHAUT 1995). Zu oft wurden in Falldarstellungen in der Öffentlichkeit zu glatte und einfache Begründungen für den Suizid akzeptiert (JAMISON 2000). Der Weg zum Suizid ist ein multikausaler, der vom sozialen Umfeld, der Persönlichkeitsdisposition, (bedingt) genetischen Einflüssen, und der Erreichbarkeit bestimmter Methoden und Mittel für den Suizidenten abhängig ist. Daraus ergeben sich wiederum unendlich viele verschiedene Teilaspekte, deren Zusammentreffen einen Suizid hervorrufen kann. Oder wie JAMISON (2000) es ausdrückte:

„Es gibt über den Selbstmord weder einfache Theorien, noch unveränderliche Gesetzmäßigkeiten mit denen er sich vorhersagen ließe; kein Weg wurde bisher gefunden um Herz und Gemüt derjenigen zu heilen und zu beruhigen, die auf so furchtbare Weise zurückgelassen werden." (JAMISON 2000)

Zu einem ähnlichen Ergebnis kommt auch ADLER (1928), wenn er sagt, daß aus einer deskriptiven Zusammenfassung aller Daten über den Suizid nicht die Motivlage des Suizidenten erkannt werden kann, daß aber der Suizid, wie jede andere Erscheinung *„dem Gesetz der großen Zahl folgt"*.

Nach ADLERS Auffassung scheint demnach auch ein Phänomen, das noch so individuell wie der Suizid ist, eine gewisse Gesetzmäßigkeit an den Tag zu legen. Es scheint Gemeinsamkeiten zu geben, die sehr viele Suizidenten haben, eine Entwicklung, die sie durchlaufen, mit Symptomen, die bei vielen von ihnen in bestimmten Abschnitten dieser Entwicklung wiederzufinden sind.

OMER UND ELIZUR (1999) schreiben dazu: „*Trotzky (1932) hat bemerkt, daß Leute unterschiedlich reagieren, wenn sie von einem Federn gekitzelt, aber ähnlich wenn sie von einem glühenden Eisen berührt werden. Das Gleiche gilt für seelische Schmerzen. Trotz aller Unterschiede führt die suizidale Qual zu einer beeindruckenden Ähnlichkeit unter Selbstmördern*" (OMER UND ELIZUR 1999, S. 2).

Im Folgenden sollen drei Theorien besprochen werden, die verschiedene, wiederkehrende Aspekte als Grundlage nutzen, um die Individualität ein Stück weit zu überwinden und eine gewisse Regelmäßigkeit des Suizids hervorheben, die für das Arbeiten mit Suizidenten eine wesentliche Erleichterung bringt, da sich Therapeuten und Betroffene daran orientieren können. Diese Orientierung bezieht sich auf die Entwicklung, die jeder Suizident im Sinne RINGELS oder HENSELERS, schrittweise durchläuft und an derem Ende der Suizid steht. Die Orientierung beschreibt damit die Entfernung des Suizidenten zum Endpunkt, also dem Suizid. Die Orientierungshilfe für den Therapeuten und Berater geht aber durch Reduktion der Realität auf Kosten der Komplexität individueller Suizidkarrieren. Die Entstehungsweisen werden sehr verallgemeinert und damit oft wichtige Details vernachlässigt.

Auch die drei Theorien, die hier vorgestellt werden, können nur eine kleine Auswahl darstellen. So bleibt der soziologische Aspekt, z.B. die Anomietheorie nach POWELL, MERTON, GINSBERG & PARSONS gänzlich unberücksichtigt, da sie den Rahmen dieser Arbeit sprengen würden (SAATHOFF 1998).

Hier wurden vielmehr drei psychologischen Theorien ausgewählt, die das Phänomenen Suizid auf grundlegend andere Weise strukturieren um damit der multikausalen Bedingungsstruktur einer Suizidkariere Rechnung zu tragen. Dabei wurde darauf geachtet, daß mit der Reihenfolge der Theorien ihre Komplexität zunimmt. Zunächst werden die motivationalen Auslöser SHNEIDMANS vorgestellt. Anschließend wird die Karriere des Suizids mit seinen Entwicklungsstufen, wie sie RINGEL (1973) untersuchte, beschrieben und im Anschluß daran anhand der Theorie HENSELERS die psychodynamischen Aspekte des Suizides berücksichtigt.

Die Suche nach unterschiedlichen Motiven: Der Ansatz von Shneidman

In der Literatur finden sich einige Klassifizierungen, wodurch versucht wird, die Menschen, die einen Suizid begehen, aufgrund verschiedener Aspekte einzuordnen. SHNEIDMAN (zitiert nach COMER 1995) klassifiziert Suizidenten aufgrund ihrer Motivlage, die zum Suizid führen. Dabei fand er vier Gruppen, die aus verschiedenen Motiven heraus den Tod „suchen":

Todessuchende

Todessuchende haben zum Zeitpunkt der Tat den festen Entschluß zu sterben, wobei dieser Entschluß innerhalb von Stunden wieder bereut werden kann. Die Stimmung schlägt zwischen dem Verlangen sich zu suizidieren und am Leben zu bleiben hin und her. HENSELER (1973) und JAMISON (2000) sprechen in diesem Zusammenhang auch von Impulsivität, die das Verhalten des Suizidenten so unberechenbar macht.

Über einen Zusammenhang von Suizidmethoden bei Todessuchenden wird in der Literatur diskutiert. Theoretiker gehen davon aus, daß Menschen mit eindeutiger Todesabsicht Suizidmethoden wählen, die eher tödlich sind, wie z.b. Feuerwaffen, Menschen mit weniger festen Absichten zu sterben tendieren eher zu weniger tödlichen Methoden, wie z.b. Überdosis von Medikamenten. SHNEIDMAN weist jedoch darauf hin, daß viele Menschen, die eine klare Absicht zu sterben haben, sehr oft zu Methoden greifen, die als weniger tödlich gelten. Eine Lösung dieses Paradoxons könnte die von JAMISON (2000) referierte Studie über die Einschätzung der Tödlichkeit verschiedener Suizidmethoden geben. Dort wurde u.a. eine Einschätzung über die 28 tödlichsten Methoden von „nicht Fachleuten" erhoben. Das Ergebnis zeigte, daß die Tödlichkeit von Überdosen verschreibungspflichtiger Medikamente und Schnittwunden an den Pulsadern in ihrer Wirkung überschätzt, die Tödlichkeit von Schußwaffen hingegen unterschätzt wurde. Verglichen wurden diese Angaben mit den Einschätzungen von forensischen Pathologen, die das Erschießen, nehmen von Zyankali und benutzen von Sprengstoff an erster Stelle der Tödlichkeitsskala setzten. Diese Einstufung wurde von allen Experten im wesentlichen geteilt.

Todesinitiatoren

Todesinitiatoren handeln aus dem Glauben heraus, daß ihr Todesprozeß schon begonnen hat und sie diesen nur abkürzen. Dabei ist zu berücksichtigen, daß auch die Todesinitiatoren den festen Wunsch haben zu sterben, dieser aber nicht der Impulsivität unterliegt. Im Glauben daran einen Kontrollverlust zu verhindern oder Qualen zu vermeiden, die sonst unumgänglich sind, nehmen sich diese Menschen das Leben. Es ergibt sich hier eine Überschneidung mit der Sterbehilfe (Euthanasie). Patienten mit unheilbaren Krankheiten gehören ebenso zur Gruppe der Todesinitiatoren wie Menschen ohne physisch erkennbare Defizite, die das Leben als Qual ansehen.

Todesverächter

Menschen, die sich das Leben nehmen, weil sie an eine bessere Existenz nach dem Tod glauben, nennt SHNEIDMAN Todesverächter. Dabei geht es nicht um das Vermeiden von Schmerzen, die nach dem Tod nicht mehr sind, sondern um den Glauben, in eine Welt zu gelangen, die besser ist als die, in der sie jetzt leben. Das wieder Zusammensein mit einer geliebten aber verlorenen Person ist sehr oft die Basis des Suizids von Todesverächtern. Es kann sich z.B. um Kinder handeln, die einen Elternteil verloren haben und sich nach Wiedervereinigung sehnen oder um einen verwitweten Ehepartner, der an eine Wiedervereinigung nach dem Tode glaubt. Gerade im Fall des Verlustes eines Ehepartners geht es um die Unterscheidung des Todesgrundes durch Sehnsucht nach dem Partner oder zur Überwindung der Einsamkeit, wobei nur der erste Fall dem Todesverächter zuzuordnen ist.

Todesherausforderer

Bei den Todesherausforderen ist die Ambivalenz zwischen leben wollen und sterben wollen am größten. Dies zeigt sich auch in der Methode die sie anwenden. Der Wunsch zu sterben ist in dem Augenblick des Aktes zwar vorhanden, doch ist durch die Wahl der Methode der Tod keinesfalls garantiert. Nach SHNEIDMAN sind Menschen, die russisches Roulette spielen oder auf der Brüstung hoher Gebäude balancieren Todesherausforderer. DICKHAUT (1995) bedient sich zwar nicht der Kategorisierung „Todesherausforderer" doch fällt in seinen Augen jede Risikosportart unter die Kategorie *„Spiel mit dem Tod"*: Bungeejumping, Rafting, S-Bahn surfen, ja sogar Höhlentauchen und Tiefseetauchen sind in seinen Augen Ausdruck eines Bedürfnisses, den Alltagsthrill zu erhöhen. Es gibt bei diesen Personen zwar nicht den expliziten Wunsch zu sterben, doch stellt sich die Frage, warum ein Mensch sein Leben auf diese Weise einem erhöhten Verletzungsrisiko und damit auch einem erhöhten Todesrisiko aussetzt. Das Besondere dieser Gruppe sieht SHNEIDMAN in dem Bedürfnis, ein gesteigertes Interesse an Aufmerksamkeit zu bekommen. Dies trifft unweigerlich für Risikosportarten zu.

Es gibt aber noch andere Aspekte den Suizid zu klassifizieren. Während SHNEIDMAN, wie oben beschrieben, *Unterscheidungen* in der Motivation gefunden hat, verweist RINGEL auf die *Gemeinsamkeiten* die ein Mensch in seiner Karriere als Suizident durchläuft. Bei RINGEL geht es nicht um objektiv zu hinterfragende Motivationen, sondern um Gesetzmäßigkeiten in der Psychodynamik, die ein Suizident im Laufe seiner Karriere zeigt.

Suche nach Gemeinsamkeiten: Das praesuizidale Syndrom nach Ringel

RINGEL (1978) untersuchte 478 parasuizidale Menschen und erkannte Gesetzmäßigkeiten bei fast allen von ihnen. Verhaltensweisen, die jeder Mensch in ähnlicher Form zeigt, der im Laufe seiner Entwicklung zur Entscheidung gelangt sein Leben zu beenden. RINGEL prägte den Begriff des „praesuizidalen Syndroms", das die von ihm gefundenen Gesetzmäßigkeiten in drei Kategorien aufteilt: (1) Einengung, (2) Aggressionsumkehr und (3) Suizidphantasien (RINGEL 1978, 1989). Zunächst beschreibt RINGEL aber die Basis des praesuizidalen Syndroms als eine Neurotisierung in der Kindheit und beschreibt damit die Entstehung einer Ich-Verunsicherung. In den ersten sechs Lebensjahren, die für das Kind in jederlei Hinsicht wichtig für die Entwicklung und der späteren Lebenseinstellung sind, werden die Weichen für eine lebensbejahende oder einer lebensverneinende Einstellung getroffen. Welche Einstellung das Kind entwickelt, hängt maßgeblich von der Zuwendung der Eltern ab. Erfährt das Kind zu wenig Liebe in Form der Vernachlässigung bei z.B. ungewollten Kindern, benutzen die Eltern das Kind als „Schlachtfeld", auf dem ihre Unstimmigkeiten ausgetragen werden oder wird es mit einer possessiven Liebe bedacht, kann dies „*die Lebensfreude bereits in der Kindheit abwürgen*". Aus diesen Erziehungsstilen ergeben sich die für die Traumatisierung des Kindes „wichtigen" Erfahrungen: Enttäuschung, Kränkung und Mißerfolg. Natürlich erlebt jedes Kind im Laufe seiner Kindheit jede einzelne dieser Erfahrungen, und dabei ist es auch unbestritten, daß diese Erfahrungen, wenn sie in Maßen gemacht werden, dazu beitragen die Persönlichkeit des Kindes reifen zu lassen (KUHL 2001). Der Unterschied, der zu einer traumatisierten Kindheit führt ist die Vielzahl der Erfahrungen. RINGEL spricht von „*Tag für Tag, Jahr für Jahr*" die das Kind zur Einsicht bringen, daß das Leben aus Enttäuschungen, Kränkungen und Mißerfolgen besteht. Es ist nur eine logische Konsequenz, daß bei reichlicher Erfahrung dieser Art ein verunsichertes Selbstbild aufgebaut wird. Im Laufe des weiteren Lebens führt diese Ich-Schwäche zu Entwicklungsschwierigkeiten. „*Das Ich des Kindes bleibt geschwächt, zerrissen, fast willenlos, zwischen Auflehnung und Abhängigkeit hin und her taumelnd*" (RINGEL 1978, S.20). RINGEL begründet das Taumeln zwischen Abhängigkeit und Auflehnung durch die in dem Kind ausgelöste Aggression, die als Reaktion auf das Verhalten der Eltern. Die Aggression gegenüber den Eltern führt wiederum zu Schuldgefühlen. Aus dieser

Ambivalenz der Gefühle heraus zieht sich das Kind zurück, entfremdet sich von den Eltern, die wiederum mit Enttäuschung auf das In-sich-gekehrt-sein des Kindes reagieren. Distanzierung der Eltern ist die Antwort auf den Rückzug des Kindes. Der Teufelskreis schließt sich und die Generationen leben sich, mit wachsendem Aggressionspotential des Kindes, auseinander.

Einengung

Durch die in der frühen Kindheit erfahrene Traumatisierung kommt es nach RINGEL zur Einengung, die noch unterteilt wird in situative und dynamische Einengung sowie die Einengung der Wertwelt.

Situative Einengung

Die situative Einengung beschreibt das Fehlen alternativer Möglichkeiten im Alltag des Suizidenten mit bestimmten Situationen umzugehen. Wer zunehmend die Erfahrung gemacht hat, nichts wert zu sein oder sich nicht eigenständig entwickeln zu können, verliert auch bald das Interesse, an bekannte Situationen mit neuen Verhaltensweisen heran zu gehen und somit Alternativen zu entdecken. Das Explorationsverhalten wird unterdrückt. Die Folge ist das Fehlen der Entwicklungen einer größeren Zahl an alternativen Verhaltensweisen. Nicht nur auf Problemsituationen angewandt, zeichnet sich die situative Einengung durch das Fehlen der Entfaltungsmöglichkeiten aus. Auf der Basis der traumatisierten Kindheit ist der Praesuizidale nicht in der Lage andere Verhaltensweisen zu erkennen oder zu nutzen. In Streßsituationen bedeutet dies einen sehr schnellen Verlust der Handlungsmöglichkeiten, das Fehlen von Lösungswegen, die nicht erkannt werden oder aufgrund der weniger reichhaltigen Lebenserfahrung nicht vorhanden sind. RINGEL spricht auch von der Einengung der persönlichen Möglichkeiten. Dies gilt z.B. für den Aufbau von Freundeskreisen, die Problemsituationen mit tragen können oder durch Meinungsaustausch eine große Bandbreite an Handlungsmöglichkeiten eröffnet. KREITMANN fand schon 1970 eine Korrelation zwischen der Anzahl von Suizidversuchen und der Anzahl positiver Bekanntschaften heraus. Dabei waren die Menschen mit der größeren Anzahl postiver Kontakte weniger gefährdet, als Menschen deren Kontakte zu Mitmenschen wesentlich geringer waren. Es spielte dabei keine Rolle, ob die Kontakte mit genetisch Verwandten stattfanden oder mit dem (nicht genetisch verwandten) Freundeskreis (KREITMANN 1970).

Dynamische Einengung

Die zweite Art der Einengung bezeichnet RINGEL als *dynamische Einengung* oder auch Einengung der Gefühlswelt. Er benutzt das Bild der schwarzen Brille, mit der die betreffende Person seine Umwelt wahrnimmt. Alles wird verzerrt und pessimistisch betrachtet. Die Umwelt gibt dem Menschen immer neue Beweise für die Richtigkeit dieser Einstellung. Die Sichtweise wird von zwei wesentlichen Faktoren gespeist. Zum einen erlebt der Suizident die Zeit und das Leben als immer während Wiederholung. *„Die Tage werden als Kette erlebt, die Müdigkeit und Hoffnungslosigkeit erzeugt"* (RINGEL 1978, S.53) Auf der anderen Seite erlebt der Suizident einen Verlust des Zeiterlebens, so daß der Eindruck entsteht, keine neuen Erfahrungen machen zu können. Oberflächlich betrachtet kann der Außenstehende die so berichtete Sichtweise des Suizidalen nachempfinden. In intensiveren Gesprächen hält das aber nicht stand und es wird deutlich, daß eine sehr verzerrte Sichtweise der Realität vom Suizidenten ausgeht. Aus seiner Einstellung erwächst im Laufe der Zeit eine Depression sowie Angst und Panik. Die dynamische Einengung bewirkt in ihrem Höhepunkt die Überwindung des Erhaltungstriebes und mündet schlußendlich im Suizid. RINGEL stellt gerade bei der Überwindung des Lebenstriebes fest, daß dieser nicht durch rationale Überlegungen allein, sondern durch die gefühlsmäßige Einengung überwunden werden kann.

Es reicht demnach nicht aus, „nur" die situative Einengung zu sehen. Diese Einstellung würde ohne motivationale Einflüsse niemals zum Suizid führen. Die motivationalen Einflüsse werden von der dynamischen Einengung geliefert.

Einengung der Wertwelt

Die letzte von RINGEL aufgeführte Einengung betrifft die Einengung der Wertwelt. Gemeint ist damit der Verlust der Beziehungen zu Werten. Liebhabereien werden für den Betroffenen bedeutungslos. Beziehungen zu vormals wertvollen Gegenständen bauen sich ab. Die Interessenlosigkeit und Gleichgültigkeit ist die Folge dieser Entwicklung.

Aus diesem Verlust an Werten, die vormals das Leben des Menschen bestimmten, folgt der Mangel, sich für bestimmte Werte einzusetzen, Kraft aufzuwenden um bestimmte Ziele zu erreichen, die dem Selbstwertgefühl einen Aufschwung geben könnten. Ein Zusammenspiel wird deutlich: Das ohnehin schon reduzierte Selbstwertgefühl könnte in der Verwirklichung diverser Ziele neue Energie schöpfen, die es stärken würden. Die situative Einengung sorgt dafür, daß die persönliche Vielfalt der Zielgenerierung stark eingeschränkt ist. Potentiell zu erreichende Ziele werden von vornherein stark eingeschränkt oder gar nicht erkannt. Dabei erzeugt die dynamische Einengung den Verlust der Motivation, was dazu führt, daß die noch vorhandenen Ziele als nicht lohnenswert oder für zu schwer zu erreichen abgetan werden. In dieser Dynamik entwickelt der Suizident nach RINGEL eine Wertvorstellung, die außerhalb dessen liegt, was die Gesellschaft, in der er sich bewegt, als Durchschnitt erachtet. RINGEL geht nicht näher auf die Entwicklung von übergroßen Wertvorstellungen im praesuizidalen Syndrom ein, obwohl das Zusammenspiel von traumatisierter Kindheit und übersteigerter Wertvorstellung nicht ohne Relevanz zu sein scheint.

Der Suizident wird in dieser Gemeinschaft zum Außenseiter aufgrund seiner übersteigerten Wertvorstellung. Nach RINGEL bestraft die Gesellschaft schon von je her Menschen mit besonderen Vorstellungen als Außenseiter. Die daraus resultierende Isolation des Suizidenten von der Gesellschaft, gibt ihm einen enormen Anschub auf dem Weg zum Suizid.

Gehemmte und gegen die eigene Person gerichtete Aggression

Aggression ist ein wesentlicher Faktor, ohne den der Suizid nicht zustandekommen kann. Es ist nach RINGEL anzunehmen, daß die seit längerem angestaute Aggression zwar die Person des Suizidenten trifft, der Akt allerdings die Gesellschaft oder ganz bestimmte Personen aus der Gesellschaft treffen, also bestrafen soll. Das Gewissen hält die Person davon ab, andere zu schädigen, damit richtet er den Aggressionsstau gegen die eigene Person. Es müssen nach RINGEL zwei Bedingungen miteinander verknüpft werden, um die Aggression gegen die eigene Person zu richten. Zum einen ist das ein ungewöhnlich starkes Aggressionspotential, deren Entstehung sich bei RINGEL durch die Kindheitserfahrungen erklären lassen. Zum anderen muß die Abfuhr dieser Aggression nach außen verhindert sein. Eine Verhinderung der Abfuhr von Aggression nach außen ist auf die Hemmung der eigenen Person zurückzuführen oder auf äußere Umstände, wobei RINGEL damit die zunehmende Zivilisation und damit den fehlenden adäquaten Umgang mit Aggression und seiner Abfuhr anspricht. Untermauert wird diese These von Daten, die einen Rückgang der Selbstmordrate zu Kriegszeiten bescheinigt und eine Zunahme in Friedenszeiten (BRONISCH 1999). Interpretieren lassen sich diese Ergebnisse in der Form, daß in Kriegszeiten die angestaute Aggression eine „sozial verträgliche" Abfuhr erfahren kann und somit nicht mehr gegen das eigene Leben gerichtet werden muß.

Selbstmordphantasien

Grundsätzlich unterscheidet RINGEL zwei Arten von Phantasien. Zunächst die Art der Todesphantasie, die sehr viele Menschen in ihrem Leben schon mal erlebt haben und die in ihrem Auftreten nicht als pathologisch einzustufen ist. Zum anderen gibt es Phantasien, aus denen der betreffende Mensch zunächst Kraft schöpfen kann, da sie in einer schweren Situation, die zumeist fremd bestimmt erscheint, den letzten Rest an Entscheidungsautonomie bewahrt. „Wenn nichts gelingt, kann ich mir immer noch das Leben nehmen." Auch diese Art der Suizidphantasien sind in ihrer Form noch nicht pathologisch oder gefährdend, im Gegenteil kann der Mensch hier Kraft aus den Gedanken schöpfen, seine Autonomie nicht gänzlich verloren zu haben.

Pathologische Züge gewinnt diese Art Phantasie zu dem Zeitpunkt, in dem sie nicht mehr aktiv generiert werden, sondern als passive Phantasien sich dem Menschen aufdrängen. RINGEL betont deutlich, daß dieser Umschwung vom aktiven Generieren der Phantasien zum passiven Erleben nicht in jedem Fall von statten gehen muß, die Gefahr einer Verselbständigung ist in jedem Fall aber vorhanden. Auch können die Inhalte der Phantasien sehr viel Aufschluß über den Grad der Entwicklung bzw. die Distanz zum Suizid geben. Wichtig ist dabei die Konkretheit der Phantasie über die Durchführung des Suizids, seine Methode und den Zeitpunkt. RINGEL unterscheidet hier drei Stufen:

(1) Die Vorstellung tot zu sein: In dieser ersten Phase wird zunächst nur das Resultat des Aktes ausgekostet. Vorstellungen, wie sich bestimmte Menschen schuldig an dem Tod des Suizidenten fühlen, daß sie ihn vermissen werden usw. bestimmen das sonst sehr unkonkrete Bild vom Suizid. Der eigentliche Akt des Sterbens ist noch nicht in der Phantasie enthalten, der Tod selber besitzt noch keine Substanz, im Gegenteil, er kann immer noch zurückgenommen werden.

(2) In der zweiten Phase geht es um die Vorstellung Hand an sich zu legen, ohne jedoch auf eine genaue Suizidart festgelegt zu sein. Der Focus richtet sich im Gegensatz zur ersten Stufe mehr auf den Akt und seine Durchführung als auf die Reaktionen der Angehörigen.

(3) In der dritten Phase hat die Suizidmethode genaue Formen angenommen. Der Suizident kann sich eine Planung seines Suizids bis ins Detail zurechtgelegt

haben. Dabei kann die Detailverliebtheit die Durchführung des Suizids erheblich fördern. RINGEL vergleicht sie mit einem Sog, der an Intensität zunimmt, je detaillierter der Suizid in seiner Phantasie ausgemalt ist.

Blick auf gestörte Persönlichkeitsstrukturen: Henselers Ansatz

Die dritte Theorie der Literatur, die hier näher erörtert werden soll, betrifft die Strukturstörung, die auf HENSELER (1974) zurückgeht. HENSELER betrachtet den Suizid aus der Perspektive der narzistischen Störung und geht in der psychoanalytischen Theorie von einer Entwicklung aus, die jeder Person widerfährt, sich bei Narzisten aber zu einer Pathologie entwickelt. In ihren Ausläufern baut die Person einen Selbstschutz auf, deren letzte Konsequenz der Suizid ist. HENSELER selber betont, daß seine Theorie eben nur aus der Sicht narzistischer Störungen gesehen werden kann, und daß sie nicht als die einzig richtige Theorie der Psychodynamik des Suizids zu verstehen sei. Es werden z.B. andere Determinanten nicht berücksichtigt, die durchaus eine Rolle in vielen Suizidfällen spielen. *„Sie stellen also nicht die differentia specifica für den Suicidanten im Vergleich zu allen anderen Formen der psychopathologischen Erlebens und Verhaltens dar, haben aber größere erklärende Kräfte für bestimmte Besonderheiten der zum Suizid neigenden Persönlichkeiten und der Durchführung der Suizidhandlung"* (HENSELER 1974, S.85).

Der harmonische Primärzustand

Die Basis der Strukturstörung ist die *intrauterine Einheit*, also die praenatale Einigung von Mutter und Kind. Hier befindet sich der Fetus in einem Zustand von Harmonie, „Freiheit" und Spannungslosigkeit, wie sie nur noch nach der Geburt im harmonischen Primärzustand vom Kind erlebt wird. Da dieses Erleben nur in der frühsten Kindheit möglich ist, zu einer Zeit in der der Säugling noch nicht zwischen dem Selbst und der Umwelt unterscheiden kann, ist damit impliziert, daß diese Gefühle, dieser Zustand nicht erinnert werden kann. Das Wissen über diesen Zustand wird daher durch Rückschlüsse interpretiert. Anzeichen für die Existenz des harmonischen Primärzustandes sind:

- das Verhalten des Säuglings
- Sehnsüchte, die in jedem Menschen stecken und die das Ziel haben, diesen Zustand wieder zu erreichen
- die dunklen „Erinnerungen" der Menschen

- die tief regressiven Zustände, wie man sie vor allem aus der Psychopathologie kennt
- Rückschlüsse aus den Anstrengungen, die unternommen werden diesen Zustand wieder zu erreichen oder sich ihm im Laufe der Entwicklung anzunähern

Lust- und Unlusterfahrungen

Geht man vom harmonischen Primärzustand aus, ergibt sich bei einem ersten Schritt der Entwicklung des Menschen die Problematik der Erkenntnis, daß es einen Unterschied zwischen dem Ich und einer Außenwelt gibt. Mit zunehmender Entwicklung des Menschen ergeben sich daraus zwei konträre Punkte: Zum einen wird mit wachsender Bewußtwerdung eine Unterscheidung zwischen dem Selbst und der Umwelt getroffen. Hier entstehen langsam die ersten Bilder des Ichs eines Kindes (Selbstrepräsentation) aber auch Bilder über die Objekte, die außerhalb des Ichs liegen (Objektrepräsentation). Zum anderen entsteht eine große Enttäuschung über das Unlustgefühl, welches sich in Folge der Unterscheidung zwischen Subjekt und Objekt ergeben hat. Es ist dem Kind nicht möglich dieses Unlustgefühl durch Strategien unschädlich zu machen und ist ihnen daher ausgeliefert. Es ist dem Kind auch nicht möglich diese Unlusterfahrung in Grenzen zu halten. Sie führen immer wieder an die Grenzen des Reizschutzes und mit dem Übertreten dieser Grenzen zu Angstgefühlen, ja sogar zu traumatischen Erfahrungen. Diese gehen einher mit Erschöpfung, Ohnmacht und Hilflosigkeit. Da diese Erfahrung das Gegenteil des Urvertrauens ist spricht HENSELER auch von der Ur-Verunsicherung.

Eines der bedeutendsten Streben ist es für den Menschen sich diesem harmonischen Primärzustand wieder anzunähern oder wenigstens den Zustand der Urverunsicherung zu vermeiden. Dazu hat der Mensch nach HENSELER vier Kompensationsmechanismen zur Verfügung:

1) Regression auf einen Primärzustand
2) Verleugnung und Idealisierung
3) Angleichung an die Realität
4) Verinnerlichung

Copingstrategien

Gebraucht werden diese Strategien, um als Puffer gegen eine drohende Verunsicherung des Selbst zu wirken. Dabei werden die oben genannten Mechanismen in der Reihenfolge angewandt, die der Entwicklung des Individuums entspricht. Auf der niedrigsten Entwicklungsstufe wird dabei die gerade gewonnene Selbständigkeit wieder aufgegeben, eben zugunsten der Verschmelzung mit einer geliebten Person. Auf der nächsten Entwicklungsstufe kann das bedrohende Objekt[8] verleugnet, ja sogar ins Gegenteil umgedreht werden, so daß aus der vermeidlichen Schwäche die subjektiv empfundene Stärke wird. Erst in der Adoleszenz kann der dritte Schritt aktiv werden, wenn die erlebte Glorifizierung der eigenen Person und der Eltern, die das Kind häufig in der Erziehung erfährt, der Realität angeglichen wird. Wenn die in der Kindheit ständig erfahrenen Äußerungen von den Eltern etwas Besonderes zu sein und sich von anderen ohne besondere Begründungen zu unterscheiden, als nicht so stark erlebt werden. Hier ist die Realitätsannäherung ein wichtiger Schritt in der Entwicklung der Persönlichkeit des Menschen. Es soll nicht der Eindruck entstehen, daß die Entwicklung von Kopingstrategien in der Erziehung auf jeden Fall vermieden werden müssen. Im Gegenteil, der Mensch kann ganz ohne Copingstrategie nicht leben und behält sich einen „*kleinen Privatwahn*" (HENSELER 1974, S.77) vor. Dieser erlaubt es ihm, Verluste nicht ganz hinnehmen zu müssen, indem die vorteilhaften Aspekte eines verlorenen Objekts internalisiert werden und so zu einem „Idealselbst" beitragen, welches jeder Mensch in sich trägt und in bedrohten Situationen die situativen Aspekte der Bedrohung betont, um damit den Rest des Selbst vor der Bedrohung zu schützen. Es entstehen Einstellungen, die besagen: „Diese Aktion ist mir zwar mißlungen, im Grunde bin ich aber ein erfolgreicher Mensch."

Narzismus und der Weg zum Suizid

Wie gut diese Copingstrategien funktionieren oder wie pathologisch ihre Übersteigerung ist, kann man am besten im Fall von Kränkung erfahren. Narzismus basiert immer auf einem labilen Selbstwertgefühl. Bei einer Kränkung, also der akuten Bedrohung für das Selbst, werden diese Menschen schneller mit Kompensationsmechanismen reagieren als Menschen ohne Ich-Schwäche. HENSELER nimmt weiterhin an, daß als Kompensationsstrategien die schon bekannten

---

[8] Objekt meint hier sowohl Gegenstände als auch Erinnerungen, Gefühle, Gedanken und in diesem Fall vor allen Handlungen und Ziele derer sich erinnert werden kann.

Mechanismen umgesetzt werden und zwar wie sie oben besprochen wurden, in umgekehrter Reihenfolge. Daraus ergibt sich dann

1) zunächst eine Realitätsprüfung und ggf. eine Angleichung, sollte das nicht ausreichen beginnt der
2) Rückzug auf verinnerlichte Idealbilder, dann die
3) Verleugnung und Idealisierung und zum Schluß ergeben sich
4) Verschmelzungsphantasien und deren Agieren

Nun stehen dem gesunden Menschen verschiedene Möglichkeiten offen, auf eine Kränkung zu reagieren. Im Sinne obiger Reihenfolge wird zunächst die Realität überprüft, mit der man konfrontiert wurde, um ggf. einen Angleich vorzunehmen. Dabei wird z.b. überprüft, ob der Vorwurf so gemeint war, wie er gesagt wurde, ob man sich verhört hat oder ob der Vorwurf zutrifft. Sollte der Vorwurf als realistisch eingestuft werden, ist der Stellenwert entscheidend den er einnimmt. Ein Fehler wird (an-) erkannt, wenn die Belastung des Ichs verkraftet werden kann. Eine Flucht ins Ideal-Selbst könnte ebenfalls eine adäquate Reaktion sein. Dabei können die situativen Aspekte hervorgehoben werden, die es erlauben, das Selbst mit einem Fehler zu konfrontieren, diesen aber situationsbedingt zu attribuieren und keinesfalls als permanente Ich-Schwäche aufzufassen. Eine weitere Möglichkeit besteht in der Korrektur der Ansprüche an das Selbst, wenn im Nachhinein ein gesetztes Ziel als zu anspruchsvoll erklärt und damit für nicht erreichbar definiert wird. Schließlich kann der Vorwurf auch als falsch erkannt werden und zu einer Abwehrreaktion, mit dem Ergebnis der Richtigstellung des Sachverhaltes führen.

Diese Abwehrreaktionen hat der Narzist aufgrund seiner schwachen Ich-Struktur nicht in dieser Qualität zur Verfügung. Auch „greifen" die oben beschriebenen Abwehrreaktionen nur bis zu einem gewissen Grad der Bedrohung oder des Vorwurfes. Wird das Ich zu stark belastet, bricht das System zusammen. Dies ist bei narzistischen Persönlichkeiten eher der Fall, als bei einer Person mit starker Ich-Struktur. Hinzu kommt, daß beim Narzisten die Sensibilität für Bedrohungen wesentlich stärker ausgeprägt ist. Bedrohungen und Angriffe auf das Selbst werden wesentlich schneller wahrgenommen, so daß die Kompensationsmechanismen schneller überfordert sind.

Nach HENSELER besteht zusätzlich bei den Narzisten eine Tendenz, sich auf Verleugnung und Idealisierung zu versteifen. Vorwürfe werden demnach gerade durch das Gegenteil im Selbstbild ersetzt. Im Laufe der Verleugnung und anschließenden

Idealisierung wird nicht nur das Selbst und seine Ziele in ein unrealistisches Verhältnis zur Realität gesetzt, es werden auch Fehler, die nicht zu leugnen sind in einer unrealistisch großen Dimension zur Realität gesehen. Das hat die Konsequenz, daß Fehler, die bei durchschnittlichen Personen Bagatellcharakter haben, bei der „aufgebauschten" Persönlichkeit des Narzisten geradezu einen Skandal darstellen. Die entstehende Diskrepanz zwischen idealisiertem Selbst und das erneute Erleben der Bedrohung für das Selbst durch das nicht Erreichen der gesetzten Ziele führt langfristig zu einem übersteigerten Minderwertigkeitsgefühl.

Es ist eine Frage der Zeit, wann das sich immer weiter aufschaukelnde System zusammenbricht. Um dieser Katastrophe zu entkommen, gibt es für die narzistische Persönlichkeit nur die Möglichkeit die Flucht nach vorne und das narzistische Gleichgewicht dadurch zu retten *"daß man ihr aktiv zuvor kommt, indem man sein Selbstgefühl rettet, auf seine Identität als Individuum aber verzichtet, was gleichbedeutend ist mit einer Regression auf den harmonische Primärzustand"* (HENSELER 1974, S.84). Dort glaubt der Narzist Verschmelzung, Wärme, Geborgenheit, Triumph, Seligkeit u.a. zu finden. Die Flucht aus dem Jetzt kann nur die Flucht in eine andere Wirklichkeit sein. Eine Beendigung der jetzigen Existenz scheint dafür das Tor zu sein.

Suizid als Kommunikation: Systemische Überlegungen

Therapeut: *Und in welchem Verhalten Ihrer Mutter sieht er [der Bruder] ein schuldhaftes Verhalten?*

Tochter: *Also, daß er andauernd übermuttert wurde. Daß sie ihn fragt: „Willst Du noch ein Brot?" Und wenn er dann „Nein" sagt und sie ihm trotzdem noch eins bringt!*

Therapeut: *Und wie sieht er den Zusammenhang zwischen geschmierten Broten und [seiner] Drogenabhängigkeit?*

Simon & Simon (2001, S. 115)

Die im letzten Kapitel vorgestellten Theorien über das Verhalten suizidaler Menschen haben sich im therapeutischen und beratenden Alltag als nützlich erwiesen, das „Stadium" einer Suizidkarriere zu bestimmen, die Intensität des Todeswunsches zu hinterfragen und mit diesen Informationen die passenden therapeutischen oder beratenden Schritte einzuleiten. Sie helfen die Stärke der Motivation eines Kindes, das den Wunsch hat, sich nach dem Tod der Eltern zu suizidieren (SHNEIDMAN: Todesverächter), einzuschätzen. Sie können bei Schülern, die „in der letzten Zeit sehr still" geworden sind, im Gespräch den Konkretheitsgrad der Selbstmordphantasie eruieren und damit auf der Skala der Intensität eine Einstufung des Schülers auf dem Weg zum Suizid vornehmen (RINGEL). Oder sie können bei sich herauskristallisierender, niedriger Frustgrenze eine Theorie über den Selbstwert der Persönlichkeit liefern und damit auf eine Suizidgefährdung hinweisen (HENSELER).

Das Prinzip von Ursache und Wirkung

Verfolgt man die besprochenen und auch andere Theorien des Suizids aber unter dem Gesichtspunkt der Prävention/Intervention, stellt sich sehr schnell heraus, daß das Erleben des Kindes in der frühen Kindheit ein ausschlaggebender Punkt für die Weiche zum Suizid ist. Nach RINGEL ist, wie oben schon erwähnt, die Zuwendung der Eltern zum Kind der ausschlaggebende Punkt. Zuviel Liebe kann, genauso wie zu wenig die Weichen für eine lebensverneinende Einstellung liefern.

HENSELER sieht eine Gefahr darin, dem Kind zu suggerieren, es sei einzigartig und etwas Besonderes, was in den Augen der Eltern auch durchaus zutreffen mag, in Relation zum Gesamtkontext vom Kind später aber anders erlebt werden kann. Probleme entwickeln sich dann, wenn das Selbstbild durch zunehmendes

Autonomieverhalten in der Adoleszenz nicht mit dem erlebten Verhalten beider Eltern in der Kindheit übereinstimmt. Noch enger kann die Schuldzuweisung gezogen werden, wenn man sich vor Augen hält, wer im Regelfall den größten Erziehungsanteil in der Ehe oder Partnerschaft hat. PATTERSON (zitiert nach OMER UND VON SCHLIPPE 2002) kommt zu dem Schluß, daß der Vater zwar eine wichtige Rolle im Aufwachsen der Kinder spielt, diese Rolle aber durchaus aufgrund seiner niedrigen Kontaktfrequenz mit den Kindern auch mit „Gast" bezeichnet werden kann. Nach PATTERSON ist die Mutter in 71% aller Fälle die Adressatin von Abhängigkeitskommunikationen (Jammern und um Hilfe bitten) und 56% aller Fälle Adressatin aller aggressiven Akte der Kinder. Es wird in fast allen Theorien eine Kausalität zwischen dem Verhalten der Eltern, speziell der Mutter und dem suizidalen Verhalten des Kindes hergestellt.

Solch eine lineare Kausalität entspricht aber weder der Realität im systemtherapeutischen Sinne noch ist sie hilfreich für den Therapeuten oder Berater im Umgang mit den Eltern suizidaler Kindern. Die referierten Theorien implizieren durch ihre Linearität Schuldzuweisungen, die von den Autoren mal mehr mal weniger auch so verstanden werden sollen. In Form kausaler Zusammenhänge (kausale Linearität) wird das Defizit in der Erziehung zum suizidalen Verhalten des Kindes führen. Plump ausgedrückt könnte man sagen, was die Eltern nicht geschafft oder schlimmer noch verursacht haben, führt früher oder später zum Suizid des Kindes.

Die systemische Sichtweise nimmt Abstand von den zwei Konstrukten, die einer solchen Schuldzuweisung inhärent sind:

1) die implizite und explizite Schuldzuweisung durch eine Theorie und damit
2) der Glaube an eine linearen Kausalität

VON SCHLIPPE UND SCHWEIZER (1996) weisen in diesem Zusammenhang darauf hin, daß „*die Konzeptualisierung von Kausalität als geradliniges Wirkungsprinzip nicht zulässig ist, wenn man soziale Zusammenhänge als System konzeptualisiert*" (VON SCHLIPPE & SCHWEIZER 1996, S.90). Sie beschreiben das Konzept der Kausalität als Versuch der Komplexitätsreduktion des Beobachters. OMER UND VON SCHLIPPE (2002) weisen auf den schottischen Philosophen DAVID HUME (1739) hin, der sagte, daß Kausalität in der Natur nicht vorhanden ist und somit nur ein Bedürfnis der Seele sei. Es wird deutlich, daß der Ansatz der systemischen Therapie, wie sie VON SCHLIPPE, SCHWEITZER und OMER vertreten wird, das Konstrukt der kausalen Linearität verwirft, da dieses mögliche Alternativerklärungen von vornherein ausklammert und somit die Vielfalt der Einflüsse, die zu einem bestimmten Verhalten führen, als auch die Bandbreite der Kommunikation untereinander und die Möglichkeiten der Erklärungen vorhandener Phänomene sehr begrenzt. Nach OMER & VON SCHLIPPE sind gerade die fokussierten Verhaltensweisen der Personen im System und die damit immer stärker auf das Problem reduzierte Kommunikation ein Indikator für das Festfahren bestimmter Verhaltensweisen der Systemmitglieder. Wobei als „System" eine Gruppe von Menschen bezeichnet wird, die sich durch enge Beziehungen untereinander von der Umwelt unterscheiden. Ein solches System kann sich zum Problemsystem (VON SCHLIPPE & SCHWEITZER 1996) entwickeln, d.h. die Interaktionen im System kreisen immer mehr um das Problem und vernachlässigen andere Aspekte der Beziehung. Damit beginnt sich das Problemsystem, durch die Eingrenzung der Verhaltensweisen seiner Mitglieder selber zu tragen.

„Muster" statt Schuldzuweisung

Auf die Frage hin, was das suizidale Verhalten denn auslöst, bietet SCHLEIFFER (1979) einen *„interaktionistischen Zugang"* an. Die Frage, ob das suizidale Verhalten Vererbungssache, das Resultat eines Identifikationsvorganges oder das Ergebnis des Modellernens sei, stellt er heraus, daß die wichtigsten Protagonisten auf dem Weg zum Suizid zunächst die Personen, die Situation und die Kommunikation der Personen untereinander sind. Somit ergibt sich zwischen diesen Protagonisten ein System, in dem jeder einen Teil der Dynamik auf dem Weg zu Suizid beisteuert. Anders als bei den meisten Theorien ist hier zunächst der Gedanke impliziert, daß ein Problemsystem erschaffen wurde indem alle Beteiligten als Opfer angesehen werden und gleichzeitig durch Ihre Opferrolle nicht in der Lage sind, den Kreislauf zu unterbrechen, um eine Eskalation zu verhindern. Keinem der Beteiligten kann ein dominanter Part zugeordnet werden, so daß die Eskalation nur durch das „Zusammenspiel" aller Beteiligten zustande kommt.

Norbert Wiener (zitiert nach VON SCHLIPPE UND SCHWEITZER 1996) spricht von einer zirkulären Kausalität. Zirkuläre Kausalität bezeichnet die Handlung einer Person, die auf die Mitglieder eines Systems Auswirkungen hat. Das System reagiert auf die Handlung der Person und wirkt damit auf den Handelnden zurück. Problematisch wird hier die Konnotation „Kausalität", da der Begriff nur als ein anderer Kausalitätsbegriff verstanden werden könnte, wie er oben bereits abgelehnt wurde und von Wiener auch nicht verstanden werden will. Schlußendlich wurde die Idee präsentiert, den Begriff der Kausalität völlig fallen zu lassen und an seiner Stelle von „Muster" zu sprechen. Der Vorteil, besonders für das Arbeiten mit Parasuizidalen und deren Angehörigen, besteht bei der Konnotation „Muster" darin, nicht mehr der Suche nach Ursachen nachzugehen sondern an deren Stelle die Beschreibung von Verhaltens-Mustern zu setzen, innerhalb derer keine Größe eine determinierende Stellung zugeordnet wird. Es kann demnach nicht den Kausalzusammenhang zwischen Ursache und Wirkung geben. Vielmehr handelt es sich um ein Muster von Interaktionen, das innerhalb der Kommunikation zu aufschaukelnden Prozessen führt. Im Bereich des Suizids geht es dann nicht mehr um (implizite) Schuldzuweisungen, sondern um Muster, die zwischen den Personen im entsprechenden System entstehen, sich verfestigen, die Menschen im Griff haben und somit auf lange Sicht zur Eskalation führen.

OMER & VON SCHLIPPE (2002) fanden in ihrem Konzept der elterlichen Präsenz bei Familien mit verhaltensauffälligen Kindern die Basis der Eskalation u.a. im Verlust der Präsenz der Eltern gegenüber dem Kind. Der Verlust der Präsenz kann mit dem Verlust der „Stimme" einhergehen, die für das Kind immer leiser oder unwirklicher wird. Die Eltern verlieren für das Kind an Bedeutung. OMER und VON SCHLIPPE weisen darauf hin, daß innerhalb der verfestigten Muster auch ein sehr unterschiedliches Erleben der eigenen Rolle in Bezug auf die andere Person vorhanden sein kann, so daß das Kind z.B. die Präsenz der Eltern als eigenständige Individuen, die für ihn Verantwortung tragen, nicht mehr wahrnimmt. Die Eltern hingegen haben ihr eigenes Leben auf die Bedürfnisse des Kindes zugeschnitten. Sie glauben nur noch für ihr Kind zu leben. Es ist bei dem Mustern schwierig zu sagen, wer Schuld hat oder wann es begann. Die Klärung dieser Fragen würde den Beteiligten auch nicht helfen das Muster zu unterbrechen, im Gegenteil, es würde (in der Bewußtwerdung) den Konflikt nur neu entfachen oder verstärken.

SIMON UND SIMON (2001) Zeigen in ihrem Buch einen weiteren Aspekt der Schuldzuweisung auf, wie er im Zitat zu Beginn des Kapitels herausgestellt wird. Dabei geht es um die Merkwürdigkeit wie Kausalitäten konstruiert werden und das sie bei genauer Betrachtung gehörige logische Lücken aufweisen. Demnach werden Schlagworte wie „Überfürsorglich" und „vernachlässigt" ohne weitere Überprüfung als Erklärung verwendet.

OMER & VON SCHLIPPE (2002) sehen den Vorteil des Begriffes Muster ebenfalls in der Unterlassung einer Schuldzuweisung. Zusätzlich beschreiben sie, daß bei der

Konnotation Muster über ein Verhalten gesprochen werden kann, das sich zwischen den Personen im System entwickelt hat und das an einem bestimmten Punkt verhaltenssteuernde Qualität übernimmt. Damit werden die Interaktionen innerhalb des Systems, speziell die Quantität des Verhaltens untereinander schnell an seine Grenze geführt. Das System bekommt durch die Fokussierung des Verhaltens auf die Probleme einen immer engeren Spielraum, der es nicht ermöglicht, alternative Möglichkeiten der Handlungen oder alternative Wahrheiten zu erkennen. *„Alle Beteiligten am Konflikt erleben sich festgefahren und sind in gewisser Weise „Opfer" des Musters, das sie selbst zu erzeugen halfen"* (OMER & VON SCHLIPPE 2002, S.86).

Ebenen der Kommunikation

Suizid ist immer auch ein Kommunikationsproblem. Nach RINGEL (1998) und ORBACH (1997) ist der Rückzug des Suizidanten und damit das Verarmen der Gespräche untereinander eines der Symptome, das die akute Beschäftigung des Menschen mit dem Suizid anzeigt.

Mit dem Konstrukt Kommunikation ist u.a. der Name SCHULZ VON THUN unweigerlich verbunden. Will man Kommunikationsstörungen oder ungewöhnliche Verhaltensweisen aufdecken, ist das „Quadrat der Nachricht" (SCHULZ VON THUN 1989) ein fast unumgängliches Instrument der Analyse und Erklärung geworden. Das Quadrat der Nachricht fokussiert aber den verbalen Teil einer Kommunikation mit all seinen Facetten und Mißverständnissen. Wenn das Wort aber nicht mehr reicht um auf Verhaltensweisen aufmerksam zu machen, um auf Mißstände oder Probleme hinzuweisen, gibt es noch die Möglichkeit auf die Ebene des Verhaltens zu wechseln, um sich mitzuteilen. Bei den Suizidenten findet wie oben schon erwähnt eine solche Verlagerung innerhalb der Kommunikationsebenen statt. Zeichnet sich der Suizidant zunächst durch Neugier gegenüber dem Tod aus. Fragen, was nach dem Tod passiert, ob es ein Leben nach dem Tod gibt und wer alles zu seiner Beerdigung kommen würde, zeichnet die Verhaltensweise vorrangig beim Kind aus. Das Interesse am Tod und der Sinn des Lebens, der hier hinterfragt wird, wird von den Eltern allzu häufig als philosophisches Interesse des Kindes gedeutet und der frühen Reife des Kindes zugeschoben (ORBACH 1997). Das sich hinter diesen Fragen eine sich langsam entwickelnde pathologische Beschäftigung mit dem Tod verbergen kann wird den betroffenen Eltern meist erst sehr spät klar. RINGEL (1998) beschreibt, wie oben schon angeführt, in seinem praesuizidalen Syndrom den Verlauf dieser Suizidphantasien, die, je konkreter sie werden, einen umso größeren Sog auf die phantasierenden Personen in Richtung Suizid ausübt.

Der Erwachsene verbalisiert sich ganz ähnlich wie das Kind, nur daß er in seiner Verzweiflung am Leben die Frage nach dem Sinn des Ganzen direkt den Menschen seiner Umgebung stellt und sie damit auf seine Situation aufmerksam machen will. Es kann sogar zu einer direkten Ankündigung des Suizides kommen. Diese Art der verbalappellativen Provokation gewinnt ihren Höhepunkt sehr häufig in der resignierenden Äußerung des Suizidanten, daß es eben doch besser wäre Tod zu sein.

ORBACH sieht im Gegensatz zu Ringel in der pathologischen Beschäftigung mit dem Tod noch keine direkte Verbindung zum Suizid selber. Das Fehlen einer angemessenen Reaktion auf diese Äußerungen kann dazu führen, daß die pathologische Beschäftigung mit dem Tod zu einem Teil des suizidalen Prozesses führt. Die künstlerische Auseinandersetzung mit dem Tod schließt nach ORBACH keinesfalls die eigentliche Tat aus. Sie kann Aufschub gewähren da sie als Ventil dient.

Es wird deutlich, daß nicht das gesprochene Wort alleine die Kommunikation des System ausmacht. Die Kommunikation findet auf mehreren Ebenen statt (WATZLAWICK ET AL. 1974). Wobei nach den Modellen RINGELS und HENSELERS eine Verschiebung des Schwerpunktes von einer Kommunikationsform zu einer anderen vonstatten geht.

HÖMMEN (1989) stellt fest, daß kein Mensch alleine lebt, auch wenn er einsam ist und daß zum Suizid immer zwei Menschen gehören, einer, der den Suizid verübt und ein anderer, der gemeint ist, also mit dem Akt bestraft oder getroffen werden soll. Damit hat der Suizidant nach HÖMMEN drei Ziele, die er mit seiner Tat verfolgt:

1. Er will geliebt werden
2. Durch sein Verstummen will er besser gehört werden
3. Er möchte Beziehungen abbrechen.

Es gibt also mehrere kommunikative Wege des Suizidanten seine Ziele zu erreichen, dabei ist das gesprochene Wort nur eine Ebene.

Die Botschaft des Kindes

In Ringels praesuizidalem Syndrom wird der Rückzug des Suizidenten aus der Gesellschaft beschrieben, dieser basiert auf der situativen und emotionalen Einengung, entstanden durch eine traumatische Kindheit im Sinne Ringels. Der Praesuizidale zeichnet sich durch einen verbalen und physischen Rückzug aus. Er meidet Freunde und das Gespräch mit engen Vertrauten. Zunächst wird der Eindruck erweckt, die betreffende Person entzieht sich der Kommunikation. Seit WATZLAWICK wissen wir aber, daß man eben nicht nicht kommunizieren kann (WATZLAWICK, BEAVIN, JACKSON 1974). Das Verhalten des Praesuizidalen sollte daher nicht als Rückzug, sondern als Verlagerung der Kommunikationsmethoden gesehen werden. Wobei dieser Rückzug eine abmbivalente Aussage beinhaltet (siehe auch HÖMMENS „Ziele eines Suizidanten" im letzten Abschnitt). Zunächst ist der Apellcharakter vorhanden, den die öffentliche Meinung auch allzu gerne als Grund des Parasuizids sieht und mit dem Tenor beschrieben werden könnte: „Ich weiß nicht weiter, bitte helft mir!". Die andere Seite ist eine Anschuldigung, die die gesamte Gesellschaft oder bestimmte Personen treffen soll (RINGEL 1998). Diese anschuldigende Aussage könnte lauten: „Ich will Euch bestrafen, dafür, dass Ihr mir nicht geholfen habt!"

HENSELER berichtet über eine ganze Reihe von Studien zum Thema unzufriedene Kindheit. Er referiert Untersuchungen, die den Einfluß vom Verlust eines Elternteils, also einer unvollständigen Familie, einen subjektiven Mangel an Geborgenheit oder eine generell dissoziierte Familie zum Inhalt haben. Zusammenfassend stellte sich eine signifikante Häufung von Elternverlusten bis zum 20. Lebensjahr und illegitime Geburten heraus, wobei nicht klar wird, ob die Geburt der Suizidanten als illegitimen bezeichnet werden oder diese eine solche hatten.

Die Gefahr dieser Argumentation liegt in der verborgen Linearität. Zu schnell liegt die Kausalerklärung zum Suizid auf der Hand. Der Perspektivenwechsel kann aus der Sicht der Eltern Aufschluß auf die Verhaltensweisen geben.

Die Botschaft der Eltern

So wie das Verhalten des Kindes eine Botschaft an die Eltern ist, so richten auch die Eltern durch ihre Worte und durch ihr Verhalten Botschaften an die Kinder. Dabei ist es sehr häufig der Fall, daß die Beziehung zwischen Eltern und Kindern in wenigen Aspekten nicht so intensiv ist, die Eltern über Lebensbereiche ihres Kindes weniger gut informiert sind. Gerade zu Beginn der Adoleszenz nehmen diese Bereiche zu. Dies kann den Eltern bewußt werden und sie veranlassen etwas gegen die wachsende Distanzierung des Verhältnisses zu unternehmen. OMER & VON SCHLIPPE (2002) sprechen von dem Verlust der Stimme die die Eltern bei den Kindern erleiden und das dies ein Teil dessen ist, was sie als Muster beschreiben. Es kann aber auf der anderen

Seite eine Distanzierung zwischen Eltern und Kind stattfinden, die von den Eltern nicht wahrgenommen wird oder die die Eltern nicht wahrnehmen wollen. Dabei berichten die Eltern von einem sehr innigen Verhältnis mit dem Gefühl, voreinander keine Geheimnisse zu haben und Probleme welcher Natur auch immer, besprechen zu können. In diesem Fall beschränkt sich die Distanzierung auf bestimmten Gebieten, d.h. die Kinder vertrauen sich den Eltern mit den meisten Problemen an, klammern aber gewisse Felder völlig aus (z.b. Beziehungskriese, innere Leere, Sinn des Lebens). Hier bekommen die Eltern meistens keine Möglichkeit die Entwicklung des Suizides bei ihrem Kindfestzustellen, da es anscheinend kein Tabu zwischen ihnen gibt und die Beziehung unbelastet erscheint (VEID 2002). In den erstgenannten Fällen, also der offensichtlichen Anbahnung von Diskrepanzen berichten betroffene Eltern später den merklichen Verlust ihres Einflusses auf das Kind (SALZBRENNER 2001). Ihr gesamtes Verhalten, ob aggressiv oder empathisch, zeigt später im Gespräch eine resignierende Haltung. Der Tenor der elterlichen Botschaft könnte lauten: „Wir sind machtlos und wissen nicht weiter".

Entwicklung der Fragestellung

„Sie weisen ganz richtig darauf hin, daß ich einen Menschen als nicht triviales System auffasse. Und ich behaupte, daß diese einzelnen Menschen zusammen - sagen wir in einer Familie - selbst ein neues nicht triviales System bilden. Wenn dieses System geschlossen ist (und eine Familie ist ja in der Regel ein kulturell und sozial ziemlich geschlossenes System), dann wird durch die Wechselwirkung der beteiligten Personen ein bestimmtes Eigenverhalten generiert, daß einzelne oder auch alle Beteiligten womöglich unglücklich macht"

VON FOERSTER & PÖRKSEN (2001, S.79).

Im letzten Kapitel wurde das Verhältnis zwischen dem Suizidenten und die Rolle seiner engsten Menschen, meistens den Eltern diskutiert. Die verschiedenen Theorien deuten die Möglichkeit zum Teil an, im Verhalten der Eltern einen der Gründe für den Suizid des Kindes zu sehen. Eine recht „glatte" und auf keinen Fall akzeptable Beschreibung. Der systemische Ansatz geht von einem „Muster" aus, das sich zwischen den Mitgliedern eines Systems bildet und das von jedem Mitglied des Systems getragen wird. Das Muster hat die Beteiligten des Systems „voll im Griff". Die Frage einer Schuldzuweisung wird hier vermieden bzw. erübrigt sich, da sie auch aus therapeutischer Sicht keinen Nutzen beinhaltet.

Hilft aber der Ansatz der systemischen Therapie den Eltern, die den Verlust eines Kindes verkraften müssen? Die Literatur hält sich mit dem Wissen über den Umgang trauernder Eltern mit dem Suizid ihres Kindes sehr zurück. Ich konnte auf keine Untersuchung zurückgreifen, die die Trauerarbeit speziell von Eltern untersuchte, die ein Kind durch Suizid verloren haben. In Anbetracht der sensiblen Eigenschaft des Themas ist es auch verständlich, daß Zurückhaltung geübt wird, sei es aus Respekt gegenüber den Trauernden oder aus Pietät.

Letztlich kann es aber nicht Ziel der Wissenschaft sein, das Phänomen Suizid zu ergründen und die Ausläufer völlig ungeachtet zu lassen, vor allen Dingen dann nicht, wenn es bei den Ausläufern um Menschen geht, die auf Hilfe angewiesen sind, wenn es darum geht, mit der Situation umgehen zu lernen. In den folgenden Kapiteln soll gezeigt werden, wie die Literatur einen „normalen" Trauerprozeß beschreibt.

Danach soll der Unterschied zwischen Eltern, die ein Kind durch Suizid verloren haben und Eltern in „normaler" Trauer aufgezeigt werden. Den Schluß bildet die Fragestellung für einen Leitfaden, wie Eltern von suizidierten Kinder die Phase nach dem Suizid erlebt haben und welche Hilfe sie sich gewünscht hätten. Die Antworten der Eltern stellen die theoretische Grundlage für eine Datenerhebung da, die bei der therapeutischen Arbeit mit den Eltern eine Richtlinie aufzeigen kann. Worauf soll der Berater oder der Therapeut achten, was soll er vermeiden?

Die kulturell definierte Trauer

Um im Sinne der psychischen Prozesse richtig trauern zu können, bedarf es des Wissens darüber, wie und warum getrauert wird. Die Kultur gibt nach HENSLIN (1973) den Rahmen nicht nur für das Trauern, sondern für das gesamte Erleben des Menschen vor. Demnach erlebt der Mensch seine Welt nur über die Kategorien der Kultur, denn diese verleihen den einzelnen Objekten erst einen Sinn. Durch die Sozialisation des Menschen in einer bestimmten Kultur beginnt er „*durch die Brille*" (HENSLIN 1974) dieser Kultur die Objekte zu interpretieren, ihnen einen Sinn beizumessen. Ereignisse und Objekte, deren Sinn nicht in der Kultur verankert sind, in der er aufgewachsen ist, haben keine Bedeutung für ihn.

Die Trauer ist ebenfalls ein in jeder Kultur anders gelebter Begriff. Das Ritual als Teilaspekt jeder Kultur, spielt dabei einer sehr wichtige Rolle, da in ihm und durch seine Vorgaben Halt in einer orientierungslosen Zeit gefunden werden kann. „*Ihre üblichen Funktionen sind das Aufrechterhalten von Ordnung, von Struktur und von Sinnsystemen, also der Bestätigung dessen, was ist*" (VON SCHLIPPE & SCHWEITZER 1995, S. 191). Gemeinsam ist jeder Kultur das Wissen um die Endlichkeit des Lebens. Das Ritual nach dem Tod eines Menschen verläuft in vielen Kulturen anders, da auch der Glaube Auskunft über den Verbleib des Menschen oder seiner Seele gibt. In den westlichen Kulturen ist durch die Religion der Glaube an eine Existenz nach dem Tod an einem besseren Ort gegeben. Aussagen, wie „Seine Zeit ist gekommen" oder „Er nahm ihn zu sich" sind Zeugnisse davon, daß von einer Existenz nach dem Ableben ausgegangen wird. Der Schmerz, der durch die Trennung entsteht, wird durch die Transzendenz teilweise aufgefangen. Das Ausmaß der Trauer wird mit der Vorstellung einer Weiterexistenz der verstorbenen Person an einem besseren Ort gemildert. Durch diese Anschauung wird das Selbst der Trauernden frei von Schuld gehalten. Die Gründe, die den Tod herbeigeführt haben, liegen jenseits des Einflußbereichs der trauernden Angehörigen. Sie tragen keine Schuld an dem Tod des geliebten Menschen.

Zusammenfassend kann man sagen, daß Trauer wie KAST (1977) und HENSLIN (1974) sie verstehen auf drei Säulen ruht:

1) Vorgabe des Umgangs mit der Trauer durch die Kultur
2) Glaube an einer Existenz nach dem Tod und somit Glaube an die irgendwie geartete Anwesenheit des Verstorbenen
3) Wissen darüber, durch das eigene Verhalten nicht den Tod des Menschen verursacht zu haben

Um eine erfolgreiche Trauerarbeit leisten zu können sind diese Punkte Voraussetzung. Trauerarbeit meint nach KAST das Durchleben mehrerer Phasen, in denen der Verlust des verstorbenen Menschen schrittweise zugelassen wird. *„Entscheidend scheint mir die Erfahrung in der Trauerarbeit, daß wir Trennung nicht nur ertragen können, sondern daß sie durch die Trauer hindurch dazu führen, uns selbst wieder neu zu erleben, auch mit neuen Wertungen: als Menschen, die auch durch Trennung nicht zerbrechen, die innerlich doch immer wieder getragen sind, die, gerade als erschütterte, sich auf das Wesentliche sich zurück besinnen"* (KAST 1977, S. 155). Dieser Neubeginn bezeichnet die neu gefundene Freude am Leben, ohne den Verstorbenen oder den Tod selbst vergessen oder gar verdrängt zu haben, denn *„der Tod ragt immer ins Leben hinein"* (KAST 1977, S. 155). Er ist ein bewußter Teil des Lebens geworden, mit dem ein Leben von Qualität geführt werden kann.

Die Trauer der Angehörigen suizidierter Menschen

Die Angehörigen, speziell die Eltern von Menschen, die sich das Leben genommen haben, haben nicht die Möglichkeit auf alle Säulen der Trauerarbeit zurückzugreifen. Damit wird die Trauerarbeit wesentlich erschwert. Eine „Verschleppung" der vorhandenen Gefühle, das Unvermögen sich Ausdrücken zu können, sei es durch eine innere Leere oder durch das Fehlen von Menschen, die zuhören können, führen zu Einbußen der Lebensqualität auch weit nach dem Trauerprozeß. Im schlimmsten Fall bleiben die Angehörigen im Prozeß der Trauer stecken und können zu dem Schluß kommen, daß es besser ist ihr Leben zu beenden.

Was macht die Trauer bei Angehörigen von Suizidenten schwerer als die der „normal" Verstorbenen? Wie oben schon erwähnt wurde, bedarf es der kulturellen Richtlinie, wie getrauert wird. Der Suizid ist ein Ereignis, das meistens verschwiegen wird, das Schamgefühle auslöst bei Angehörigen, die darauf angesprochen werden. RESNIK (1980) spricht von der häufigen, gesellschaftlichen Ächtung des Suizides. *„Bestenfalls wurde sie [die Selbsttötung] ignoriert. Wobei mangelnde Akzeptanz eine Form der Kritik ist."*

Es soll nicht um die Frage gehen, warum der Suizid in jederlei Hinsicht verschwiegen wird. Wichtig ist hier der Zusammenhang, daß wenn etwas von allen Menschen einer Gesellschaft verschwiegen wird, in dieser Kultur auch keinen verankerten Sinn besitzen kann. Es gibt Unsicherheiten im Umgang mit dem Suizid und seinen Angehörigen, da selten über ihn gesprochen wurde und somit auch keine „Richtlinien" über den Umgang mit Suizidenten oder ihren Angehörigen entwickelt werden. Die Angehörigen selber sind direkt von dieser kulturellen Lücke betroffen. Sie haben keine Norm darüber, wie man mit dem belastenden Ereignis umgehen kann.

Nach JAMISON (2000) beginnt in der Zeit nach dem Tod eines nahestehenden Menschen eine sensible Phase. Das eigene Verhalten wird gegenüber der suizidalen Person reflektiert und mit dem Hang zum Negativen neu bewertet. Aufgrund der Frage nach dem Sinn des Todes und dem des Lebens, die nach KAST von allen Trauernden gestellt wird, kommen die Angehörigen von Suizidenten in den meisten Fällen zu der Frage, welche Rolle ihr Verhalten im Leben des Suizidenten gespielt hat, welches Verhalten von ihnen auf das suizidale Verhalten des Kindes förderlich gewirkt hat, und ob das eigene Verhalten evtl. der Grund oder Auslöser für den Suizid gewesen sein kann.

Es ist zu erwarten, daß es Diskrepanzen auf der Basis der oben genannten Theorie von KAST (1977) und HENSLIN (1973) gibt. D.h., die Eltern werden aus der damaligen Position die Beziehung zu ihrem Kind als gut bezeichnen. Die Reflexion des eigenen Verhaltens nach dem Suizid und die Tendenz, eben dieses Verhalten eher negativ zu sehen, wird eine schlechtere Bewertung hervorbringen. Daraus ergibt sich, daß die Eltern innerhalb des Trauerprozesses sich selber oder, wie KAST es beschreibt, dem Ich einen Großteil der Schuld angedeihen lassen.

Damit würde sich die Theorie bestätigen, daß Eltern suizidierter Kinder auf die Säule der Schuldlosigkeit des Ichs an dem Suizid des Kindes nicht zurückgreifen können. Für KELLEHER et al. (2000a) ist eine höchst auffällige Weise, sich mit dem Suizid eines Menschen auseinander zusetzten, die zwanghafte Suche nach den Anhaltspunkten für die Gründe eines Suizids. *„Diese Frage nach dem Warum wird dann die Angehörigen* *unter Umständen nie wieder völlig loslassen."* Dabei wird das eigene Verhalten nach JAMISON, wie oben bereits erwähnt, im Nachhinein eher kritisch negativ beurteilt. Mit dieser Einstellung fällt die zweite von drei Säulen, die für eine erfolgreiche Trauerarbeit benötigt werden weg. Die Eltern können ihr Ich nicht mehr frei von Schuld an dem Tod ihres Kindes halten. Dies scheint der schwerwiegendste Punkt zur Störung des Trauerprozesses zu sein.

Damit unterscheidet sich die Trauerarbeit der Angehörigen suizidaler Menschen von den Menschen die „normal" trauern durch das Fehlen von zwei der drei Säulen, die ein erfolgreiches Trauern ermöglichen, d.h. eine neue Lebensqualität nach dem Trauerprozeß gewinnen.

> (1) Angehörige Suizidaler können die Trauer nicht durch kulturell gegebene Aussagen dämpfen. In den meisten Fällen haben die Suizidenten ein Alter, indem der Tod noch nicht ein bewußter Bestandteil des Lebens ist, wie es bei älteren Menschen der Fall ist.

> (2) Zum anderen geraten die Angehörigen an die Frage, ob sie nicht durch ihr Verhalten eine Teilschuld an dem Suizid ihres Kindes tragen.

Die Frage nach dem, was geholfen hat

Mit dieser Untersuchung will ich Aspekte finden, die speziell Eltern von suizidierten Kindern bei der Trauer als hilfreich und unterstützend erlebt haben. Darunter kann das Verbalisieren der Gefühle über den Schock im Mittelpunkt stehen. Es können aber auch die Gefühle der Eltern gegenüber ihrem Kind im Mittelpunkt stehen. Das Ansprechen von Spannungen, die sich aufgebaut haben und Differenzen, die nicht mehr besprochen werden konnten, und die sich daraus ergebenden Schuldgefühle gegenüber dem Suizidenten, auf deren Vergebung nicht mehr gehofft werden kann sind weitere mögliche Gesprächspunkte. KAST schreibt dazu:

Schuldgefühle hängen meines Erachtens stark mit dem zusammen, was in der Beziehung zwischen zwei Menschen ungeklärt geblieben ist, natürlich auch mit dem Ideal, das man sich vorgestellt hat in der Beziehung zum Verstorbenen und der realen Beziehungsform, die man dann gefunden hat" (KAST 1977, S. 95).

Bei der Verbalisierung der Gefühle spielt das soziale Netzwerk eine entscheidende Rolle. Drunter sind zum einen die Menschen zusammenzufassen, die im engsten (Familien-)Kreis des Suizidenten gelebt haben, da runter kann aber auch die Beziehung der zwischen den Menschen verstanden werden. Gelingt es in der Zeit der Trauer ein Netzwerk von Menschen aufrechtzuerhalten, denen man sich mitteilen kann, mit dem immer wieder über Gefühle geredet und das eigene Verhalten gegenüber dem Kind untersucht werden kann, dann können die Menschen dieses sozialen Netzwerkes die Trauer mittragen. Viele Paar-Beziehungen scheitern allerdings an dieser Aufgabe. Die Selbsthilfeorganisation „VERWAISTE ELTERN" (2002) spricht davon, dass 70% der Beziehungen die den Suizid des Kindes nicht überstehen, d.h. in der Phase der Trauer und Auseinandersetzung scheitern. Es wäre demnach von Interesse zu wissen, welche Schwierigkeiten in der Beziehung auftreten und welches Verhalten die Personen des näheren Umfeldes gezeigt haben. Aufgrund der These, daß Suizid in unserer Kultur ein verschwiegenes Thema ist, gehe ich davon aus, daß auch das Verhalten der Mitmenschen zum größten Teil eine verschwiegenes sein wird. Die Kommunikation untereinander wird langfristig unterbrochen. Wenige Menschen werden die unterstützende Variante wählen und diese über Jahre hinweg durchhalten. Die schon von HENSLIN (1973) aufgestellte Theorie wird vom Verein verwaister Eltern unterstützt: *„In der modernen Gesellschaft hat der Tod keinen Platz und die Menschen sind nicht auf ihn vorbereitet"* (VERWAISTE ELTERN 2002).

Die betroffenen Menschen müssen mit ihrer Situation aber irgendwie fertig werden, lernen damit umzugehen, damit sie nicht selber der Gefahr unterliegen, ihrem Kind in den Tod zu folgen (SALZBRENNER 2000). Professionelle Hilfe kann hier eine Möglichkeit sein, sich dem Leben wieder zu öffnen. Was aber erwartet ein Angehöriger von einem Therapeuten oder Berater, wenn er sich dazu entschließt, ihn aufzusuchen? Gibt es neben der therapeutischen Hilfe noch andere Verhaltensweisen, die Betroffene völlig selbstständig entwickelt haben und die ihnen als Stütze im Alltag dienen? Kann man aus diesen Verhaltensweisen einen gemeinsamen Nenner erschließen? Und gibt es etwas, das Angehörige trotz oder gerade wegen der schweren Zeit die sie erlebt haben, als gut beschreiben würden?

Es gibt also einige grobe Aspekte, die im Gespräch mit Hinterbliebenen gestellt werden können, um so für die Nichtbetroffenen ein grobes Muster, ein Gerüst entwerfen zu können, wie ein Verhalten oder ein therapeutisches Arbeiten mit Angehörigen aussehen könnte und wie nicht. Zusammenfassend sollten fünf Aspekte mit den folgenden Fragen in einem Interview gestellt werden:

1) Selbstständig entwickeltes Verhalten, das als Stütze in der Trauer dient.
2) Erwartungen, die an den Therapeuten oder Berater gestellt werden.
3) Einschätzung der Beziehung zu dem Kind
   a) aus der Zeit vor dem Suizid.
   b) aus der heutigen Zeit.
4) Verhalten des sozialen Umfeldes.
5) Gibt es etwas, daß die Angehörigen als „gut" im Zusammenhang mit dem Prozeß beschreiben können?

Ziel der Untersuchung: Grundidee

„Kann man sich empathisch einfühlen und die Lebenswelt der Akteure verstehen, so wird man als Zuschauer einen am Menschen orientierten Zeitfluss miterleben; kann man sich nicht einfühlen, kann die Zeit leicht fragmentieren, insbesondere da die starke Beschleunigung der Szenenwechsel und Bilderfolgen das empathische Einfühlen leicht abbrechen läßt."

JOST (2000 S. 44)

Das Ziel dieser Untersuchung konkretisiert die im Theorieteil angesprochene Frage nach einem Gerüst, das deutlich macht, welche Wünsche die Eltern suizidierter Kinder in der Zeit nach dem Tod ihres Kindes haben. Beratende und therapeutische Stellen sollen anhand dieses Gerüstes die Welt dieser Menschen besser verstehen lernen. Dabei spielen nicht nur die Gefühle und Gedanken der Eltern eine Rolle, sondern auch das Wissen über die Länge einer Trauer, die vom sozialen Umfeld meist auf ein Jahr beschränkt ist und danach zu verletzendem Verhalten seitens des Umfeldes führen kann. Übertroffen wurden meine Erwartungen bezüglich des Verlaufs der Trauer und ihrer einzelnen Abschnitte, die die Eltern durchleben. So ergaben sich im Ergebnisteil nicht nur ganz bestimmte Verhaltensweisen, die für eine Unterstützung der Trauerarbeit unabdingbar sind, es lassen sich außerdem unterschiedlichen Interventionen zu unterschiedliche Trauerphasen empfehlen.

Auswahl des Erhebungsverfahrens

Im theoretischen Teil der Arbeit machte ich mir Gedanken, was für Eltern wichtig sein könnte, die ein Kind verloren haben. Durch Diskussionen im Kolloquium und mit Menschen, die Freunde oder Verwandte durch einen Suizid verloren haben, kristallisierten sich die im letzten Kapitel aufgezählten Punkte als relevant heraus, sie wurden in ihrer Konkretheit allerdings in zwei Punkten modifiziert, so daß sich aus ihnen die folgenden Aspekte ergaben: Was bestimmt das Leben eines Menschen in den Jahren nach dem Tod am meisten? Was hat ihm aus eigener Sicht am meisten geholfen, mit dem Ereignis umzugehen?

Da es sich um ein sehr sensibles Thema handelt und sich im Vorfeld bei den Diskussionen eine gewisse Ratlosigkeit in bezug auf weitere Aspekte abzeichnete, die hinterfragt werden sollten, bot sich das Interview als geeignetes Mittel der Erhebung an, da während des Prozesses der Datenerhebung die Erfahrungen der abgeschlossenen Gespräche als „eine schrittweise Gewinnung und Prüfung von Daten" angesehen werden kann, *„wobei Zusammenhang und Beschaffenheit der einzelnen Elemente sich erst langsam und in ständigem reflexiven Bezug auf die dabei verwandten Methoden herausschälen"* (WITZEL 1982 S. 72, zitiert nach MAYRING 2002). Das betrifft hier zum einen eine Erweiterung der von mir überlegten Aspekte und zum anderen ein mögliches Überdenken der Verhaltensweise gegenüber dem folgenden Interviewpartner.

Als Aspekte verstehe ich den Kern einer Aussage, die der Interviewpartner zu einem Themenbereich tätigt. Dieser grenzt sich durch den Sinnzusammenhang von anderen Aussagen und damit von anderen Aspekten ab. *„Mit völlig offenen Fragen wird lediglich der interessierende Problembereich eingegrenzt und ein erzählgenerierender Stimulus geboten."* (LAMNEK 1993a, S.75). In der Analyse können diese Aspekte zu Kategorien werden, wenn ihre Intensität, in einem oder mehreren Interviews eine induktive Kategorienbildung rechtfertigt.

Zentrale Merkmale qualitativer Forschung und das Untersuchungsdesign

In dieser Untersuchung geht es vor allem um ein soziales Problem, das durchaus vorhanden ist aber sehr verschwiegen behandelt wird, nämlich der Umgang mit Menschen, die ihr Kind durch Suizid verloren haben. Durch Gespräche mit Betroffenen sollen Verhaltensweisen gefunden werden, die von den Betroffenen als wohltuend, förderlich oder aber als hemmend, vielleicht sogar als kränkend empfunden werden. Daher sollte das Ergebnis dieser Arbeit das Handeln zunächst der Menschen unterstützen, die sich professionell mit Eltern suizidierter Kinder auseinandersetzen. Dies sind meist Menschen, die in beratenden oder therapeutischen Einrichtungen arbeiten. Es kann aber auch Gruppenleitern von Selbsthilfegruppen[8] zugute kommen.

Im Design dieser Handlungsforschung wird der kommunikative Ansatz und der Vorteil der intensiven Datenerhebung im Gegensatz zu vorgefertigten Antwortmöglichkeiten, wie sie z.B. ein Fragebogen liefert, bevorzugt. Es stellte sich schon bei der Aspektsuche (s.o.) als schwierig heraus, die Welt der Trauernden so zu verstehen, daß zum einen das richtige Auftreten des Interviewers zu beschreiben war, und zum zweiten viel Zeit für die Selektion der Aspekte verwand wurde, die im Interview hinterfragt werden sollten. Bei dieser Selektion ging es zunächst um die Themenbereiche, dann aber auch um die Frage, ob und wie die Fragen gestellt werden sollten.

---

[8] Ich betrachte aufgrund der Interviews Selbsthilfegruppen als selbstständige Form der Problembewältigung und ordne sie nicht den beratenden Stellen unter. Im Ergebnisteil wird dieser Schritt deutlich.

Ein Interview läßt die Möglichkeit zu, das für die Trauernden als Beschreibung dienliche Vokabular zu hinterfragen, um dieses mit deren Inhalt zu füllen und sich evtl. auf der Verhaltensebene erklären zu lassen. Fragebögen hätte in der Analyse eine sehr breite Interpretationsmöglichkeit gegeben. Die Wahrscheinlichkeit, den Begriff im Sinne des Gesprächspartners zu interpretieren, ist eher gering. Aus diesen Schwierigkeiten ergibt sich fast von selbst die Möglichkeit eine Datenerhebung während der Untersuchung für Aspekte offen zu halten, die sich im Laufe der Gespräche als wichtig erweisten. Die von MAYRING bezeichnete „Forscher-Gegenstandsinteraktion" (MAYRING 2002) ist ebenfalls ein wesentlicher Bestandteil zur Modifizierung der Aspekte. Da im Laufe der Untersuchung mein Wissen im Umgang mit Eltern wuchs, wirkte sich dies in Form der teilweisen Antizipation der Antworten aus. In diesem Zusammenhang fühlte ich mich mit wachsender Interviewzahl sicherer, so daß ich die Atmosphäre im Interview entspannter erlebte.

Der Charakter dieser Studie, der sich als explorativ versteht, zeichnet sich dadurch aus, daß das Erleben der Eltern im Mittelpunkt steht, und ihre Handlungsweisen und Reaktionen erklärbar macht. Um das zu erreichen genügt es nicht die wie oben bereits erwähnten Konstrukte der Eltern wie z.B. „Trauer" einfach zu übernehmen. In einem narrativen Ansatz muß die Bedeutung dieser Konstrukte mit Inhalt der Eltern gefüllt werden. In der Analyse bildet dieser Punkt ein wichtiges Entscheidungskriterium für den Grad der Abstraktion der Analyse, und er wird im Kapitel „Ergebnisse und Diskussion" wieder aufgegriffen.

Datenerhebung

Reaktionen und Mißerfolge: Professionelles Verhalten psychiatrischer-, beratender- und Selbsthilfeeinrichtungen

„Läßt man die Eingebundenheit in einem bestimmten sinnstiftenden Bezugsrahmen außer acht, erscheinen viele Verhaltensweisen (oftmals) unverständlich, verrückt, defizitär oder pathologisch."

BOXBÜCHER & EGIDI (1996, S. 17)

Zu Beginn der Datenerhebung fixierte sich meine Suche auf Menschen, die bereit waren, mich in meiner Arbeit zu unterstützen, auf therapeutische und beratende Einrichtungen. Meine Vorgehensweise bestand in der telefonischen Kontaktaufnahme der jeweiligen Institute (Psychiatrien, psychosoziale Beratungsstellen, Sozialpsychiatrischer Dienst, Caritas, Kinderhospitäler, Universitätskliniken). Es haben sich zwei Reaktionen der Einrichtungen schon nach kurzer Zeit herauskristallisiert, die aber zum selben Ergebnis führten. Zum einen bestand grundsätzlich Interesse an der Thematik, und man wollte genauer prüfen, ob es im jeweiligen Klientel betroffene Personen gab, und wenn, ob diese bereit waren an einem Interview teilzunehmen. Das Ergebnis dieser Überprüfung mündet in der zweiten Reaktion von Instituten, die von vornherein das Vorhandensein von Eltern, die ihre Kinder durch Suizid verloren haben, verneinten.

Es erschien mir fragwürdig, daß in Anbetracht der statistischen Daten, die eine Suizidrate von 18.825 Menschen im Jahr 1981 bis zu 11.065 Menschen im Jahre 2000 (FIEDLER 2002) feststellten, ein Gebiet von Bremen bis Hannover anscheinend völlig unbetroffen sein sollte.

Im Nachhinein ist das Verhalten der Institutionen, die sich im Suizidbereich ausnahmslos der Suizidprophylaxe verschrieben haben, aber verständlich. Mit der Unterstützung meiner Arbeit würden die Institute gleichzeitig einräumen, daß ihre Konzepte nicht in jedem Fall erfolgreich sind. Sie würden Gefahr laufen, ihren Namen und ihre Konzepte durch möglicherweise falsch verstandene Zusammenhänge Außenstehender in Mißkredit zu bringen. Das Risiko, sich auf die Anklagebank der öffentlichen (Laien) Meinung zu begeben, ist damit zu groß und die Absagen aus diesem Blickwinkel verständlich. Wobei in diesem Zusammenhang darauf hingewiesen werden muß: *„Jeder kann sich trotz intensiver Bewachung suizidieren."* (LAUTERBACH 1996, S. 51)

Unverkennbar bleibt aber, neben dem Verständnis darüber, meine Arbeit nicht zu unterstützen, die Parallele im Verhalten zwischen dem Laien und dem professionell Arbeitenden. Beide sind von der Thematik fasziniert, haben aber gerade bei dem erfolgten Suizid Vorbehalte bei der Kontaktaufnahme mit Angehörigen und meist sehr unzureichendes Wissen im bezug auf Verhalten und Wünsche dieser Personen.

Im zweiten Versuch der Gewinnung von Gesprächspartnern konzentrierte ich mich auf Selbsthilfegruppen. Nach meiner Überlegung konnte hier zum einen kein Ruf gefährdet und kein Konzept in Frage gestellt werden, denn hier ist die sonst gescheute Thematik gerade die Existenzbedingung der Gruppe. Weiterhin erhoffte ich mir eine Vereinfachung durch den Wegfall der Bürokratie, die im ersten Anlauf sehr viel Zeit kostete und bei der Weitergabe von Informationen zwischen den einzelnen Stellen (Sekretärin → leitender Psychologe → Institutsleitung), z.B. die von mir geplante Vorgehensweise, schlicht nicht übermittelt wurde, so daß leitende Personen vermutlich schon hier durch ein Informationsdefizit Grund zu Vorbehalten hatten. Zum anderen kannten die Leiter der Selbsthilfegruppen ihre Mitglieder so gut, daß sie zunächst fragen konnten, ob es überhaupt Eltern gab, die teilnehmen wollten und im Hinblick auf die psychische Labilität auch konnten. Diese Möglichkeit ist bei den professionellen Institutionen nicht gegeben, da sie nach eigenen Angaben nur prophylaktisch arbeiten, über einen physischen und psychischen Zustand von evtl. im Klientel befindlichen Eltern[9] demnach keine Auskunft geben können.

Die von mir angesprochenen Dachorganisationen der Selbsthilfegruppen VERWAISTE ELTERN mit Hauptsitz in Hannover und AGUS (Angehörige um Suizid) mit Hauptsitz in Bayreuth sowie ihre lokalen Gruppen zeichneten sich durch eine mir nicht erwartete Unterstützungsbereitschaft aus.

Es stellte sich dann die Frage, wie Angehörige der Gruppen angesprochen werden sollten. Dabei halfen mir die Diskussionen im Kolloquium und mit jenen Menschen, die Erfahrung mit Suizid gemacht haben, sei es als Betroffener oder als Angehörige Suizidaler. Bei der Kontaktaufnahme kam es mir nach diesen Gesprächen auf zwei Punkte an:

---

[9] Die Aussagen diesbezüglich waren nicht immer eindeutig verneinend.

Methodenteil

1. Vermeidung des Mit-der-Tür-ins-Haus-fallen-Effektes
Die Betroffenen sollten nicht von mir selber gefragt werden, ob sie für ein Interview zur Verfügung stünden. Dies sollte von der Gruppenleitung vorgenommen werden, da diese die zu erwartende Labilität ihrer Gruppenmitglieder kennt und nur Eltern anspricht, von der sie überzeugt ist, daß ein Interview nicht Contrainduziert ist.

2. Freiwillige Teilnahme
Eltern, die für ein Interview in Frage kamen, sollten ein Handout ausgehändigt bekommen, auf dem die sieben Aspekte (siehe Anhang) stehen, die im Laufe eines Interviews zu Sprache kommen sollten.

Es war jetzt den Eltern frei gestellt, sich bei mir zur Teilnahme zu melden oder sich zu entscheiden nicht teilzunehmen.

Das Interview

Es wurde vorher überlegt, welche Aspekte wichtig sind und zur Sprache kommen sollten. Zentral bestand die Frage nach dem Erleben der Eltern. Aspekte sollten in einem Gespräch möglichst frei erzählt werden. Dabei war beabsichtigt, wichtige Aspekte, die im Vorfeld nicht ausgesucht wurden, die sich aber im Verlauf mehrerer Interviews als sehr wichtig erwiesen, zu erkennen. MAYRING (2002) spricht in Anlehnung an WITZEL (1982, 1985) von einem problemzentrierten Interview (MAYRING 2002). Ein weiterer großer Vorteil des problembezogenen Interviews gegenüber einem fertigen Abfrageinstrument bestand in der Möglichkeit, Konstrukte, die vom Interviewpartner als selbstverständlich hingenommen wurden, genauer zu hinterfragen, und da in dieser Thematik das empathische Empfindungsvermögen schnell an die Grenze der Vorstellungskraft stößt, sich die Konstrukte auf der Verhaltensebene beschreiben zu lassen. Beschreibungen, wie „Trauer" wurden im Interview dann z.B. als Weg durch die Hölle bezeichnet und diese wiederum mit Sehnsucht, Depression und Schmerzen beschrieben (Int1: Fr. Franjo, S.1). Eine verbesserte Transparenz der alltäglichen Wörter und eine Verminderung der Interpretationsmöglichkeiten in der Analyse sind weitere Vorteile des Interviews.

Ein rein narrativer Ansatz, wie z.B. bei LAMNEK (1995) hätte durch die alleinige Strukturgebung der Gesprächspartner zwar vergleichbare Aspekte geschaffen, doch wären diese eben durch die Eigenschaft dieses Ansatzes geringer ausgefallen. Denn gerade der Charakter des narrativen Interviews nach LAMNEK besteht u.a. darin, daß er die Strukturierung im wesentlichen den Befragten überläßt. Im Hinblick auf das Ziel dieser Arbeit, Verhaltensweisen von solchen Menschen zu modulieren, die sich professionell mit Betroffenen auseinandersetzen, erschien es mir ratsamer, das Interview strukturierter anzugehen, und dadurch die Chance der Zahl vergleichbarer Aspekte zu erhöhen.

Das Interview selber sollte, um keine Anspannungen bei den Interviewpartnern zu erzeugen, in Räumlichkeiten stattfinden, die ihnen vertraut sind. Das hätten zum einen die Räumlichkeiten der Selbsthilfegruppen sein können, und zum anderen, und diese Möglichkeit wurde ausnahmslos von den Interviewpartnern in Anspruch genommen, die Räumlichkeiten des eigenen Zuhauses. Geplant waren Einzelgespräche, da sich im Vorfeld durch die oben beschriebenen Gespräche herauskristallisierte, daß Männer introvertierter trauern als Frauen. Das schloß die Möglichkeit ein, daß sich weniger Männer zum Interview bereit erklärten als Frauen. Das Gespräch mit beiden Ehepartnern zu führen hieße aufgrund der verschiedenen Trauereigenschaften und der erhöhten Scheidungsrate, sich evtl. Interviewmöglichkeiten zu verbauen. In zwei Fällen mußten daher die Ehepartner, die gemeinsam zusagten aufgrund der Vergleichbarkeit der Daten nacheinander interviewt werden. Das Interview sollte neben der vertrauten auch in einer entspannten Atmosphäre stattfinden. Dazu gehört, daß sich der Interviewpartner nicht als Antwortlieferant (LAMNEK 1995) oder - noch schlimmer - als Datenmaterial sieht, sondern sich als Subjekt erkennt, dessen Interviewer Interesse an seiner Sicht der Dinge und an seinem Erleben hat.

Die Durchführung des Interviews

In diesem Abschnitt soll es um die praktische Umsetzung des Interviews gehen und die Probleme, die sich im Hinblick auf die Datenauswertung ergaben. LAMNEK (1995) weist auf einige Kriterien der Vorgehensweise hin, die bei der Durchführung zu beachten sind. Die von mir vorbereiteten Aspekte sollten im Laufe eines Gesprächs zur Sprache kommen, wobei eine Reihenfolge zwar nicht geplant war, ich aber zu meiner eigenen Sicherheit ein Merkblatt mit den Aspekten zur Hand nehmen konnte, um am Ende des Interviews die Vollständigkeit zu überprüfen und ggf. übersehene Aspekte noch anzusprechen.

Die oben bereits beschriebene vertraute Beziehung im Gespräch konnte hier durch ganz bestimmte Punkte verbessert werden. Zunächst vergewisserte ich mich noch einmal bei dem Gesprächspartner, daß er damit einverstanden war, daß eine Aufzeichnung des Gesprächs erstellt wurde, und ich wies auf meine Schweigepflicht hin. In diesem Zusammenhang präsentierte ich das Aufnahmegerät (Sony Mini Disc Mz-155) und, falls Interesse bestand, erklärte ich es genauer. Ich wies darauf hin, daß ich während des Gesprächs das Gerät beobachten müsse, da es batteriebetrieben sei, ein Ausfall müsse möglichst sofort bemerkt werden. Tatsächlich trat ein Ausfall nur während eines Gespräches ein. Außerdem wies ich auf den Stichpunktzettel mit den zu hinterfragenden Aspekten hin, den ich ebenfalls während des Gesprächs in Anspruch nehmen wollte. Des weiteren erfolgte der Hinweis, daß ein Exemplar des Transkriptes des Gesprächs dem Interviewpartner in den nächsten Wochen zukommen würde.

Diese Erläuterungen sollten ein Verfremdungsgefühl vermeiden, das durch nicht bekannte Gegenstände und Materialien beim Interviewpartner hervorgerufen werden könnte, und er sollte meine Blicke auf das Aufnahmegerät oder meinen Notizzettel nicht als Unaufmerksamkeit bewerten.

Schließlich wies ich darauf hin, daß unangenehme Fragen oder Themen nicht beantworten werden mußten. Der Interviewte sollte nicht das Gefühl haben, auf alles antworten zu müssen. Die gesamten Erläuterungen stellten sich im Nachhinein als ein guter Einstig in das Gespräch heraus, da sich der Interviewpartner zunächst an mich und die für ihn hauptsächlich durch das Aufnahmegerät erzeugte, ungewohnte Situation gewöhnen konnte. Speziell bei dem letzten Punkt hatte ich bei vielen Gesprächspartnern das Gefühl, durch die Möglichkeit, Grenzen des Gesprächs selber setzen zu können, eine Erleichterung zu verspüren.

Die einleitende Frage in das Gespräch war in den meisten Fällen die nach den Gedanken, die in der Zeit vom Suizid bis heute als dominierend erlebt wurden. Eine, wie sich im Laufe der Gespräche herausstellte, für die betroffenen Eltern sehr schwierig zu beantwortende Frage, die aber den Vorteil hatte, daß sie durch diese und der Anschlussfrage, was die dominierenden Gefühle dieser Zeit gewesen seien, sofort sehr stark in die Thematik involviert waren. Die abschließenden Aspekte folgten, wie oben bereits erwähnt in einer Reihenfolge, die sich thematisch aus den Aussagen des Interviewpartners anboten.

Explikation

„Nachdem Begriffe notwendig abstrahierend und selektierend wirken, folgt daraus, daß ein direktes Abbilden der Realität unmöglich ist. Wenn Selektion bei der Darstellung von Realität unvermeidlich ist, ist zu fragen, welche Aspekte für das Abbilden von Realitäten wichtig sind und wie diese Aspekte angemessen dargestellt werden."

Lamnek (1995, S.154)

Nachdem der Ablauf des Interviews erläutert, wurde will ich nun darlegen, wie ich mit den gewonnenen Daten verfahren bin.

Nach dem oben beschriebenen Vorgehen lag das Datenmaterial auf einem akustischen Datenträger, einer Mini Disc, vor. Für das Ziel dieser Arbeit reichten die akustischen Informationen des Interviews aus. Bildmaterial hätten über den physischen Zustand des Gesprächspartner wie Nervosität, emotionale Ergriffenheit, Erregtheit oder Desinteresse Auskunft geben können, doch lag mein Ziel in der Gewinnung von Informationen, deren physische Unterstreichung kein Gewinn dargestellt hätte, im Gegenteil wäre es durch den Mehraufwand den eine Kamera verursacht hätte zu einer erheblich gesteigerten *„Torpedierung"* (LAMNEK 1995a, S.96) der Gesprächsatmosphäre gekommen. Als Ziel steht hier die *„inhaltlich-thematische Ebene"* im Vordergrund (MAYRING 2002, S.91). Dabei kam es mir auf die inhaltlichen Aspekte des Interviews an. Aus diesem Grund erfolgte die Transkription der Texte als eine *„Übertragung in normales Schriftdeutsch"* (MAYRING 2002, S.91). Das hat den Vorteil der Lesbarkeit wobei der Satzbau korrigiert, der Dialekt bereinigt und verschliffene Worte ausgeschrieben wurden.

Bei der Transkription mit der Übertragung in das Schriftdeutsch wurde zwar die Lesbarkeit gesteigert, doch ist das zusammenstellen der Aussagen zu den verschiedenen Aspekten mit dem vorliegenden Ausdruck für eine weitere Analyse nicht befriedigend. Deshalb entschloss ich mich, das vorhandene Transkipt *„durch Abstraktion in einen überschaubaren Corpus zu schaffen, der immer noch Abbild des Grundmaterials ist"* (MEYRING zitiert nach LAMNEK 1995a). Dazu dient die nach MAYRING (2003) beschriebene qualitative Analysetechnik der Zusammenfassung.

Die nun vorliegenden Texte sollten anhand der sechs deduktiven Aspekte, zu denen im Laufe des Gesprächs aus der Perspektive der Betroffenen berichtet wurde, analysiert werden. Die Richtung der Analyse kann demnach beschrieben werden als „Das Erleben Angehöriger suizidierter Kinder". Da sich die Aspekte aus der

Vorüberlegung ergaben, waren diese rein theoriebasierend und werden in der Analyse als deduktive Kategorien bezeichnet. Im Zuge der Offenheit (LAMNEK 1995, MAYRING 2002) wurden aber, wie oben schon beschrieben, zwei induktive Hauptkategorien dem Interview hinzugefügt.

„Ziel inhaltlicher Strukturierung ist es, bestimmte Themen, Inhalte, Aspekte aus dem Material herauszufiltern und zusammenzufassen." (MAYRING 2003, S.89)

Da mit der inhaltlichen Strukturierung die Möglichkeit gegeben wird die im halbstrukturierten problemzentrierten Interview Aspekte auf die frei geantwortet werden sollte, als Analyseeinheit vorzugeben verwende ich die bis hier hin beschriebenen Aspekte als Strukturierung der Analyse, so daß sie die Eigenschaft von Kategorien übernehmen. Dabei wird im Datenmaterial die kleinste Analyseeinheit der Teil eines Satzes sein. Die längste Einheit bildet ein Sinnzusammenhang. Dieser kann mehrere Sätze beinhalten und sich über mehrer Zeilen erstrecken. Die Abgrenzung ist bestimmt durch den inhärenten Sinn dieses Abschnittes. Die Vorraussetzung zur Entstehung einer induktiven Kategorie ist das zur Sprache kommen eines Themenbereichs, der nicht den deduktiven Kategorien zuzuordnen ist, und seine Intensität, d.h. die Länge des Abschnittes, die er im Antwortverhalten in Anspruch nimmt, oder die Häufigkeit, mit der er in den folgenden Gesprächen erneut auftaucht.

Die Analysearbeit kann anhand der fortlaufenden Nummer (ftl. Nr.) im Anhang von der Extraktion der Aussagen zu bestimmten Kategorien über die Analyseschritte, bis zur Ergebnispräsentation im Kapitel 9 nachvollzogen werden. Die fortlaufenden Nummern beziehen sich dabei immer auf eine Hauptkategorie, durchlaufen also alle Subkategorien. Das beugt bei der Analyse eine Verwechslung verschiedener Aspekte vor, die nicht den gleichen Subkategorien zugeordnet wurden.

Bei der Transkription fiel mir auf, daß an einigen Stellen der Führungsstil der Nondirektivität im Sinne der Versuchsleitereffektes verlassen wurde, so daß ich mir für die Auswertung der Interviews zwei Lesearten überlegte. Im ersten Durchgang sollten die Antworten, die auf eine Beeinflussung der Fragestellung zurückzuführen waren kenntlich gemacht und damit für die Analyse als nicht brauchbar definiert werden. Im zweiten Durchgang, dem eigentlichen Strukturierungsvorgang, wurden die Antworten der Interviewpartner im Sinnzusammenhang in den verschiedenen Kategorien übernommen. Ausnahmen wurden gemacht, wenn für das Verständnis des Sinnzusammenhanges auf den Kontext zurückgegriffen werden mußte. In diesem Fall sind die für das Verständnis fehlenden Worte oder erklärende Zusammenhänge in Klammern dem Satz zugefügt worden.

Die Kategorien und ihre Entstehung

Alle Kategorien sind aus der Idee entstanden, einen Einblick in das Erleben und Empfinden der Menschen zu bekommen, die ein Kind durch den Suizid verloren haben. Außenstehenden soll durch diesen Einblick das Erleben und damit die Handlungen der Betroffenen klarer werden.
Im Folgenden werden die Kategorien vorgestellt, die als Analyseeinheit zugrunde lagen.

1. Kategorie: Intrapersonell

Um ein Verständnis für das Handeln der Eltern zu bekommen, werden in dieser Kategorie getrennt voneinander die Gedanken und Gefühle abgefragt, die in der Zeit nach dem Tod des Kindes bis heute aus Sicht der Betroffenen am häufigsten aufgetreten sind und damit einen dominierenden Charakter haben. Von einem Vater wird eher eine introvertierte - verdrängende und einer Mutter eher eine explizite - auseinandersetzende Trauerarbeit erwartet. Die Aufteilung der Kategorie kann daher der Tatsache Rechnung tragen, daß der jeweilige Interviewpartner die Möglichkeit hat sich in der passenden Subkategorie verstärkt zum Ausdruck zu bringen. Voraussetzung dabei ist gerade bei der introvertiert – verdrängenden Art der Trauerbewältigung eine Reflexion des eigenen Verhaltens, um sie beschreiben zu können. Eine zunächst widersprüchlich klingende Aussage, die aber durch den „Reifungsprozeß" (siehe Kategorie „Entwicklung" im Ergebnisteil) im nachhinein als berechtigt erscheint.

1.1. Gedanken

Es wird ein häufiges Auftreten von bestimmten Gedanken in der Trauerzeit hinterfragt. In vielen Selbsthilfegruppen werden diese Gedanken aufgrund der ständigen Wiederkehr als Kreisgedanken bezeichnet. Ein Grund für das „Kreisen" der Gedanken um eine bestimmte Frage kann die Unmöglichkeit ihrer Beantwortung sein, da der einzige Mensch, der eine Antwort geben könnte, nicht mehr lebt. Es müssen aber nicht nur Kreisgedanken zum Ausdruck kommen, sondern auch alle anderen Gedanken, an die sich der Interviewpartner als stark präsent erinnert.

Ankerbeispiele:

„Ich hab dann auch ganz doll an den Lockführer gedacht, was der wohl gedacht hat?"

(*Int.1: Fr. Franjo*)

„Was hätte ich von meiner Seite tun können?"

(*Int. 3: Hr. Löhmann*)

„Ich denke, ich hätte vieles anders machen müssen"

(*Int.4: Fr. Ewald*)

1.2. Gefühle

Parallel zu den dominierende Gedanken sollten die dominierenden Gefühle in dieser Zeit beschrieben werden. Nicht nur bestehende Gefühle sollten hier einfließen, sondern auch nicht vorhandene oder vermisste Gefühle. Diese Subkategorie grenzt sich durch den Fokus, den sie auf das Gefühl der Eltern legt, von der Kategorie Verlauf/allgemeine Aussagen dadurch ab, daß diese Subkategorie die Trauer als Prozeß zum Inhalt hat, währen die Subkategorie Verlauf/„das Leben" den Prozeß des (inneren) Lebens zum Inhalt hat.

Ankerbeispiele:

„Das ist eine echte Hölle durch die man da geht!"

(*Int. I: Fr. Franjo*)

„Also ich hab viele Jahre jetzt nicht das Gefühl gehabt, ich hab jetzt am Leben teilgenommen. Ich hab zwar alles mögliche gemacht, viele Dinge getan, direkt nach dem Tod auch, das hat mich zu der Zeit alles nicht so erreicht."

(*Int. 1: Fr. Franjo*)

„Hoffnungslosigkeit"

(*Int. 5: Fr. Gering)*

2. Kategorie: Beziehung zum Kind

Die Kategorie „Beziehung zum Kind" sollte von den Gesprächspartnern aus zwei Sichtweisen beantwortet werden: damals und heute. Die Idee hinter dieser Kategorie besteht in der Vermutung, daß eine Beziehung, die einen gewissen Abstand erfahren hat, anders eingeschätzt wird als eine, die existent ist. So lag hier die Vermutung zu Grunde, daß die Schuldzuweisungen oder die Reflektion über das Wirken des eigenen

Verhaltens auf das des Kindes eine neue Einschätzung durch den Abstand der Jahre erfährt.

2.1. Damals

Die Einschätzung der Beziehung zum Kind soll aus damaliger Sicht erfolgen, d.h. zu einem Zeitpunkt, in dem das Kind noch lebte. Der Interviewpartner wird gebeten, sich in die Zeit vor dem Suizid des Kindes zu versetzen, um das Verhältnis zwischen ihm und dem Kind aus der introsystemischen Sicht zu beschreiben.

Ankerbeispiele:
„Ich hätte sie als gut bezeichnet!"
(*Int. 3: Hr. Löhmann*)
„Ich war auch manchmal sehr wütend auf ihn"
(*Int. 1: Fr. Franjo*)
„Normal. Ein gutes Vater-Sohn-Verhältnis"
(*Int. 7: Hr. Gering*)

2.2. Heute

Hier wird die extrosystemische Sicht der Beziehung abgefragt. Dabei soll der Klient eine Einschätzung der damaligen Beziehung aus heutiger Sicht vornehmen.

Ankerbeispiele:
„Die letzten zwei Jahre vor Bernds Tod haben schon vieles getrübt!"
(*Int. 1: Fr. Franjo*)
„Ich liebe sie noch genau wie damals, also ich finde da kein Unterschied."
(*Int. 2: Fr. Löhmann*)
„Ich würde denken, daß es eine gute Beziehung war."
(*Int.5: Fr. Quer*)

3. Kategorie: Eigeninitiative

Hier werden Aspekte gesammelt, die mit dem eigenen Verhalten verbunden sind, mit der Trauer besser umgehen zu können. Vorangig sind hiermit Handlungen und Unternehmungen gemeint, zu der es nicht notwendigerweise einer zweiten Person bedarf. Die Kategorie unterscheidet sich von der „Hilfe" - Kategorie (s.u.) durch eben die Eigeninitiative und dem Lebensbereich aus dem diese Erlebnisse stammen. So handelt es sich hier um alltägliche Situationen, während es in der „Hilfe" - Kategorie um Situationen speziell in der Selbsthilfegruppen oder im therapeutischen Umfeld geht. Es kann sich hier sowohl um Gedanken als auch um Handlungen drehen.

Ankerbeispiel:
„Also ich habe regelrecht daran gearbeitet, da nicht dran zu zerbrechen"
(*Int.2: Hr. Löhmann*)
„Ich hab mich also mit einigen Menschen, die einen Suizidversuch gemacht haben, nach Bernds Tod unterhalten, weil ich einfach wissen wollte: „Was geht da vor?" Ich wollte mich da hineinversetzen, in meinen Sohn. Was ist in dem Moment oder in den Stunden vor seinem Tod in ihm vor sich gegangen?"
(*Int.1: Fr. Franjo*)
„Ich hab die Zeitung aufgeschlagen, dann hab ich gedacht, jetzt muß ich mal gucken, was ich tun kann."
(*Int. 5: Fr. Quer*)

4. Kategorie: Hilfe

Auch hier werden Aspekte gesammelt, die bei der Trauer als unterstützend erlebt wurden. Dabei liegt hier der Fokus, wie oben bereits erwähnt, im Umfeld der Selbsthilfegruppe und des therapeutischen Umfeldes. Hauptidee dieser Kategorie ist, unterstützendes Verhalten des helfenden Umfeldes zu erkennen und zu fördern und ein nicht unterstützendes Verhalten zu vermeiden. Zum anderen soll die Unterscheidung Therapeut versus Selbsthilfegruppe herausgearbeitet werden, um die Wichtigkeit des Zusammenspiels beider Einrichtungen zu unterstreichen und ein evtl. vorhandenes Konkurrenzdenken – auf welcher Seite auch immer – zu vermeiden oder Abzubauen.

4.1. Therapeut

Hier werden Erfahrungen aus dem therapeutischen Umfeld gesammelt. Dazu gehören zum einen solche, die als hilfreich und unterstützend erlebt wurden aber auch Erfahrungen, die den Betroffenen in seiner Trauer gestoppt, gehemmt oder zurückgeworfen haben.

Explikation

Ankerbeispiele:

„...daß dieser Mensch erst mal bei ihnen (dem Therapeuten) weinen darf, wirklich weinen darf."

(Int.1: Fr. Franjo)

„Und da konnte man eben auch alles raus lassen, was mir sehr gut (getan hat), alles erzählen, alles sagen, was uns bedrückt (hat) und geschimpft auf den Freund. Er hat einfach zugehört und nichts gesagt. Vielmehr, er hat uns noch unterstützt."

(Int.2: Fr. Löhmann)

„Man wälzt das Leben immer wieder von vorne nach hinten. Das dreht sich wie ein Kreisel. Ich denke, daß ich zum 1000sten Mal in der Therapie alles wieder durchgewälzt habe. Das war aber das, was wichtig war. Und auf jemanden zu treffen, der mich lässt. Der nicht sagt, das hatten wir schon das letzte Mal besprochen, sondern, der sich das einfach zum 1000sten Mal anhört."

(Int.5: Fr. Quer)

4.2. Selbsthilfegruppe

Hier werden alle Erfahrungen und Fragen gesammelt, die eine Rolle bei der Arbeit mit der Selbsthilfegruppe gespielt haben. Dabei kann diese, genau wie bei der Subkategorie „Therapeut" positiv oder negativ sein. Durch die Erfahrung soll der Ablauf und die Zusammensetzung der Gruppe optimiert werden.

Ankerbeispiele:

„...durch die Selbsthilfegruppe haben wir natürlich auch Freundschaften geknüpft."

(Int.1: Fr. Franjo)

„Am Anfang, man muß ganz allein damit fertig werden. Aber immer im Hinterkopf zu haben, da sind Leute, die mich verstehen, denen ich das alles sagen kann, die genauso fühlen wie ich, das ist das, was mir eigentlich geholfen hat."

(Int.2: Fr. Löhmann)

„Wenn andere erzählen, ich laufe im Pullover meines Sohne rum, dann können sie nachvollziehen, warum er das tut."

(Int.4: Fr. Ewald)

4.3. Alltag

Zunächst scheint der Aspekt Alltagsbewältigung nicht in diese Kategorie zu passen, da, wie eingangs erwähnt wurde, der Fokus auf eben dem therapeutischen und beratenden Kontext liegt. Es wird sich aber zeigen, daß sehr viele Aspekte dieser Kategorie trotz ihrer Relevanz weder in den Gruppen noch in der Therapie behandelt wurden. Die Erfahrung der Betroffenen im Umgang mit diesen Themen kann dem Therapeuten oder Berater als Inspiration zur Krisenbewältigung und Anhaltspunkt zur Erweiterung des zu besprechenden Themenkomplexes dienen.

Ankerbeispiele:

„Rituale sind z.B. auch in der Trauerzeit ganz wichtig, und das wäre auch für die Therapie ganz wichtig, ein Ritual zu üben, mit dem Menschen. Zum Beispiel einen Geburtstag vorzubereiten, den Todestag vorzubereiten!"
(Int.1: Fr. Franjo)
„Dieses Loswerden können. Und das Ganze noch mal und noch mal immer wieder, denn das ist das, was täglich im Grunde abläuft."
(Int. 5: Fr.Quer)
„Ich konnte mit meinem Lebensgefährten reden."
(Int. 4: Fr. Ewald)

5. Kategorie: Soziales Umfeld

Es werden alle Erfahrungen gesammelt, die die betroffenen Eltern mit den Menschen ihrer Umgebung gemacht haben. Ausgeklammert sind hier die Menschen der Selbsthilfegruppe oder des therapeutischen Umfeldes, da dieses schon eine zentrale Rolle in der Kategorie „Hilfe" spielten. Anhand dieser Kategorie soll die Basis für eine Planung des Verhaltens der betroffenen Personen gegenüber dem Umfeld geschaffen werden. Da viele Betroffene von dem Verhalten des Umfeldes zunächst selber überrascht werden, kann hier eine Antizipation der verschiedenen Verhaltensweisen vorgenommen werde. Auf der Basis der eigenen Ideen, warum sich die Menschen so verhalten, und der Erfahrungen anderer Betroffener im Umgang mit diesen Reaktionen kann eine Vorbereitung auf das Verhalten und damit eine Verminderung des Stresses sein. Bei diesen eher verhaltenstherapeutisch ausgerichteten Gedanken, eine Handlung zu planen, spielt der beschriebene Zustand der betreffenden Personen zu Beginn der

Trauerphase (siehe Kategorie „Verlauf") eine wichtige Rolle und soll zum einen eine Unterstützung gerade in der ersten Zeit der Trauerphase darstellen. Zum anderen soll durch die Antizipation und eine Art Strukturierung des Verhaltens in Stresssituationen das eigene Suizidrisiko mindern.

5.1. Erlebtes Verhalten

Hier geht es um beobachtbares und erlebtes Verhalten des Umfeldes, das direkt an den Interviewpartner herangetragen wurde. Seine persönliche Erfahrung mit anderen Menschen in bezug auf Tod und Suizid. Darunter können nonverbale Reaktionsweisen als auch verbale Äußerungen vom Umfeld dem Gesprächspartner gegenüber verstanden werden.

Ankerbeispiele:
„Also Freunde sind aus dieser Zeit überhaupt nicht geblieben."
(Int.1: Fr. Franjo)
„Sie werden angeguckt wie so`n Aussätziger!"
(Int.3: Hr. Löhmann)
„Ich bin angesprochen worden, ich konnte über Britta reden."
(Int. 4: Fr. Ewald)

5.2. Ideen über das Verhalten

Hier werden nun die Ideen hinterfragt, die die Betroffenen über das Verhalten des sozialen Umfeldes haben. Teilweise bestimmt durch Reflexion der eigenen Einstellung im Vergleich vor und nach dem Tod des Kindes, werden hier u.a. Parallelen deutlich und Verständnis für das Verhalten des Umfeldes gewonnen.

Ankerbeispiele:
„....denen fehlten einfach die Worte, die richtigen Worte, und dann besser Abstand!" *(Int. 2: Fr. Löhmann)*
„Der Tod an sich wird tabuisiert!"
(Int. 1: Fr. Franjo)
„...wir wollten ja immer dasselbe erzählen und das ist so, daß die Nachbarn (das) einfach nicht hören wollten."
(Int. 3: Hr. Löhmann)

5.3. Eigene Initiative

Hier werden Aspekte gesammelt, die aufzeigen, wie das Verhältnis zum sozialen Umfeld moduliert wurde. Der Unterschied zur Hauptkategorie „Eigeninitiative" besteht hier in dem Fokus auf das Verändern von Beziehungen und nicht in der Bewältigung der Trauer durch Handlungen.

Ankerbeispiele:

„...ich persönlich werde auch, ob es in der Firma ist oder ob es in der Nachbarschaft, ist immer unsere Jutta mit ins Gespräch bringen."
(*Int. 3: Hr. Löhmann*)
„Wir haben die Therapeuten da alle geschult zum Thema."
(*Int. 1: Fr. Franjo*)
„Ich muß ihnen ganz ehrlich sagen, dann spielt man auch die heile Welt vor."
(*Int. 1: Fr. Franjo*)

6. Kategorie: Verlauf

Hier werden Aspekte gesammelt, die eine Aussage über das Leben nach dem Tod eine Kindes liefern. Anhand der Aspekte soll eine Art Chronologie aufgestellt werden, die das Erleben der Betroffenen in verschiedenen Abschnitten nach dem Tod des Kindes aufzeigen soll. In der Kombination mit diversen anderen Kategorien (Gedanken, Gefühle, s.o.) können sich Maßnahmen als induziert oder contrainduziert herausstellen oder erklären, wann die Dominanz der Selbsthilfegruppe bei den Betroffenen überwiegt, und wann die Arbeit mit einem Therapeuten für den Betroffenen an Bedeutung gewinnt.

6.1. Generelle Aussagen

Es geht um Aussagen, die ein generelles Erleben der Zeit deutlich machen. Es kann als Stütze für Außenstehende dienen, eben das Verhalten der Betroffenen durch eine generelle Beschreibung besser zu verstehen und einzuordnen.

Ankerbeispiele:

„Also die erste Zeit nach Bernds Tod habe ich nur funktioniert, ich habe überhaupt nicht mehr gelebt, ich war bei lebendigem Leibe tot. Ich habe für nichts mehr Gefühle gehabt. Ich habe nur von einer Stunde auf die andere gelebt, geatmet, kaum gegessen."

Explikation

(Int.1: Fr.Franjo)
„Das Begreifen, das Jutta nicht mehr da ist, wird ja immer schlimmer. Die Trauer wird immer tiefer."
(Int.3: Hr. Löhmann)
„Man hat mit Mühe und Not das Bett gemacht, hat mit Mühe und Not was zu essen gekocht. Aber das war alles so sinnlos."
(Int.4: Fr. Ewald)

6.2. Direkte Zeitangabe

Hier werden alle Aussagen gesammelt, die eine Zeitangabe beinhalten und daher in einer Chronologie gut einzuordnen sind. Ziel ist es anhand dieser Chronologie besser einschätzen zu können, welche Bedürfnisse die Betroffenen zu welchem Zeitpunkt ihre Trauer haben. Die hier gesammelten Daten ermöglichen die Darstellung in einem Zeitdiagramm, wie sie in den Graphen 1 und 2 (S.101/102) zu sehen ist. Dabei soll ein Überblick über den Verlauf der Trauer gegeben werden, an dem sich die Beteiligten orientieren können.

Ankerbeispiele:
„...also ich sag mal, richtig begriffen haben wir es, ich sag mal nach einem halben Jahr!"
(Int.3: Hr. Löhmann)
„So nach eineinhalb bis zwei Jahren, daß dann die Trauer erträglich wird!"
(Int.2: Hr. Löhmann)
„Also das hat ungefähr sechs Jahre gedauert, bis ich ihn (den Tod des Kindes) akzeptiert habe."
(Int.4: Fr. Ewald)

6.3. Eigene Suizidgefährdung:

Durch den Verlust des Kindes erleben die Eltern oft ihre eigene Suizidgefährdung. Wie sie es erleben, was ihrer Meinung nach der Grund für die eigene Gefährdung war, soll hier dargestellt werden. Hier soll auch das Gegenteil der Kategorie, in diesem Fall, das Wissen um ein Weiterleben, zur Sprache kommen.

Ankerbeispiele:

„Und vielleicht auch einfach zu gucken, wo er ist."
(*Int. 1: Fr. Franjo*)
„Und dann ist es auch immer so, daß ich denke, ich will einfach nicht mehr hier sein, das kommt bei mir auch durch.."
(*Int. 2: Fr. Löhmann*)
„Ich wußte für meine Person, daß das Leben weitergeht."
(*Int. 7: Hr. Gering*)

6.4. Spirituelle Erlebnisse:

Erlebnisse, die von den Interviewpartnern eindeutig als spirituell deklariert wurden, d.h. Erscheinungen von Personen, die definitiv nicht in einer physischen Form erscheinen können, oder anderen Personen, von denen eine Botschaft auszugehen scheint. Es können aber auch Aussagen über die Beziehung zu Gott oder zur Kirche gemacht werden.

Ankerbeispiele:

„Er (der verstorbene Sohn) hat mich nur angeguckt, hat gewunken, als wenn er sagen wollte: „Mama guck mal, so bin ich jetzt, heute. Genauso, wie Du dir das immer gewünscht hast."
(*Int.1:Fr. Franjo*)
„Und im ersten Moment als Britta starb, da fängt man an, mit dem lieben Gott zu hadern. Und hat seine Zweifel. Warum tust Du mir das an? Warum nicht andere? Aber mir hat der Glaube sehr geholfen."
(*Int.4:Fr. Ewald*)
„Der (Glaube) hat eine große Rolle gespielt.."
(*Int.6: Fr. Quer*)

6.5. Persönlichkeit:

Es wurde nach jenen Veränderungen im Leben der Interviewpartner gefragt, denen sie eine positive Konnotation geben würden und die sie nicht gemacht hätten, wenn sie den Tod des Kindes nicht hätten erleben müssen. KUHL (2001) spricht auch von emotionaler Dialektik, die er als Basis zur Reifung der Persönlichkeit ansieht. Um Mißverständnissen vorzubeugen: Es wurde nicht nach den positiven Seiten des Verlustes eines Kindes gefragt, sondern nach

Erfahrungen, die aus der Zeit der Trauer stammen und deren Ausläufer Einfluß auf die heutige Lebenseinstellung der Betroffenen haben.

Ankerbeispiele:
„Positiv ist, daß sich meine ganze Lebenseinstellung verändert hat. Früher war das immer so, arbeiten gehen, anschaffen, was auf die Beine stellen, ein Haus bauen, doch sehr materialistisch eigentlich. Und das ist heute völlig unwichtig. Mir ist es auch unwichtig, ob ich mein Konto überzogen habe oder ist total unwichtig, was ich anziehe und bin auch gründlicher gegenüber Menschen."
(*Int.1:Fr. Franjo*)
„Jetzt sag ich meine Meinung oder wehre mich auch mal und nehme auch nicht alles so ernst."
(*Int.4:Fr. Ewald*)
„Tod verbindet, würde ich das in etwa so sehen."
(*Int.7:Hr. Gering*)

7. Kategorie: Eigene Theorien über das Begehen von Suizid

Hier werden Ideen und die sich im Laufe der Zeit entwickelten Theorien über das Begehen von Suizid gesammelt. Diese Kategorie soll zunächst die stark forschungsorientierten Überlegungen durch „private", völlig unbewiesene Aspekte oder Theorien im Sinne der Erweiterung des Fokusses bereichern. Zusätzlich kann sie eine Information über das Konstrukt „Suizid" der Betroffenen liefern, denn *„die Art und Weise, wie das Verhalten erklärt wird, bestimmt, wie es bewertet wird und die Art und Weise, wie es bewertet wird, bestimmt, wie es erklärt wird"* (SIMON und SIMON 2001, S.45).

Ankerbeispiele:
„Ich bin der festen Überzeugung, daß die Menschen, die sich das Leben nehmen im Leben schon vorher weggewesen sind."
(*Int.1 :Fr. Franjo*)
„Sie hatte natürlich auch den falschen Beruf gehabt, denke ich."

(*Int.2: Fr.Löhmann*)
„Und dann habe ich begriffen, es ist Veranlagung, Veranlagung eines jeden einzelnen Menschen, wie man mit dem Leben fertig wird."
(Int.4: Fr. Ewald)

Ergebnisse und Diskussion

„Je mehr Ausdrücke die Trauer finden kann, desto besser für ihren Verlauf."

SALZBRENNER (2000, S. 18)

In der Beschreibung zur Rekrutierung der Gesprächspartner klang schon an, daß diese nur teilnehmen sollten, wenn sie dazu bereit waren. Das hat zur Folge, daß eine Selektion von Interviewpartnern, deren Aussage wohl nicht stellvertretend für alle betroffenen Eltern steht, getroffen wurde. Dies muß kein Nachteil für das Ergebnis der Arbeit darstellen. Denn nach den oben genannten Kriterien fließen die Erfahrungen der Eltern nicht mit in die Untersuchung ein, die den Gang an die Öffentlichkeit oder in etwas geringerer Form, den Gang auf andere Mensch zu aus welchen Gründen auch immer nicht tätigen. Die Vor- und Nachteile dieser Trauerarbeit werden durch die Ergebnisse noch deutlich. Die introvertierte Trauerarbeit enthält auch die Tatsache, daß die Eltern nicht die Erfahrung mit der Auseinandersetzung des sozialen Umfeldes in dem Maße haben, wie es bei den betroffenen Eltern der Fall ist, die sich zum Interview bereiterklärten. Für das Ergebnis meiner Arbeit ist das Fehlen dieser Information eher von geringer Bedeutung, da das Zusammenspiel von sozialem Umfeld auf die Trauerarbeit ein wesentlicher Bestandteil der Fragestellung dieser Arbeit ist und zurückgezogene Menschen weniger Informationen über das Zusammenspiel dieser Komponenten haben.

Zur besseren Übersicht der Ergebnisse fügte ich den Tabellen die Prozentzahlen sowie die Anzahl der entsprechenden Personen hinzu, die zu der jeweiligen Kategorie eine Aussagen machten. Die Aussage zeigen ein konkretes Bild des Erlebens der betroffenen Personen in der Trauerphase. Da die Ergebnisse sehr umfangreich sind und sich die Subkategorien zum größten Teil durch ihre Aussagen selber erklären, diskutiere ich nicht alle Aussagen, sondern beschränke mich auf die interessantesten, wobei Ambivalenzen oder Widersprüche aus verschiedenen Kategorien eine Rolle spielen sollen.

Die inhaltliche Strukturierung, wie sie von MAYRING empfohlen wird beschreibt im vierten Schritt der Analyse, die Reduktion des Abstraktionsniveaus so zu steigern, das die Kategorien, wenn möglich mit einem Schlagwort bezeichnet werden können und ein Zusammenlegen verschiedenen Kategorien möglich ist. Ich entschloss mich jedoch das Abstraktionsniveau auf einer Ebene zu halten, auf der durchaus noch Zusammenfassungen möglich sind, diese aber einen erheblichen Informationsverlust und damit einen großen Verlust der Transparenz zur Folge gehabt hätte. Da das Ziel dieser Arbeit die Transparenz des Erlebens betroffener Eltern ist, hätte ich mit einem höheren Abstraktionsniveau deutlich weniger Informationen erhalten.

Die Struktur im Überblick

Zunächst möchte ich die Struktur der Ergebnisse zum besseren Verständnis darstellen. Dafür sind in Tabelle 3 links die sieben Hauptkategorien aufgeführt. Ihre jeweiligen Subkategorien stehen als Unterpunkte gekennzeichnet in den Spalten rechts daneben. Ausnahmen bilden hier die Kategorie 3 (Eigeninitiative) und Kategorie 7 (Eigene Ideen über das Begehen von Suizid). Bei ihnen wurde keine Subkategorien gebildet, da die Aussagen es nicht zuließen. Hier wurden die Aussagen nur durch die Gliederung in Aspekte unterteilt, wobei die Aspekte in der rechten Spalte, ebenfalls als Unterpunkte markiert, dargestellt sind.

In der Tabelle 4 wird ein Überblick über die Aussagen der Intervierwparter gegeben. Welcher Interviewpartner hat zu welcher Kategorie etwas gesagt oder zu welcher Kategorie hat er geschwiegen.

Ergebnisse und Diskussion

Tabelle 3: Struktur der Arbeit im Überblick

Hauptkategorien	Subkategorien	Aspekte
1. Intrapersonell	1.1 Gedanken	1.1.1 Gedanken 1.1.2 sonstiges
	1.2 Gefühle	1.2.1 Gefühl der Depression 1.2.2 Das Leben
2. Beziehung zum Kind	2.1 Damals	2.1.1 Normal 2.1.2 Spannungen
	2.2 Heute	2.2.1 Gute Beziehung als Problem 2.2.2 Spannungen
3. Eigeninitiative	- - -	3.0.1 Hilfe 3.0.2 Suizid nachvollziehen 3.0.3 Kein Therapieerfolg
4. Hilfe	4.1 Professionell	4.1.1 Therapie 4.1.2 Therapeut 4.1.3 Gespräch 4.1.4 Therapieform
	4.2 Selbsthilfegruppe	4.2.1 Menschen in der Selbsthilfegruppe 4.2.2 Arbeit in der Selbsthilfegruppe 4.2.3 Funktion der Selbsthilfegruppe
	4.3 Alltag	4.3.1 Hilfe im Alltag 4.3.2 Gespräche
5. Soziales Umfeld	5.1 Erlebtes Verhalten	5.1.1 Isolation 5.1.2 Belastung 5.1.3 Soziales Netz
	5.2 Ideen über das Verhalten	5.2.1 Isolation 5.2.2 Belastendes Verhalten 5.2.3 Sonstiges
	5.3 Eigeninitiative	5.3.1 Eigeninitiative 5.3.2 Isolation suchen
6. Verlauf	6.1 Generelle Aussagen	6.1.1 Trauer 6.1.2 Unterschiede beim Trauern 6.1.3 Das Leben
	6.2 Direkte Zeitangabe	6.2.1 Praesuizidal 6.2.2 Das 1. Jahr 6.2.3 1-2 Jahr 6.2.4 Drei Jahre und mehr
	6.3 Eigene Suizidgefährdung	6.3.1 Gedanken 6.3.2 Zustand 6.3.3 Prävention
	6.4 Spirituelles	6.4.1 Erlebnisse 6.4.2 Träume 6.4.3 Verhältnis zu Gott
	6.5 Persönlichkeit	6.5.1 Entwicklung
7. Eigene Theorien über das Begehen von Suizid	- - -	7.0.1 Der Grund 7.0.2 Die Ideen

Tabelle 4: Aussagen der Interviewpartner im Überblick

Kategorie	Subkategorien	Klienten						
		Fr. Franjo	Fr. Löhmann	Hr. Löhmann	Fr. Ewald	Fr. Quer	Fr. Gering	Hr. Gering
1. Intrapersonell	Gedanken	X	X	-	X	X	X	X
	Gefühle	X	X	-	X	X	X	-
2. Beziehung zum Kind	damals	X	X	X	-	X	X	X
	heute	X	X	X	-	X	X	X
3. Eigeninitiative		X	X	X	X	X	X	X
4. Hilfe	Therapeut	X	X	-	-	X	X	-
	Selbsthilfegruppe	X	X	X	X	X	X	X
	alltäglich	X	X	-	X	X	X	X
5. Soziales Umfeld	erlebtes Verhalten	X	X	X	X	X	X	X
	Ideen über das Verhalten	X	X	X	X	X	-	X
	Eigeninitiative	X	X	X	-	-	X	-
6. Verlauf	generelle Aussage	X	X	X	X	X	X	X
	direkte Zeitangabe	X	X	X	X	-	X	-
	eigene Suizidgefährdung	X	X	-	X	X	X	X
	spirituelle Erlebnisse	X	-	-	X	X	-	-
	Persönlichkeit	X	X	-	X	X	X	X
7. Theorien über den Suizid		X	X	-	X	X	-	X

Ergebnisse und Diskussion

Ergebnisse im Detail

Nachdem die Struktur der Analyse besprochen wurde, sollen im Folgenden die Ergebnisse im Detail dargestellt werden. Ich halte es für wenig sinnvoll, die gesamten doch sehr umfangreichen Ergebnisse zu präsentieren, um sie im Anschluß daran zu diskutieren. Damit sich ein geschlossenes Bild über das Erleben der betroffenen Eltern beim Leser ergibt habe ich mich entschlossen schrittweise jede Subkategorie mit ihren Aspekten und Aussagen einzeln zu diskutieren. Um die Ergebnisse möglichst transparent zu halten werden Originalzitate aus den Interviews einfließen, die, wie alle Zitate dieser Arbeit, durch kursive Schrift und Anführungszeichen gekennzeichnet sind. Es versteht sich von selber, daß die Namen der Zitatgeber als Pseudonyme zu verstehen sind und nur dem Nachvollziehen der Analyseschritte dienen.

Das Erleben selber stellt einen komplexen Zusammenhang dar, den man außerhalb analytischer Zwecke nicht in verschiedene Kategorien einteilen und besprechen kann. Demnach werden in der Diskussion sehr viele Querverweise auf andere Subkategorien erfolgen. Die Graphen 1 „Verlauf der Trauer, fokussiert auf das erste Jahr nach dem Suizid" und 2 „Verlauf der Trauer nach dem Suizid im Überblick der Jahre" am Ende des Kapitels sollen den Eindruck der zuvor diskutierten Ergebnisse abrunden.

Der Aufbau der Ergebnistabellen setzt sich aus einem dunkelgrauen Balken, einem hellgrauen Balken und der eigentlichen Tabelle zusammen. Der dunkelgraue Balken enthält die Bezeichnung der Hauptkategorien. Der hellgraue Balken enthält die Bezeichnung der ausnahmslos induktiven Subkategorien. Die Überschriften der Tabelle enthalten die Aspekte die durch die Aussagen in den Tabelle erklärt werden. So besteht die erste Hauptkategorie (Intrapersonell) aus der Subkategorie „Gedanken" (1.1.), die sich wiederum in die Aspekte „Gedanken" (1.1.1.) und „Sonstiges" (1.1.2.) aufteilt. Links in der Tabelle stehen die durch Reduktionsschritte analysierten Aussagen der Interviewpartner. In dem 2. Feld der Tabelle stehen die Anzahl der Interviewpartner, die sich zu dem Aspekt geäußert haben und im dritten Feld ist die Angabe der Personen, die sich zu dem jeweiligen Aspekt geäußert haben in Prozentanteilen angegeben. Die Prozentangaben beziehen sich jeweils auf die gesamte Stichprobengröße

Ergebnisse der Kategorie 1 im Detail

1. Intrapersonel

1.1. Gedanken

1.1.1. Kognitionen

	Anz. Kn.	≅ %
- Warum?	4	57
- Kreisgedanken	1	14
- eigenes Verhalten nicht konsequent genug	2	29
- Präsenz der Tat des Kindes	2	29
- Schuldpaket	1	14

1.1.2. Sonstiges

	Anz. Kn.	≅ %
- Kind war nicht nur lieb	1	14
- selber rationeller Typ	1	14

Diskussion:

Es stellte sich heraus, daß zunächst die sogenannten Kreisgedanken im Verlauf der Trauerphase eine dominierende Rolle spielten. An erster Stelle ist hier die Frage um das „Warum?" zu nennen, die sich für viele Eltern auch dann weiter stellt, wenn bereits eine eigene Theorie über das Begehen der Tat aufgestellt wurde. Diese Gedanken sind vor allem im ersten Jahr der Trauer sehr stark vertreten. Ihre Intensität läßt mit den Jahren nach. Das bedeutet aber nicht, daß sie völlig verschwindet. Selbst nach 9 und 10 Jahren beschäftigen sich Angehörige noch mit der Frage nach dem „Warum?" (siehe Graph 2). Die Nähe zum Verstorbenen wird von den Eltern als Mittel der Trauerbewältigung eingesetzt und kommt in der Kategorie 4.3 noch intensiver zur Sprache. Die in diesem Aspekt sich herauskristallisierte Präsenz des Kindes und der Tat kann als Nebenprodukt verstanden werden, die sich eben durch die Frage nach dem „Warum?" und der Bewältigung der Trauer ergibt. Es kann demnach davon ausgegangen werden, daß eine gedankliche Auseinandersetzung mit der Tat des Kindes eine Präsenz herbeiführt, die durchaus zum Trauerprozeß gehören kann und nicht durch das häufige Auftreten als zwanghaft bekämpft werden sollte. Durch diese Präsenz wird auch das eigene Verhalten analysiert und, wie im Kapitel 5.1. des Theorieteils schon beschrieben, mit einer kritischen Note neu bewertet. Das alles zusammen wurde von einer Angehörigen auch als Schuldpaket bezeichnet, das die Eltern über Jahre tragen.

Der Unterschied in der Trauer zwischen Männern und Frauen, wie er in der Erklärung der Kategorie schon angesprochen wurde, findet hier seinen Bestätigung, in dem einer der beiden Männer sich als der „rationaler Typ" bezeichnet und so auch die Trauer bearbeitet. In der Kategorie 6 (Verlauf) werden die Vor- und Nachteile einer introvertierten oder auch rationalen Trauerarbeit besprochen.

1.2. Gefühle

1.2.1. Gefühle der Depression	Anz. Kn.	≅ %
- eine Depression	1	14
- Angst vor Wiederholung beim 2. Kind	1	14
- Hoffnungslosigkeit	1	14
- Umwelt ist unerträglich	1	14
- Sehnsucht	1	14
- Mitschuld	1	14
- Gefühl der Amputation	1	14
- Gefühl des verlassen seins	1	14

1.2.2. Das Leben	Anz. Kn.	≅ %
- zurückgezogen sein	1	14
- unvorstellbar	1	14
- vom Leben unerreicht	1	14
- alles unwichtig	1	14
- keine Kontrolle über das Leben	1	14
- Störung des Gefühls und des Gleichgewichts	1	14
- Gefühle waren abgespalten	2	29

Diskussion:

Bei den Gefühlen wird zunächst eine Depression beschrieben, dann aber auch die Symptome und das Gefühl der Depression erwähnt. Besonders auffällig ist die Angst vor der Wiederholung beim 2. Kind. Damit wird in diesem Fall das 2. Kind weniger zu Ressource als viel mehr zu einem Faktor der Unsicherheit, wobei in Kategorie 6.3.3 (Prävention) das Kind als Prävention angegeben wird, ohne die die Mutter wahrscheinlich schon längst dem suizidalem Kind gefolgt wäre. Wichtig ist demnach, die Ambivalenz der Gefühle von Angehörigen in bezug auf die noch lebenden Geschwisterkinder zu klären. Kann die Kognition auf die Geschwister gelenkt werden um sie als Ressource der Lebenserhaltung zu establieren oder stellen sie einen potentiellen Angstfaktor dar, dessen Wahrscheinlichkeit, dem Schicksal des suizidalen Kindes zu folgen, besprochen werden muß?

Das Gefühl der Amputation bezieht sich auf die Abspaltung der Gefühle. So war zu hören, daß eine Mutter in der Verhaltenstherapie völlig fehl am Platz war, weil sie durch das Abspalten, also das nicht Wahrnehmen der Gefühle, den Alltag nur zu gut planen und bewältigen konnte.

Dieses „Funktionieren" wird noch in anderen Zusammenhängen von den Eltern beschrieben und bezeichnet ein Leben ohne wirkliches Bewußtsein, ohne Willen, ohne Gefühl. Schockphase ist der Ausdruck, den die ersten ein bis zwei Jahre nach dem Tod des Kindes am besten beschreibt. Später wird das Amputationsgefühl ein Ausdruck für ein Ungleichgewicht, basierend auf der Zerstörung der natürlichen Reihenfolge des Sterbens. So trug sich eine Mutter mit dem Gedanken nicht mehr leben zu dürfen, da ihre Tochter ja auch schon tot sei.

Der Begriff der Amputation liefert auch eine symbolische Darstellung, der durch das Amputieren und damit durch das Wegnehmen von etwas, ein Ungleichgewicht im Leben der Betroffenen und damit den Drang zum Tod auslösen kann. Sehnsucht und Mitschuld vergrößern das Gewicht des Todes im Leben der Eltern.

In der Subkategorie „Das Leben" wird insgesamt eine Zustandsbeschreibung des Lebens in der Trauerphase abgegeben, wobei eine Betroffene unterstrich, daß es eigentlich für Außenstehende ein unvorstellbarer Prozeß ist, den die Angehörigen durchlaufen. Dabei kristallisieren sich in der Aussage „alles unwichtig" die ersten Schritte zur eigenen Suizidgefährdung heraus. Hier ist es nun wichtig, eine Struktur in den Tag des Angehörigen zu bringen, sofern sich dies nicht, wie oben gelesen, von alleine ergibt. Die Struktur sollte eine Stütze im ersten Jahr der Trauer sein, ein Band das die betroffenen Eltern in der schwersten Zeit der Trauer durch das Leben führt. Durch diese Struktur kann die Sinnlosigkeit im Alltag vermindert werden. Es sollte aber darauf geachtet werden, daß diese Strukturierungen nicht das Abspalten der Gefühle nach der Zeit der schweren Trauer fordert. Denn in der Kombination mit dem „Kontrollverlust" kann diese Psychodynamik eine eigene Suizidhandlung als wünschenswert erscheinen lassen.

Ergebnisse der Kategorie 2 im Detail:

2. Beziehung zum Kind

2.1. Damals

2.1.1. Normal	Anz. Kn.	≅ %
- im Ganzen eine gute Beziehung	4	57
- gut, bis zu einem gewissen Alter	1	14
- gut, ab einem gewissen Alter	1	14

| - wegen zahlreicher Gespräche | 1 | 14 |

2.1.2. Spannungen	Anz. Kn.	≅ %
- viel Streit	1	14
- mal wütend auf das Kind	1	14
- Meinungsverschiedenheiten	1	14

Diskussion:

Der erhoffte Effekt, daß sich durch die unterschiedlichen Betrachtungsweisen der Beziehung auch eine unterschiedliche Einstellung herauskristallisiert, hat sich, wenn überhaupt nur vage abgezeichnet. Angenommen wurde von mir eine größere Zahl bei der Einstellung von Spannungen zwischen Eltern und Kind, sowohl aus damaliger Sicht als auch aus heutigem Stand. Die Interviews selber liefen in einer sehr vertrauten und ehrlichen Atmosphäre ab, so daß ich ein „Schönreden der Beziehung" durch die soziale Erwünschtheit ausschließen möchte. Nach den Ergebnissen haben alle Gesprächspartner, bis auf einen, ein gutes Verhältnis zu ihrem Kind gehabt. Nur zwei Gesprächspartner gaben an, daß die Beziehung zum Kind ab einem gewissen Zeitpunkt mit Spannungen verbunden war, wobei hier die Zeit der Pubertät mit berücksichtigt werden muß, in der naturgemäß Spannungen auftreten. In einem dieser Fälle waren Drogenprobleme der Grund für die Spannungen die auch durch eine Sucht und den familiären Folgen zum Suizid beigetragen haben. Die Subkategorie „Spannungen" zeigt demnach auch keine Erklärungen die einen Suizid durch die Handlungsweise der Eltern rechtfertigen könnten.

Diese allgemein positiven Beziehungen zum Kind könnte für die Eltern ausschlaggebend für die Teilnahme am Interview gewesen sein. Interessant wäre hier eine Untersuchung, die den Zusammenhang zwischen „Schuldintensität" und „introvertiertes Trauerverhalten" mit seinen psychosomatischen Folgen eruiert.

2.2. heute

2.2.1. Gute Beziehung als Problem	Anz. Kn.	≅ %
- nicht auf Probleme des Lebens vorbereitet	1	14

2.2.2. Spannungen	Anz. Kn.	≅ %
- Zeit vor dem Tod vieles getrübt	1	14
- Verachtung vom Kind	1	14
- Trauer über den Verlauf	1	14

Ergebnisse und Diskussion

Diskussion:

Interessant ist, daß eine gute Beziehung als Problem gedeutet wurde, in dem das Kind durch die Erziehung als weniger konfliktfähig gegenüber den alltäglichen Problemen eingestuft wird. Denn die gute Beziehung, in der konflikthafte Auseinandersetzungen selten waren, habe das Kind nicht auf die Probleme und Auseinandersetzungen im Alltag vorbereitet.

Insgesamt fällt es auf, daß die Beschreibung der Beziehung aus heutiger Sicht nur kritische Aussagen beinhaltet. Es kann vielleicht als Tendenz verstanden werden, daß in der Retrospektive die eigene Rolle und damit auch die Gestaltung der Beziehung eher kritisch aufgearbeitet wird.

Ergebnisse der Kategorie 3 im Detail:

3. Eigeninitiative

3.1. Hilfe	Anz. Kn.	≅ %
- Nähe zum Kind	2	29
- Suizid als Schicksal auffassen	1	14
- durch professionellen Rat	2	29
- sich eine Freude gönnen	2	29
- Schuldigen für den Tod des Kindes suchen	1	14

3.2. Suizid nachvollziehen durch	Anz. Kn.	≅ %
- in die Lage des Kindes versetzen	2	29
- Gespräche mit Zeugen	1	14

3.3. Besserung erarbeiten	Anz. Kn.	≅ %
- auf andere zugehen	2	29
- sich fordern um zu vergessen	1	14
- einen Schritt nach dem anderen machen	1	14
- zum Alltag zurück kehren	3	43

Diskussion:

Als Hilfe wird hier die Nähe zum Kind angegeben, die im Alltag aufgebaut wurde. Sie kann den Eltern in der Trauer eine Stütze sein, um mit der Trauer besser umgehen zu können, um ihr gewachsen zu sein. Die Nähe zum Kind wird z.B. durch das Tragen der Kleidung des Kindes, das Lesen von Briefen oder Tagebüchern oder durch das sich Umgeben mit Dingen, die einmal dem Kind gehörten, erreicht. Es muß aber auch hier auf die zweite Seite der Ambivalenz hingewiesen werden, die eine Nähe zum Kind auskleiden kann. Vor allem in Kombination mit physischen und psychischen Zuständen der Angehörigen im ersten Trauerjahr, wie z.B. der Kategorie 1.2.1. (Gefühle der Depression), in der die „Sehnsucht" nach dem Kind angesprochen wird, oder 6.3.1. (eigene Suizidgefährdung), in der das „Leben als nicht mehr lebenswert" bezeichnet wird oder der Wunsch, bei seinem „Kind sein zu wollen", geäußert wird, ist der Weg in den Suizid eine klar erkennbare Alternative. Es sollte also genau darauf geachtet werden, welche Rolle der eigene Tod im Leben der Angehörigen spielt und wie wünschenswert er den Eltern erscheint, damit das Aufbauen der Nähe zum Kind seinen therapeutischen Charakter erfüllt und nicht als Wegweiser zum Suizid dient.

Für die Betroffenen kann es eine große Hilfe sein, zu überlegen, was sie für sich tun können, welche Freuden, sie sich selber gönnen können. So berichtet eine Mutter, daß sie wegen ihrem Kind auf das Motorradfahren verzichtet habe, nach dem Tod ihres Kindes sich diesen lang gehegten Wunsch erfüllte und durch das Fahren zum erstenmal wieder einen *„freien Kopf"* bekam. Dieser Schritt kann und sollte aber erst bei vorangeschrittener Trauerarbeit erfolgen, da zum einen die Suizidgefährdung auch bei dieser Mutter nach eigenen Angaben noch eine sehr dominierende Rolle spielte.

Das Versetzen in die Lage des Kindes ergibt sich fast schon automatisch, durch die Beschäftigung mit dem „Warum?". Eine Mutter suchte das Gespräch mit parasuizidalen Menschen um die Gedanken und Gefühle ihres Kindes vor dem Tod besser verstehen zu können. Diese Art der Beschäftigung mit dem Suizid führt zu Theorien, die in der Kategorie 7 „Eigene Ideen über das Begehen von Suizid" enthalten sind. Eine andere Möglichkeit, das Erleben des Kindes in den letzten Stunden besser zu verstehen ist das Gespräch mit Menschen, die das Kind kurz vor dem Tod noch gesehen haben oder Zeuge des eigentlichen Suizids geworden sind.

In der zweiten Subkategorie wird deutlich, daß eine Besserung der Trauer sich nicht unbedingt von selber einstellt. Der Trauerprozeß ist Arbeit. Einer der wichtigsten Punkte dieser Trauerarbeit ist das Entgegenwirken der drohenden Isolation durch die eigene Initiativen die diese zu durchbrechen, indem „auf die Anderen zugegangen wird". Der Erfolg dieser Initiative zeigt sich in der Kategorie 6.1.3. durch die Aussage, daß die Vorwürfe, die vom sozialen Umfeld den Eltern in verschiedener Form entgegengebracht wurden, durch Öffentlichkeitsarbeit eher in Verständnis umschlug. Obwohl keiner der Interviewten schlechte Erfahrungen mit der Eigeninitiative gemacht hat, sollten in der Therapie auch eventuelle Negativreaktionen der Umwelt auf die Kontaktaufnahme der Eltern antizipiert werden.

Ergebnisse und Diskussion

Zum Alltag zurückkehren ist ebenfalls ein Bedürfnis, sich anhand von bekannten Strukturen wieder zurecht zu finden. Eine Möglichkeit wäre hier, die Arbeit wieder aufzunehmen. Was dabei berücksichtigt werden soll ist im Kapitel 4.3."Hilfe im Alltag" noch genauer beschrieben.

Ergebnisse der Kategorie 4 im Detail:

4. Hilfe

4.1. Professionell

4.1.1. Therapie	Anz. Kn.	≅ %
- zu Beginn der Trauer unmöglich	1	14
- das eigene Leben betrachten, um Schuldgefühle zu verstehen	1	14
- vor Therapie wird noch zurückgeschreckt	2	29
- der Klient soll sich im Ganzen verstanden fühlen	1	14
- über ein Jahr, alle vier Wochen ein Gespräch	1	14

4.1.2. Therapeut	Anz. Kn.	≅ %
- neue Wege aus der Krise finden	1	14
- sollte den Tod des Kindes immer wieder einfließen lassen	2	29
- Klient sollte weinen dürfen	1	14
- Präsenz vom Guten und Schlechten des Kindes	1	14
- bei Therapiezusage im Thema Trauer weiterbilden	1	14
- Zuhören	2	29
- das Thema nicht nur abhaken	1	14
- Klient unterstützen	1	29
- wirkt dem Gefühl entgegen, anderen zur Last zu fallen	1	14

4.1.3. Gespräch	Anz. Kn.	≅ %
- auf Belange des Klienten eingehen	1	14
- Bewältigung des Alltags sollte zum Tragen kommen	1	14
- einen Lebensplan erstellen	1	14
- Klient darf alles rauslassen	1	14
- Vertrauen von Klient muß vorhanden sein	1	14
- Partner muß aufmerksam sein	1	14
- nicht nur vom Verstand die Sache angehen	2	29
- Klient soll sich nicht gedrängt fühlen	1	14
- Wünsche des Klienten sollte verstanden werden	1	14

4.1.4. Therapieformen	Anz. Kn.	≅ %
- Körperarbeit zum Teil sehr gut	1	14
- Verhaltenstherapie zum Teil kontraproduktiv	1	14

Diskussion:

Grundsätzlich kann man über eine Therapie sagen, daß sie zu Beginn für den Betroffen nicht in Frage kommt. Das liegt zunächst an dem fehlenden Überblick, den die Betroffenen über ihre Lage haben. Im Graph 1 wird deutlich, daß das eigentliche Ausmaß des Verlustes erst nach circa einem dreiviertel Jahr begriffen wird, daß zu diesem Zeitpunkt das soziale Netz sich auf wenige Menschen reduziert hat, die die Trauer der Angehörigen wirklich aushalten können (siehe Kategorie 6 „Verlauf"). Hinzu kommt ein physischer Zusammenbruch, den der Angehörige in dieser Zeit durch das Begreifen der Verlustes erleidet. Nach Aussagen der Betroffenen liegt hier die Möglichkeit, über professionelle Hilfe nachzudenken. Der Zeitpunkt, an dem über das Aufsuchen von therapeutischer Hilfe gedacht wird, liegt also frühestens im Zeitraum von einem dreiviertel bis zu einem Jahr nach dem Tod des Kindes. Dabei ist hier nur die therapeutische Hilfe gemeint, nicht das Teilnehmen an einer Selbsthilfegruppe. Die Gedanken, eine Selbsthilfegruppe aufzusuchen, können schon in den ersten Wochen nach dem Suizid entstehen.

Erschwert wird das Aufsuchen der professionellen Hilfe noch durch den Ruf, den der Besuch eine Therapie mit sich bringt. Dabei spielt das Gefühl, „am Rande des Irrsinns" zu leben, eine wichtige Rolle. Im Gesamten ist das Leben erschüttert, dabei wird durch den Besuch eines Psychologen der Umwelt nicht nur die eigene Schwäche, sondern auch das Zugeben von angeblich krankhaften Zügen mitgeteilt. Im Kapitel „Reaktionen des Umfeldes sind einige Reaktionen von Außenstehenden auf die Art der Trauerverarbeitung der Angehörigen aufgeführt worden. Das in diesem Zusammenhang eine Bestätigung des Urteils der Umwelt vermieden werden soll, um das sowieso schon labile Selbstbild zu stützen, scheint durchaus verständlich.

Zwei Punkte scheinen in der Therapie relevant zu sein, das ist zum einen, immer wieder über den Tod des Kindes und den eigenen Status Quo berichten zu können und *„auf jemanden zu treffen, der mich läßt"* und der *„sich das einfach zum 1000sten mal anhört"*. Zum anderen scheint es zum passenden Zeitpunkt wichtig zu sein „das eigene Leben zu betrachten um Schuldgefühle zu verstehen".

Der Therapeut selber sollte bei der Suche nach Wegen aus der Krise möglichst nicht auf alte, durch andere Krisen bewältigte Strategien der Klienten zurückgreifen, denn *„dieser Weg, nach dem Tod eines Kindes, ist komplett ein anderer Weg. Und es wird nie wieder irgendetwas so wie es früher einmal war"*. Demnach lassen sich auch die Wege aus alten Krisen nicht mit denen aus der Krise des Verlustes eines Kindes vergleichen. Eine

Möglichkeit wäre, dem Gefühl der Isolation entgegenzuwirken. Es ist möglich, daß der Therapeut in diesem Zeitraum der einzige Bezugspartner für die Eltern ist. Das Gespräch sollte bei den Klienten in den Mittelpunkt stellen, was konkret bedeutet, ihn nicht zu schnell mit „Kopflastigkeit" in eine Richtung zu drängen. Angesprochen wurde von einer Mutter das zu frühe Betrachten des eigenen Lebens um Schuldgefühle bezüglich des Suizids besser verstehen zu können, wobei es die Mutter zunächst für wichtiger hielt, die alltäglichen Dinge zu klären.

Welche Therapieform angebracht ist, hängt von der Art der Trauerbewältigung ab. So wird zwar hier die verhaltenstherapeutische Form abgelehnt, doch zeigt sich schon in den vorherigen Kategorien, daß strukturierende Maßnamen, die an verhaltenstherapeutische Prinzipien erinnern, durchaus erwünscht sind. Angemerkt seinen hier gerade in der ersten Zeit das Planen und strukturieren des Alltags.

Sehr gute Erfahrung machte ein Mutter mit der Körperarbeit, die es ihr durch das Bewußtwerden des Körpergefühls erlaubte, ihre Trauer besser auszudrücken. Die therapeutische Hilfe sollte den betroffenen Eltern in der ersten Phase Raum für Erzählungen, der Organisation des Alltages und verschiedener Jahres- oder Feiertage lassen. Je nachdem zu welchen Zeitpunkt ein Betroffener die Hilfe des Therapeuten aufsucht (siehe Graph 1 und 2) und welchem Möglichkeiten des Austausches von ihm genutzt worden sind, sollte diese erste Phase mehr oder weniger Platz einnehmen, d.h. je früher nach einem Suizid die Eltern zum Therapeuten kommen umso länger sollte die Phase sein, in der die Eltern „nur" erzählen können und in der gemeinsam das Leben strukturiert wird. In der zweiten Phase kann dann das Leben der Betroffenen besprochen werden, also die eigentliche therapeutische Arbeit beginnen.

4.2. Selbsthilfegruppe

4.2.1. Menschen in der Selbsthilfegruppe	Anz. Kn.	≅ %
- mit demselben Schicksal treffen	1	14
- mit demselben Glauben, verrückt zu werden, treffen	1	14
- die zu Freunden werden	3	43
- die Verständnis über die Art der Trauerbewältigung haben	3	43
- die Beispiel geben, wie man nicht trauern sollte	2	29

4.2.2. Arbeit in der Selbsthilfegruppe	Anz. Kn.	≅ %
- trotz Hilfe der Selbsthilfegruppe muß man Trauer alleine schaffen	1	14
- bei langer Teilnahme schmerzt das Schicksal der Neuen	1	14
- bei ungünstiger Zusammensetzung kann das Verständnis ausbleiben	2	29

4.2.3. Funktion der Selbsthilfegruppe	Anz. Kn.	≅ %
- Gruppe läßt Kinder immer präsent sein	1	14
- psychosomatische Schmerzen verhindert	1	14
- weinen können	1	14
- Ort der Besinnung und des Verständnisses gerade nach Jahren	1	14
- eigene Erfahrung als Reflexionsmöglichkeit anbieten	1	14
- Möglichkeit, mit Freunden zu sprechen	1	14

Diskussion:

Die Selbsthilfegruppe soll hier unter drei verschiedenen Subkategorien betrachtet werden. Zunächst, soll die Art der Hilfe deutlich werden, die andere Menschen nur dadurch, daß sie das selbe Schicksal haben leisten. Dabei ist das entgegengebrachte Verständnis über die Art zu trauern, der Austausch über dieselben Gefühle und Gedanken von enormer Wichtigkeit. Bislang stieß der Betroffene durch seine Art der Trauer und beim Ausdruck seiner Gefühle (wenn diese gegenüber anderen überhaupt ausgedrückt wurden) im besten Fall auf Mitleid. In der Selbsthilfegruppe erleben die Betroffenen Verständnis: *„...und dann kommen sie in so eine Gruppe rein und sitzen da und hören auf einmal von Menschen, denen es ganz genauso geht. Die auch erzählen: Ich glaub ich werde verrückt, ich bin irrsinnig, ich muß ins Landeskrankenhaus. Und von ihren Gefühlen, von genau den gleichen Gefühlen erzählen, die sie selber auch haben. Das war für mich der Lebensanker überhaupt."* (Int.1: Fr. Franjo, S.8) In bezug auf die prophylaktische Arbeit mit den betroffenen Eltern bieten sich hier erste Möglichkeiten an, ein soziales Netz aufzubauen, das der eigenen Suizidgefährdung einen wesentlichen Faktor nimmt, nämlich das Gefühl, allein zu sein (RINGEL 1998). Es kann ihnen aber auch durch das Verhalten anderer Teilnehmer klar werden, wie mit der Trauer nicht umgegangen werden darf, da sie die Isolation und deren Auswirkungen erkennen können. Für den Betroffenen kann dadurch klar werden, wie der Weg durch die Trauer nicht aussehen sollte.

Der zweite Gesichtspunkt betrifft die Arbeit in der Selbsthilfegruppe, wobei unter „Arbeit" die Trauerarbeit verstanden werden soll. Also das bewußte Umgehen mit der Trauer. Hier äußerten die Interviewpartner, das man zwar selber mit der Trauer fertig werden müsse, es aber eine wichtige Hilfe sei, zu wissen, daß es Menschen gibt, denen man sich anvertrauen kann, weil sie dieselben Empfindungen haben. Bei fortgeschrittener Trauerarbeit stellt das Leid der Menschen, die neu in die Gruppe kommen, für das Erleben der älteren Mitglieder eine neue Herausforderung dar, eben weil sie verstehen, wie sich diese Menschen fühlen. Für einen Vater war dies ein Grund, die Gruppe vorübergehend nicht mehr zu besuchen. Er hatte nicht die Kraft, das Leid der „Neuen" mitzutragen. Ein weiterer Punkt für das Arbeiten in der Gruppe ist die Zusammensetzung. Eine Mutter machte die Erfahrung, daß sie in einer psychosomatischen Gruppe nicht das Verständnis bekam, das für die Arbeit förderlich ist. *„...ich war eigentlich die einzige, die ein Kind verloren hatte. Und da fand ich auch kein Verständnis. Denn die stellten das genauso hin, als wenn meine Großmutter mit 80 Jahren gestorben ist."* (Int.4: Fr. Ewald, S.65) Es scheint also empfehlenswert, bei Gruppenarbeit auf die Zusammensetzung zu achten. Hierbei scheint die Art und Weise, auf welchem Weg die Angehörigen ihr Kind verloren haben (Suizid, plötzlicher Kindstod, Unfall, Krankheit oder Todgeburt) nicht bedeutsam zu sein.

Die dritte Sichtweise der Selbsthilfegruppe ist ihre Funktion. Welche Faktoren lassen die Gruppe als Stütze für Betroffene funktionieren? Hierzu wurde weiter oben schon ein helfendes Argument durch Empathie diskutiert. Hier soll es aber eher um die Dynamik gehen, die das System Selbsthilfegruppe aufkommen läßt. Dabei ist genau wie in Kategorie 3.1. (Eigeninitiative – Hilfe) die Präsenz des Kindes von großer Bedeutung. Das, was im Alltag zwar wichtig ist, dem sozialen Umfeld (wenn vorhanden) aber weniger mitgeteilt werden kann, kann in der Selbsthilfegruppe mit andern geteilt werden. *„Wir wissen das ganz genau, daß unsere Kinder präsent sind, und diese Gefühle hat man nicht, wenn man mit Unbeteiligten losgeht."* (Int.1: Fr. Franjo, S.11) Durch das Reden und die erfahrene Stütze, die eine Selbsthilfegruppe bietet wurden laut einer Mutter auch psychosomatische Beschwerden vermieden.

Die Gruppe ist ein großer Pfeiler der Trauerarbeit, dazu gehört auch das Erleben von Trauer und das Weinen. In der Kategorie 6 (Verlauf – direkte Zeitangaben, siehe auch Graph 1) wird der Zeitraum, in dem geweint wird, mit 1 ½ Jahren angegeben. Daraus erklärt sich die Belastung für das Umfeld, sich mit der Trauer des Betroffenen auseinander zu setzen, oder diese auch nur über einen längeren Zeitraum aushalten zu können. Zum anderen wird deutlich, warum die Gruppe eine stützende Funktion gewinnt, wenn das Weinen hier nicht als Belastung sondern als natürliche Reaktion, als etwas Selbstverständliches verstanden wird und damit den belastenden Status verliert, den es gegenüber Unbeteiligten inne hat.

Für andere ist die Selbsthilfegruppe ein „Ort der Besinnung und des Verständnisses gerade nach Jahren". Dann, wenn das soziale Umfeld das Thema schon abgeschlossen hat, gibt es hier die Möglichkeit an das verstorbenen Kind zu denken und von ihm zu erzählen. Im Widerspruch steht diese Äußerung zu der des Vaters (s.o.) der das Leiden der neuen Gruppenmitglieder nicht verkraftet und aus diesen Gründen die Gruppe verlassen hat. Es zeigen sich auch hier die Grenzen, die jeden einzelnen betreffen und daß eine Kombination zwischen Selbsthilfegruppe und therapeutischer Intervention den meisten Nutzen für die betroffenen Eltern darstellt.

4.3. Alltag

4.3.1. Hilfe im Alltag

	Anz. Kn.	≅ %
- Alltag und Daten planen	2	29
- private und berufliche Veränderungen	1	14
- richtige Worte finden	1	14
- lautes Rufen des Namens	1	14
- Literatur	1	14
- Kur	1	14
- Seminare mit passender Thematik	1	14
- Abschiedsbrief kann eine Belastung sein	1	14
- Arbeitsplatz als Strukturvorgabe	2	29
- Sehen des Leichnams	2	29
- der Lebenspartner	2	29

4.3.2. Gespräche

	Anz. Kn.	≅ %
- mit Freunden	2	29
- Lebenspartner	1	14
- mit anderen Betroffenen (z.B. Selbsthilfegruppe)	1	14
- Gespräche mit Ärzten und Psychologen	1	14
- über den Tod des Kindes	1	14
- über das „Warum?"	1	14
- über den eigenen Status quo	1	14

Diskussion:

Wichtig im Alltag gerade in der Zeit nach dem Suizid ist es für die Angehörigen, den Ablauf des Tages zu planen. Dazu gehört z.B. das Berufsleben. Die Relevanz des Arbeitsplatzes wird auch in ihrer Eigenschaft als Strukturvorgabe zur Unterstützung der Trauerzeit herangezogen. Hier zeigt sich sehr deutlich die verhaltenstherapeutische Komponente als hilfreich, die in der Kategorie 4 (Hilfe – Therapieformen) als weniger empfehlenswert beschrieben wurde. Es sollte geklärt werden, ob die betroffene Person wieder arbeiten möchte, und wie man mit den plötzlich auftretenden Weinattacken umgehen kann? Wie geht man mit den Mitarbeitern um? Wie soll ein Gespräch aussehen, das die Mitarbeiter am Arbeitsplatz über das Geschehene aufklärt und wie weit soll man als Angehöriger dabei sich selber offenbaren? Mit welchen Reaktionen der Mitarbeiter kann man rechnen (siehe hierzu auch Kategorie 5 Soziales Umfeld). Wie soll ein normaler Tag zuhause aussehen? Wie gehe ich mit den Nachbarn um? Von großer Wichtigkeit ist das Planen von Jahrestagen, da die Betroffenen meist sehr hilflos aber mit Panik auf die herannahenden Daten blicken. Die wichtigsten Tage sind Weihnachten, der Geburtstag des Kindes und der Todestag. Hier kann eine einfache Tagesstrukturierung den Eltern eine enorme Hilfe sein. Eine berufliche oder private Veränderung kann hilfreich sein, wobei es sich dabei um den Wechsel des Arbeitsplatzes, wenn möglich innerhalb der Firma, handeln kann. Begründet wird dies durch die Anforderung, die an die eigene Person nun gestellt werden und keinen Raum (eine Zeit lang) für Trauer lassen. Private Veränderungen können die, oben schon erwähnten (Kategorie 3: Eigeninitiative – Hilfe) Erfüllung von Wünschen oder anderen wohltuenden Handlungen sein. Abgeraten werden sollte von einem kompletten Wohnungs- oder Ortswechsel. Aus der Arbeit mit Selbsthilfegruppen wurde bekannt, daß dieser Schritt nach Jahren bereut wird, wenn eine Nähe zum Kind wieder hergestellt werden sollte, um die immer wieder auftretenden Trauerphasen besser bewältigen zu können. Das Fehlen der bekannten Umgebung, die auch an das verlorene Kind erinnert und damit zur Gewinnung der Nähe zum Kind beiträgt, kann hier zu einer Hemmung des Trauerprozeßes führen.

Im Laufe der Gespräche stellte sich der Punkt des Abschiednehmens, folglich das Sehen des Leichnams als sehr wichtig, vor allem für die Mütter, heraus. Diese Art des Abschiednehmens stellt nach Aussagen der Mütter eine der wichtigsten Bedingungen für die Basis einer Trauerarbeit dar. In vielen Fällen trifft dieser Wunsch bei den zuständigen Stellen (Bestatter, Polizei oder andere Angehörige) aber meist auf Ablehnung. Durch diesen Abschied kann aber u.a. die später oft generierte Überzeugung vermindert werden, daß es sich nicht um das eigene Kind handelt, das gestorben ist, und daß dieses, wie durch ein Wunder später wieder Zuhause auftauchen wird. Selbst bei einem suizidalen Akt durch den Zug, sollte das sehen des Leichnams möglich gemacht werden: *„Die (Bestatter) haben alle Möglichkeiten und man kann nur einen Arm rausgucken lassen. Irgendwas, was die Eltern anfassen können. Jede Mutter wird die Hand ihres Kindes erkennen."* Als Außenstehender ist es nicht möglich zu erfassen, was vor allem die Müttern beim Tod ihres Kindes empfinden. Es sollte daher auch nicht aus gut gemeinter aber falsch platzierter Fürsorge den Personen die Entscheidung über das Sehen des Leichnams abgenommen werden, die unter den Folgen am meisten leiden werden. Als Grundtenor stellte sich der Wunsch nach diesem

Ergebnisse und Diskussion

Abschiednehmen heraus. Die einzigen Gründe, die Seitens der Eltern Zweifel hervorriefen, war der physische Zustand des Leichnams, wobei, wie im obigen Zitat schon beschrieben, eine unterstützende Position der Menschen, die mit betroffenen Eltern und dem Leichnam zu tun haben, eine gute Basis für die in den folgenden Jahren erfolgende Trauerarbeit darstellen kann.

Der Inhalt diverser Gespräche sind in Kategorie 4.3.2 (Gespräche) abgebildet und erklären sich von alleine. Ein wichtiger Punkt im Gespräch ist auch hier die Frage nach dem „Warum?". Dabei ist es gerade bei Gesprächen mit Freunden nicht wichtig eine Antwort zu finden und das Gespräch möglichst lösungsorientiert zu führen, sondern dem Trauernden die Möglichkeit des Redens zu geben. Dabei scheint es vor allem über einen längeren Zeitraum Aufgabe genug zu sein, ihre Trauer auszuhalten und evtl. mitzutragen.

Ergebnisse der Kategorie 5 im Detail:

5. Soziales Umfeld

5.1. Erlebtes Verhalten

5.1.1. Isolation	Anz. Kn.	$\cong \%$
- als Aussätziger behandelt	1	14
- keine Freunde aus der Zeit vor dem Suizid geblieben	1	14
- Gespräche abgelehnt	3	43
- keine Reaktionen	2	29
- Eheprobleme	1	14

5.1.2. Belastung durch	Anz. Kn.	$\cong \%$
- Verhalten des Kindes zu Lebzeiten in Frage gestellt	1	14
- Sensationsgier	2	14
- Verweigerung des Sehens des Leichnams	1	14
- Unverständnis gegenüber der Trauerarbeit	2	29
- Worthülsen	1	14
- Zufallsverletzer	1	14
- latente Vorwürfe	1	14

5.1.3. Soziales Netz	Anz. Kn.	$\cong \%$
- Angesprochen werden	2	29
- keine Anschuldigungen	1	14
- durch Betroffenheit und Unsicherheit	1	14
- Lebenspartner als Stütze	1	14

- Beten für das Kind	1	14
- Hinweise auf Selbsthilfegruppe geben	1	14
- Ideen sich abzulenken	2	29
- ältere Kollegen waren hilfreich	1	14
- normale Reaktionen	1	14

Diskussion:

„Isolation" hätte auch unter den Aspekt Belastung (5.1.2) fallen können. Mir erschien es aber wichtig, den größten belastenden Aspekt, dem die Eltern ausgesetzt sind, transparenter darzustellen. Somit entschloß ich mich, ihm eine eigene Kategorie zu widmen. Im Verhalten des sozialen Umfeldes kristallisiert sich das isolierende Verhalten der Mitmenschen als immer wieder und auf die verschiedenste Art und Weise gemachte Erfahrung heraus. Dabei kann es sich um die „klassische Variante", der Isolation in Form von Gesprächs- und Kontaktverweigerung, handeln, das dem Betroffenen das Gefühl gibt, wie *„ein Aussätziger"* behandelt zu werden. Es kann aber auch in Reaktionsmangel bestehen, sobald das Thema Kind oder Tod von den Eltern angesprochen wird.

Isolation besteht aber auch aus Eheproblemen, die aufgrund des Suizids des Kindes folgen. Dabei hat sich in einigen Fällen herausgestellt, daß nicht der Suizid die Basis der Eheprobleme darstellt, sondern das unzureichende Verständnis der Ehepartner füreinander und die Art der Trauerarbeit des Partner zu akzeptieren oder über diese überhaupt informiert zu sein.

Eine Belastung durch das Verhalten des Umfeldes entsteht u.a. durch latente Vorwürfe, die dem betroffenen Eltern entgegengebracht werden und ihnen signalisieren, daß sie wenigstens eine Mitschuld an dem Tod des Kindes haben bzw. sie in ihrer Aufgabe als Eltern versagt haben. Ganz ohne Absicht (sog. Zufallsverletzer) belastet das Umfeld die Eltern, indem es nicht über die sensiblen Bereiche der Eltern informiert ist oder das eigene Handeln nicht genügend reflektiert. In einem Fall war es die Planung eines Betriebsausfluges, der mit der Bahn vorgenommen werden sollte. Bei der Planung wurde dabei übersehen, daß sich das Kind der betroffenen Mutter durch den Zug suizidierte.

In gleichen Maßen können Worthülsen das Erleben der Eltern belasten. *„Die Zeit heilt Wunden, und das Leben geht weiter, und Du mußt doch darüber wegkommen. Du bist doch nicht die Einzige."* Wichtig ist hier der Unterschied zwischen den angeführten, sinnentleerten Sätzen und das Ausdrücken einer ernstgemeinten aber vielleicht hilflosen Anteilnahme. Diese zeigen den Betroffenen, daß sie eben nicht isoliert sind.

Ergebnisse und Diskussion

Mit dem bekunden einer ehrlich gemeinten Anteilnahme ist auch ein großer Schritt in Richtung Aufbau eines sozialen Netzwerkes getan, das durchaus durch Betroffenheit und Unsicherheit gekennzeichnet sein kann. Es kommt darauf an, den Eltern zu signalisieren, daß sie nicht alleine sind. Eine große Hilfe ist dabei das Ansprechen der Eltern, also das aufsiezugehen.

Alles in allem ist die Einbettung der Eltern in ein soziales Netzwerk bestehend aus Selbsthilfegruppe, nachbarschaftlichen Kontakten, die Erhaltung von Freundschaften und Ehe eines der wichtigsten Präventionsmittel in bezug auf die Suizidgefährdung der Eltern aber auch im Vorankommen der Trauerarbeit.

5.2. Ideen über das Verhalten

5.2.1. Isolation	Anz. Kn.	≅ %
- Tabuisierung des Todes	3	43
- aus Angst vor dem Thema und vor Vorwürfen	4	57
- wegen fehlender Worte	1	14
- das Gefühl für den Umgang fehlt	1	14
- durch Egoismus und Schein waren wollen	1	14
- durch abwartende Haltung	1	14

5.2.2. Belastendes Verhalten	Anz. Kn.	≅ %
- aus Unwissenheit	1	14
- aus dem Versuch zu helfen	1	14
- Unverständnis gegenüber Trauerarbeit	3	43
- Einstellung: Tod durch Unfall ist entschuldbar, Suizid nicht	2	29

5.2.3. Reflektion	Anz. Kn.	≅ %
- eigenes Handeln sähe ähnlich aus	1	14

Diskussion:

Bei den Ideen, warum sich das Umfeld isolierend gegenüber betroffenen Eltern verhält, sprechen viele von der Tabuisierung des Todes und damit den fehlenden Umgang an, wie er im theoretischen Teil dieser Arbeit schon referiert wurde. Aus dieser Dynamik können die anderen Aspekte erklärt werden, wie z.B. das „Fehlen der passenden Worte" oder das „Gefühl für den Umgang mit der Situation". Denn durch die Tabuisierung können auch keine Informationen über den Umgang mit Eltern suizidierter Kinder weitergegeben werden, so daß die Erfahrung im Umgang fehlt. Ebenso erklären die Eltern sich das bestehende Verhalten der Umwelt. Die „Unwissenheit" und das

„Unverständnis gegenüber der Trauerarbeit" resultieren aus dem fehlenden Umgang mit Menschen, die ihr Kind verloren haben. Wobei auch ein nicht geringer Teil des Verhaltens des Umfeldes den betroffenen Eltern gegenüber der Einstellung zugrunde liegt, daß die Eltern eine Teilschuld an dem Suizid ihres Kindes haben und er daher nicht entschuldigt werden kann, wie es z.b. bei Eltern von Verkehrsopfern attribuiert wird. Warum allerdings der Tod und der Umgang mit ihm Angst auslöst wird nicht beantwortet. SCHELL (1996) schreibt ergänzend dazu: *Man muß sich darüber im klaren sein, daß jede Begegnung mit einem Menschen in der suizidalen Krise (...) uns in Kontakt bringt mit Gefühlen der Verzweiflung, Angst, Hilflosigkeit, Wut, Haß, Ohnmacht und Macht, die schwer erträglich sind"* (SCHELL 1996, S.138).

Das oft belastende Verhalten der Umwelt wird aber von einigen Eltern auch durch den eigenen Standpunkt reflektiert, so daß in bezug auf die Zeit der Trauer, die den Trauernden von der Umwelt „offiziell gewährt wird", sich meist auf ein Jahr beschränkt. Dabei räumt eine Mutter ein: *"Ich hätte mich wahrscheinlich auch nicht mehr so damit beschäftigt, um ganz ehrlich zu sein"* (Int.: Fr. Löhmann, S.35).

5.3. Eigeninitiative

5.3.1. Eigeninitiative	Anz. Kn.	≅ %
- durch Öffentlichkeitsarbeit	1	14
- Angehörige gehen auf die Menschen zu	3	43
- Therapeuten sensibilisieren	1	14
- den Tod ins Gespräch bringen	1	14
- Ablenken durch Arbeit	1	14

5.3.2. Isolation suchen	Anz. Kn.	≅ %
- die heile Welt vorspielen	1	14
- von Feiern fernbleiben	2	29

Diskussion:

Das Ergebnis der hier angesprochene Öffentlichkeitsarbeit, also das als Betroffener irgendwie geartete auf-das-soziale-Umfeld-zugehen, ihnen das Gespräch über den verstorbenen Menschen anzubieten, bis zur Planung und Durchführung gezielter Veranstaltungen, die das Thema Suizid explizieren, kann in der Kategorie 6.1.3 (Das Leben) abgelesen werden. Dort wird beschrieben, daß die Haltung des sozialen Umfeldes nach der geschilderten Öffentlichkeitsarbeit von Vorwürfen in Verständnis umschwenkt. Eine Sensibilisierung der Therapeuten auf diesem Gebiet könnte auch als

Ergebnisse und Diskussion

Öffentlichkeitsarbeit gesehen werden. Dadurch wird den Eltern ein Stück Kompetenz zugetragen, von dem der helfende Berufsstand lernen kann und sollte. In der zweiten Subkategorie werden Verhaltensmaßnahmen angesprochen, die in der Kategorie 5 (Isolation) als erfahrener Nachteil durch das soziale Umfeld angemerkt wurden, hier aber durch eigenes Handeln bewußt herbeigeführt werden, um einen gewissen Abstand halten zu können. Dieser Punkt wird vor allem in der Äußerung getätigt den Feiern fern zu bleiben. Es zeigt sich schon hier, daß der wesentliche Prozeß einer Trauerarbeit in einer Auseinandersetzung besteht, die zum einen im Gespräch stattfinden muß, aber auch den Rückzug (in sich selber) gewährleistet. Dieser Rückzug kann aber auch eine Methode sein, die *„heile Welt den Menschen vorzuspielen"* (Int.: Fr. Löhmann, S.36), die eine zu hohe Erwartung an die Eltern haben, zur Normalität zurück zu kehren, ohne ihr wirkliches Erleben zu hinterfragen. Damit können sich die Eltern kraftraubende Auseinandersetzungen und Rechtfertigungen sparen.

Ergebnisse der Kategorie 6 im Detail:

6. Verlauf

6.1. Generelle Aussagen

6.1.1. Trauer	Anz. Kn.	≅ %
- Arbeit wäre unmöglich gewesen	1	14
- seelische und körperliche Hölle	1	14
- ändert sich im Laufe der Jahre, hört aber nie auf	1	14
- wird immer tiefer, immer schlimmer	1	14
- Trauer kommt in Phasen immer wieder	1	14
- psychische und psychosomatische Beschwerden	2	29
- lange nach dem „Warum?" gefragt	1	14
- Übernahme von Ansichten und Eigenschaften des Kindes	1	14
- braucht seine Zeit	1	14
- Abwechslung, zwischen reden können und Ruhe haben	1	14
- evtl. schneller verarbeitet, wenn gezielter angegangen	1	14
- als Mann rationeller an die Sache rangehen	1	14
- Abschied vom Kind ist lebensnotwendig	1	14
- hilfreich war das Wissen über die Konsequenz der Isolation	1	14

6.I.2. Unterschiede beim Trauern	Anz. Kn.	≅ %
- Männer verdrängen, Frauen beschäftigen sich mit der Trauer	2	29
- Männer sind eher psychosomatisch betroffen	1	14
- nach einer gewissen Zeit geht jeder seinen Weg der Trauer	1	14

Ergebnisse und Diskussion

6.I.3. Das Leben	Anz. Kn.	≅ %
- hat sich geändert	1	14
- Entwicklung der Peergroup ist schwer zu ertragen	1	14
- Einstieg in die Arbeit wird immer schwerer	1	14
- man wird frustrierter	1	14
- man verliert die Freude	1	14
- ist sinnlos geworden	2	29
- weinen und viel reden	1	14
- jahrelange Albträume	1	14
- schöne Sachen berühren einen nicht wirklich	1	14
- Zulassen von Wohltuendem	1	14
- Selbstbestrafung wegen Schuld am Suizid durch Verzicht	1	14
- der Tod war immer präsent	1	14
- einen Schritt vor den anderen	1	14
- das „Warum?" bleibt	2	29
- nach der Trauer seine Meinung durchsetzen	1	14
- nach Öffentlichkeitsarbeit mehr Verständnis als Vorwürfe	1	14

Diskussion:

Zu Beginn der Kategorie 6 wird wieder eine Widerspruch erkennbar, der den Beginn oder das Fortsetzen der Berufstätigkeit betrifft. Ist die Berufstätigkeit weiter oben als strukturgebend und wichtig bezeichnet worden, spricht hier eine Mutter von der Unmöglichkeit, eine Berufstätigkeit fortzusetzen. Dies mag aber auch an ihren im Vorfeld des Suizid schon begonnenen gesundheitlichen Beschwerden liegen. Ein Grund, den Verlauf der Trauer als „seelische und körperliche Hölle" zu sehen, wird durch den Graphen 1 deutlich, der das Erleben der Betroffenen auf das erste Jahr nach dem Suizids fokussiert. Hier wird deutlich, daß es keine Besserung des Erlebens gibt. Die Kurve, die die Qualität des Lebens symbolisiert, fällt unaufhörlich ab. Erst nach einem Jahr ist eine gewisse Stagnation zu verzeichnen. Sie basiert u.a. auf der Aussage, daß die *„Trauer immer tiefer, immer schlimmer wird"*. (Int. 3: Hr. Löhmann, S.53)

Ein sehr wichtiger Punkt ist die Einschätzung der Eltern, daß psychosomatische Beschwerden wesentlich drastischer ausgefallen wären, wenn sie die Selbsthilfegruppe nicht gehabt hätten. Auch hier spricht die Selbsthilfegruppe eine deutliche Sprache in der Prävention nicht nur im Bereich der eigenen Suizidgefährdung. Die Frage nach dem „Warum?" ist wie in der Kategorie 1.1.1. schon erwähnt, eine der dominierenden Gedanken, die die Eltern während der Trauerphase begleiten. Damit wird diese Frage auch ein wichtiger Bestandteil der Trauer, der sich hier wiederfindet. In der Kombination „Trauer braucht seine Zeit" und der „Abwechslung zwischen reden können und Ruhe haben" tritt hier der schon oben angeführte Hauptpunkt der

Trauerarbeit zutage. Er besteht aus einem gewissen Rhythmus, der den Eltern die Möglichkeit zum Reden geben sollte, aber ihnen auch den Raum des Zurückziehens gibt. Der Abschied vom Kind, also das Sehen des Leichnams wird hier nicht nur als Basis für eine gute Trauerarbeit beschrieben, sondern er wird als lebensnotwendig bezeichnet. Als hilfreich empfand ein Vater, zu sehen, in welcher Art und Weise, andere betroffene Eltern mit der Trauer umgehen.

Dabei lernte er die Konsequenzen einer von den Eltern ausgehenden Isolation kennen, die andere Teilnehmer während der Trauerphase vollzogen, und zog für sich die Schlußfolgerung, so nicht trauern zu wollen.

Es wurden Unterschiede zwischen Mann und Frau in der Art der Trauerarbeit tendenziell bestätigt. Ein Vater fand sich in dieser Art der Trauerarbeit ganz explizit wieder: „*Ich bin in der ganzen Sache der Rationelle geblieben oder der, der auch funktionieren mußte*" (Int.: Hr. Löhmann, S.112). Auch eine andere Mutter konnte die Unterschiede in der Trauer zwischen Mann und Frau bestätigen. Interessant ist aber, daß ein weiterer Mann die Selbsthilfegruppe nach mehreren Jahren verließ, da er die Erzählungen der Neuen nicht aushalten konnte (Kategorie 4: Arbeit in der Selbsthilfegruppe). Also sollte die stereotype Vorstellung über das Trauerverhalten der Geschlechter stets hinterfragt und geprüft werden. Stellt sich aber das oben gezeichnete Rollenbild ein, kann hier ein Grund für Eheprobleme liegen, die aber nicht auf der Unterschiedlichkeit der Trauerarbeit an sich beruhen, sondern auf dem fehlenden Wissen über die unterschiedlichen Bedürfnisse und damit über das jeweilige Verhalten (s.o). In vielen Fällen ist es die möglichst schnelle Rückkehr des Mannes zum Alltag, was der Frau Schwierigkeiten bereitet, da es mit ihrer Art der Trauer nicht harmoniert. Wohingegen das Bedürfnis, die Tat des Kindes und die eigene Rolle in bezug zu dieser Tat immer wieder durchzusprechen, beim Mann schneller in den Hintergrund tritt als bei der Frau.

Die Subkategorie „das Leben" bietet einen Überblick über das Leben, wie es nach dem Tod des Kindes empfunden wird, wobei auch hier intrapersonelle Unterschiede in Form vom Erleben schöner Dinge zu sehen ist. Zum einen „berühren einen die schönen Dinge nicht wirklich", zum anderen muß man auch "Wohltuendes zulassen", und auch die „Selbstbestrafung aus Gründen der Schuld am Suizid durch Verzicht" spielt eine Rolle. Es sollte aber auf jeden Fall versucht werden, durch Aktivitäten den Eltern entweder soziale Kontakte wieder zugänglich zu machen, oder sie als Prävention gegen den Kontaktverlust zu nutzen. Es ist dann aus dieser Sicht nicht mehr von großer

Bedeutung, ob es die Eltern „wirklich berührt", da ein wesentlicher Punkt in der Trauerarbeit durch die sozialen Kontakte erreicht werden kann. Das Maß der Kontakte sollte im wesentlichen von den Betroffenen bestimmt werden.

6.2. Direkte Zeitangabe

6.2.1. Praesuizidal

	Anz. Kn.	≅ %
- 14 Tage vorher, wie in Telepathie, daß das Kind stirbt	1	14
- 3 Monate vorher kaum noch geschlafen	1	14

6.2.2. Das erste Jahr

	Anz. Kn.	≅ %
- spirituelle Erlebnisse nach der Beerdigung	1	14
- ½ bis ¾ Jahr völlig down	1	14
- nach einem ¾ Jahr kam den physische Zusammenbruch	1	29
- nach 3-4 Monaten ist man allein	1	14
- nach einem ¾ Jahr ist man der einsamste Mensch	1	14
- Tod des Kindes nach einem ½ - ¾ Jahr realisiert	2	29
- erste ¾ Jahr ist nur Schockphase	1	14
- im ersten Jahr stark suizidgefährdet	2	29
- nach 6 Wochen ein Seminar mit passendem Thema besucht	1	14

6.2.3. Das zweite Jahr

	Anz. Kn.	≅ %
- spirituelle Erlebnisse	1	14
- keine Aktivität	1	14
- man lebt am Rande des Irrsinns	1	14
- nach 1 ½ Jahren wird die Trauer langsam erträglich	1	14
- 1 ½ Jahre nur geweint	1	14

6.2.4. Drei Jahre und mehr

	Anz. Kn.	≅ %
- nach drei Jahren wurde das Leben langsam besser	1	14
- Gefühle vom Anfang auch nach Jahren noch da	3	43
- nach 5 Jahren Therapie begonnen	1	14
- nach 6 Jahren den Tod akzeptiert	1	14

Diskussion:

Die hier aufgeführten Daten sind im Graph 1 „Verlauf der Trauer fokussiert auf ein Jahr" und Graph 2 „Verlauf der Trauer nach dem Suizid im Überblick der Jahre" veranschaulicht. Die Ergebnisdarstellung durch Graphen soll einen zusammenfassenden Überblick der Ergebnisse dieser Kategorie geben. Sie soll auch Aussagen aus anderen Kategorien durch den hier gegebenen zeitlichen Kontext verständlicher machen.

Ergebnisse und Diskussion

Ich entschloß mich, zwei Graphen zu Darstellung zu nehmen, da sich die Informationslast des ersten Jahres nicht ausreichend in den Graphen 2 integrieren ließ. Generell sind die Graphen so aufgebaut, daß in der oberen Reihe die Zeiteinheit dargestellt sind. Ich entschloß mich beim Graphen 1 die Zeiteinheit in Monaten zu wählen, um eine klare Abgrenzung vom Graphen 2 zu bekommen. Der Verlauf der Kurve ist eine Symbolisierung der Lebensqualität, er basiert auf den Aussagen der Interviewpartner, durch die der Kategorie 6.2 direkte Zeitabgabe zugeordnet werden konnten. Die Graphen selber können also nicht objektiv gewertet werden. Aus diesem Grund fehlt eine Einteilung von Einheiten an der Y-Achse des Graphen. Die grau unterlegten Balken zeigen Aussagen, die durch Originalzitate der Eltern festgelegt sind. An der Länge des Balkens kann ein Zeitraum abgelesen werden, in dem die Aussage entsprechende für die Eltern akut ist. So kann man z.B. erkennen, daß die Suizidgefährdung in den ersten eineinhalb Jahren von akuter Bedeutung ist und danach abklingt (Graph 2). Die Frage nach dem noch vorhandenen Sinn des Lebens wird nie ganz wegfallen, und mit ihr besteht permanent eine Neigung, sein Leben zu beenden. Gerade in Streßsituationen klingt dies durch. In gleicher Weise sind auch die anderen Aussagen den beiden Graphen zu entnehmen. Der Verlauf im Graph 1 wurde zusätzlich in drei Phasen unterteilt. Dabei handelt es sich in den ersten sechs Monaten um die Schockphase, in der das eigentliche Ausmaß und die Tatsache, daß das Kind gestorben ist noch nicht vollständig erfaßt wurde. *„Ich würde mal sagen, die erste Zeit, also das erste ¾ Jahr[1] ist nur Schockphase"* (Int.1: Fr. Franjo, S.19). Es schließt sich nach ca. einem ¾ Jahr die „Phase der Realisation" an. Eingegrenzt wird sie vom beginnenden Verlust des Kontaktes zum sozialen Umfeld: *„Sie müssen sich das so vorstellen, in der ersten Zeit sind noch Verwandte da, Freunde noch da, aber nach drei vier Monaten halten die das nicht mehr aus mit ihnen, und das bröckelt dann immer mehr ab"* (Int.1: Fr. Franjo, S.10).

Das Ende der Realisationsphase bildet der eigene physische und psychische Zusammenbruch. Dabei muß sich dieser nicht immer durch das physische Kollabieren deutlich zeigen. Der Zusammenbruch schildert viel mehr die Talsohle der Trauer. Sie ergibt sich fast von selber nachdem der Tod des Kindes begriffen wurde, gleichzeitig zu den Freunden und Verwandten ein in den meisten Fällen nur sehr sporadischer Kontakt besteht, es also außer mit dem eigenen Lebenspartner fast keine

---

[1] Es gibt natürlich leicht unterschiedliche Zeitangaben, die hier zwischen einen ½ und einem ¾ Jahr schwanken. Unabhängig voneinander wurden aber die drei Phasen in der Chronologie ihres Verlaufs beschrieben.

Austauschmöglichkeiten mehr gibt und diese auch noch durch die Erwartungshaltung der betroffenen Menschen gezeichnet ist, sich zusammenzureißen. Eine Mutter meint dazu: *„Man lebt eigentlich die ersten 1-2 Jahre wirklich fast am Rande des Irrsinns"* (Int.1: Fr. Franjo, S.16).

Im Graph 2 wird eine stetige Verbesserung der Lebensqualität nach ca. drei Jahren angezeigt. Auch hier sind die Werte von Mensch zu Mensch verschieden. Drei Jahre ist ein Zeitwert, der sich indirekt durch die Aussagen der Betroffenen ergab und in seiner Angabe genauso schwammig verstanden werden soll und muß, wie die Abgrenzung der einzelnen Phasen. Auch der Verlauf zur Besserung der Lebensqualität ist kein stetiger Prozeß, sondern als schwankungsreiche Zeit zu verstehen, in der die Trauer immer mal wieder Überhand gewinnt und eine Regression erfolgt. *„Ich fall heute auch noch mal tief. Ich hatte das vor einigen Wochen auch mal ganz extrem, daß ich einfach mal wieder so traurig war. Man schafft die Arbeit kaum, man ist einfach wer weiß wie traurig..."* (Int.2: Fr. Löhmann, S.42/43). Ein Problem betrifft die Darstellung des Lebens nach einigen Jahren im Graphen 2, wenn die Trauer nicht mehr das Leben dominiert. Dabei suggeriert die Darstellung des Graphen, daß das Leben seine alte Form wiederfinden wird. Dies ist so nicht richtig. Die Qualität des Lebens steigert sich zwar von Jahr zu Jahr, doch ist es nicht mehr das Leben, welches die Betroffenen vor dem Tod ihres Kindes geführt haben, denn *„das ganze Leben hat sich geändert,,* (Int.1: Fr. Franjo, S.12). Es ist ein vollkommen anderes Leben geworden, in dem es andere Freunde geben kann (siehe Kategorie: 5 erlebtes Verhalten), die eigene Einstellung eine Entwicklung durchlaufen hat (siehe Kategorie 6: Persönlichkeit), und damit die Werte des Lebens meistens andere sind als vor dem Suizid des Kindes. Dazu kommt, daß die Trauer ein Stück des Lebens geworden ist: *„Ich denk, die Trauer hört auch nie auf. Es ist anders geworden, das Jahr wird immer besser, man sieht es ja. Nur ich denke, da wird man nie richtig mit klar kommen."* (Int.2: Fr. Löhmann, S.44)

Graph 1: Verlauf der Trauer, fokussiert auf das erste Jahr nach dem Suizid

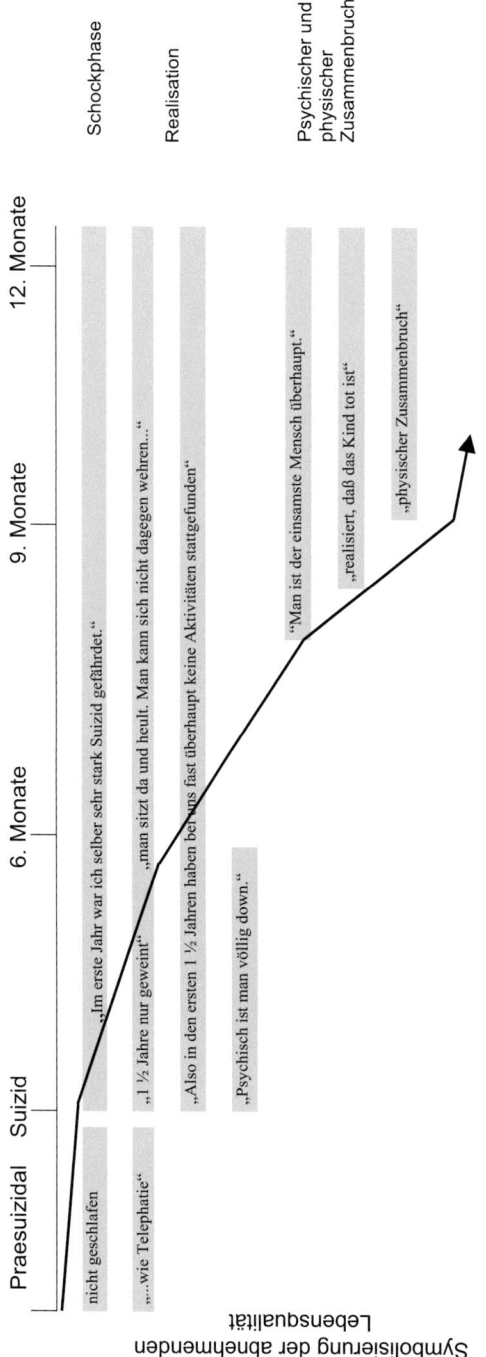

101

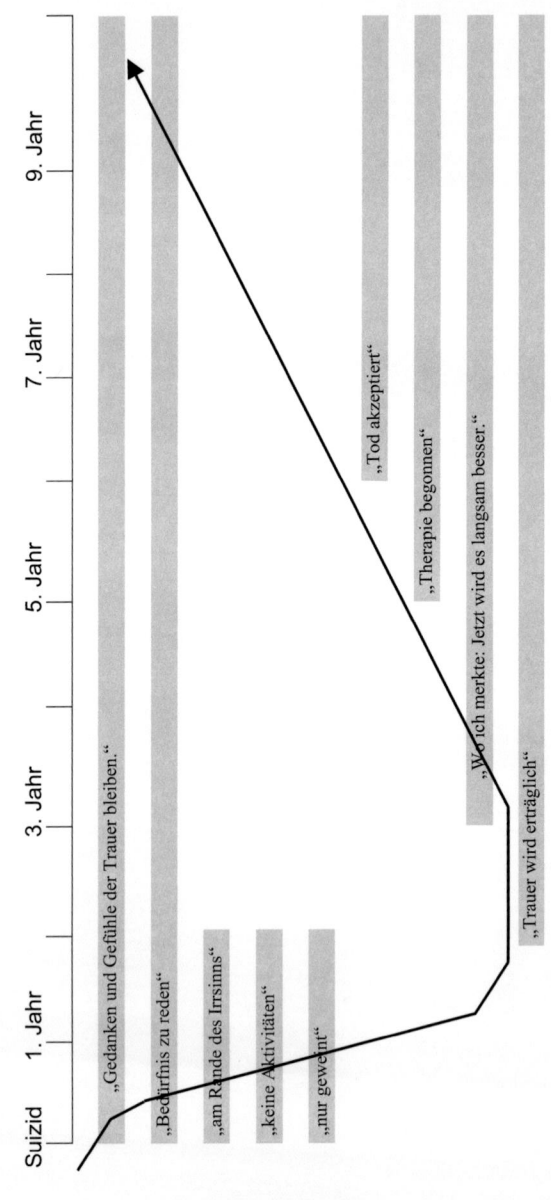

6.3. Eigene Suizidgefährdung

6.3.1. Gedanken

	Anz. Kn.	≅ %
- Leben ist nicht mehr lebenswert	5	71
- will bei meinem Kind sein	1	14
- hab kein Recht mehr zu leben	1	14
- Ich wußte, das Leben geht weiter	1	14
- entweder überstehen oder sterben	1	14

6.3.2. Zustand

	Anz. Kn.	≅ %
- kein Lebensgefühl mehr	1	14

6.3.3. Prävention

	Anz. Kn.	≅ %
- Freunde haben mir das Leben gerettet	1	14
- mein Partner wäre dann allein	1	14
- das andere Kind wäre allein	1	14

Diskussion:

Kategorie 6.3 gibt einen Einblick in die Gedanken, der Eltern, die die eigene Suizidgefährdung erklären können. Hier klingen die schon in Kategorie 1.2 (Das Leben) angeschnittenen Gedanken eine Rolle, darüber daß alles unwichtig sei im Leben. Die Steigerung dessen ist die hier formulierte Aussage, daß „das Leben nicht mehr lebenswert ist". Die Sinnlosigkeit des Lebens erwächst auch aus der Sehnsucht nach dem Kind. Auch die natürliche Reihenfolge des Lebens, daß die Eltern vor den Kindern sterben ist nicht eingehalten und bringt auf dem weiteren Weg der Eltern den Eindruck mit, daß sie kein Recht auf Leben haben. Beide Väter hatten im Gegensatz zu den Müttern allerdings keine Suizidgedanken. Ein Vater äußerte ganz explizit, daß „das Leben weiter geht", der andere Vater sprach sich indirekt durch seinen Aktionismus, den er unmittelbar nach dem Tod seines Kindes und im Verlauf der weiteren Trauer zeigte, für das Leben aus.

Präventive Maßnahmen ergeben sich vor allem in Kategorie 6 (Verlauf) und Kategorie 1 (Gefühle). Zunächst ist das „Reden können", das „Loswerden von belastenden Gedanken" und das Erleben, daß es andere Menschen mit den selben Gefühlen gibt, eine Hilfe auf dem Weg zu erkennen, daß man keine psychische Störung ausgebildet hat. Anschließend ist der Aufbau eines sozialen Netzwerkes nötig, um die betroffenen Eltern in der Zeit, in der ein physischer Zusammenbruch droht, aufzufangen. Diese Aufgabe scheint vor allem die Selbsthilfegruppe zu tragen. Es können aber auch

Freunde sein, die die Eltern über Jahre hin gewähren lassen. Ein weiterer wichtiger Punkt der Suizidprävention im ersten Jahr ist der eigene Partner, dem nicht noch durch einen weiteren Todesfall ein zusätzliches Schicksal aufgebürdet werden soll. Voraussetzung ist hier der Fortbestand der Ehe. Die Geschwisterkinder werden ebenfalls angeführt. Es ist aber, wie oben schon erwähnt, darauf zu achten, welche Rolle sie aus der Sicht der Eltern inne haben. Sie können als Lichtblick dienen und somit ebenfalls als Ressource zur Prävention genutzt werden. Wenn sie aber auf Seiten der Eltern eine starke Erinnerung an das verstorbene Kind tragen oder die Angst der Eltern nähren, daß auch dieses Kind ein Suizid begehen wird, sollte zunächst die Rolle des Kindes mit den Eltern besprochen und evtl. vorhandene Suizidgedanken des Kindes geklärt werden.

6.4. Spirituelles

6.4.1. Erlebnisse	Anz. Kn.	≅ %
- zwei Männer mit schwarzem Zylinder reichten die Hand	1	14
- Kind hat gewunken, als wenn es sagen wollte, ich bin so, wie Du es wolltest	1	14

6.4.2. Träume	Anz. Kn.	≅ %
- Kind zwischen zwei schwarz gekleideten Mädchen sagte, es ginge ihr gut	1	14
- Schwester träumt, sie sollte der Mutter sagen, es ginge ihr gut	1	14

6.4.3. Verhältnis zu Gott	Anz. Kn.	≅ %
- beim Tod alle Beziehungen zur Kirche abgebrochen	1	14
- Zweifel an Gott	1	14

Diskussion:

In der ersten Subkategorie ist das Erlebnis einer Mutter zusammengefasst, bei der es sich nicht um einen Traum handelt, sondern um eine andere Art der Wahrnehmung, die die Mutter selber als „Erlebnis" beschrieben hat. Der Grund, dieses wissenschaftlich doch recht fragwürdigen Berichtes in eine eigenen Kategorie aufzunehmen, bestand in der Ähnlichkeit des Inhalts eines Traumes einer anderen Mutter. Daher soll die Thematik zum Vergleich mit anderen Arbeiten hier dargestellt werden. Für die Therapie oder Selbsthilfegruppe ergeben sich zusätzliche beruhigende Aspekte, denen der Verbleib der Kinder nach ihrem Tod durch ihre Botschaft als besser angenommen werden kann, als sie ihn in dieser Welt gehabt hätten.

Als wichtiges Thema stellte sich die Beziehung zu Gott heraus, wobei zunächst kurz nach dem Tod des Kindes eine Distanzierung zum Glauben erfolgt. Diese geschah aus der Frage heraus, warum „Er" den Familien so etwas antun könnte, aber auch die Suche nach einem Schuldigen provozierte diese Haltung zur Kirche. So gab es in einer Familie keinen Grund, kein Zeichen oder präsuizidales Verhalten des Kindes, das die Eltern hätte nachdenklich oder skeptisch machen müssen. Diese Eltern waren in den Jahren nach dem Tod des Kindes auf der Suche nach Gründen, die in ihrem eigenen Verhalten hätten liegen können, mußten sich aber eingestehen, daß sie aufgrund ihrer pädagogischen Berufe einen Blick für auffällige Kinder haben. Ihr Kind zeigte diesbezüglich keine Anzeichen, die ein Auslöser des Suizides hätten sein können. In diesem Fall wurde die Beziehung zu Gott und der Kirche abgebrochen: *„Also letztendlich haben wir dann Gott die Schuld gegeben und haben gesagt: Wenn Du das zulassen kannst, dann kannst Du nicht mein Gott sein"*. (Int.6: Fr. Quer, S.78). Im weiteren Verlauf wurde dann eine Näherung zur Kirche gefunden und diese als starke Stütze erlebt, einerseits durch Gespräche mit Geistlichen, zum anderen durch den Glauben am guten Verbleib des Kindes.

6.5. Persönlichkeit

6.5.0. Entwicklung	Anz. Kn.	≅ %
- sensibler gegenüber Menschen	1	14
- aus der Trauer Kraft geschöpft	1	14
- bewußter Leben	1	14
- Reifung durch Schicksalsschläge	1	14
- Lebenseinstellung nicht mehr materialistisch	1	14

Diskussion:

Die dieser Kategorie zugrunde liegende Frage zielte auf eine Entwicklung des Lebens ab, die die Betroffenen ohne das Erleben der Trauer nicht gemacht hätten. In Kapitel 3 (Explikationen) wurde schon das Für und Wieder dieser Art von Frage ausführlich diskutiert. Die Ergebnisse zeigen, daß von den Eltern insgesamt eine Reifung der Persönlichkeit erfahren wurde. Hauptsächlich sind sie im Umgang mit Menschen sensibler geworden, haben den Fokus des Lebens vom Materialistischen zum Inhaltlichen verändert und sehen im Erleben dieser extremen Trauer auch eine Erfahrung, aus der sie, nachdem sie ihre Dominanz im Leben verloren hat, Kraft schöpfen können. Es sei hier besonders angemerkt, daß keine der am Interview teilnehmenden Personen sich durch die Fragestellung (siehe Anhang) gekränkt oder in seiner Trauer zurückgeworfen fühlte. Teilweise überraschten die Gesprächspartner mit sehr schnellen Antworten, die eine Beschäftigung mit dem Thema „Aus der Trauer Gewinn schöpfen" im Zeitraum vor der Befragung vermuten lassen.

Ergebnisse der Kategorie 7 im Detail:

7. Eigene Theorie über das Begehen des Suizids

7.1. Grund	Anz. Kn.	≅ %
- Verzweiflung	1	14
- Gesellschaft	2	29
- falscher Beruf	1	14
- Alltagsprobleme können nicht der Grund sein	1	14
- jeder trägt dazu bei	1	14
- Veranlagung	1	14
- es kann alles gewesen sein	1	14

7.2. Ideen	Anz. Kn.	≅ %
- Kind hat sehr intensiv gelebt	1	14
- Freitod suggeriert etwas negatives	1	14
- man kann ihnen kein Vorwurf machen	1	14
- die sind vorher schon geistig seelisch weg	1	14
- Kind ist noch präsent	1	14
- hat den Tod lange geplant	1	14

Diskussion:

Zum Schluß interessierten mich die Ideen, die betroffene Eltern über den Suizid im allgemeinen und in bezug auf ihr Kind durch die Jahre hin gesammelt haben. In vielen Fällen wollten die Eltern nach der Tat mehr über das Leben ihrer Kinder und den Suizid und seine Auslöser wissen, nicht zuletzt um Klarheit über die Wirkung des eigenen Handelns im Leben der Kinder zu bekommen. Sie versuchten sich in die Lage des Kindes zu versetzen, indem sie z.B. mit Parasuizidalen sprachen, die ihnen ein Bild von den letzten Stunden vor der Tat geben konnten. Andererseits wurde, wie oben schon erwähnt, versucht, mit Zeugen der Tat zu sprechen, um auf Verhaltensebene deutbare Informationen zu bekommen. Die teilweise recht intensive Auseinandersetzung der Eltern mit dem Suizid im allgemeinen und den ihrer Kinder im Besonderen war die Grundlage der Entscheidung, die Ideen der Eltern in eine Hauptkategorie zu fassen, um sie als Inspiration für die therapeutische Arbeit zu nutzen. Die Aussagen beherbergen insgesamt eine Positivkonnotation verschiedener Aspekte des Suizids, bei denen es als

Außenstehender schwer, ist sie in einem positiven Licht erscheinen zu lassen. Aspekte wie das Leben vor der Tat, der eigentliche Suizid durch „harte" Methoden oder das Verbleiben des Kindes nach dem Tod. Daher scheinen mir diese Theorien als Inspiration therapeutischer Arbeit im Sinne des Refraimings geeignet zu sein. Alles in allem kann ein intensiver Austausch zwischen Therapeuten und Klienten durch das Verstehen der Stellung des Kindes zustande kommen.

Gütekriterien

Will man innerhalb des qualitativen Paradigmas den Nachweis erbringen, daß die gesammelten und ausgewerteten Daten auch Forschungsstandard haben, kann mit Hilfe von Gütekriterien nachgewiesen werden, ob das Konstrukt, das es zu erfassen gilt, auch erfaßt wurde und wie genau dies geschah. Weiterhin sollten andere Forscher in der Lage sein, mit demselben Design annähernd die gleichen Ergebnisse zu erzielen. Diese, aus dem klassischen Paradigma der quantitativen Forschung entstandenen Kriterien können aus Gründen der unterschiedlichen Ausgangspositionen beider Paradigmen, nicht ohne weiteres vom qualitativen auf das quantitative Paradigma übertragen werden. Es entstand eine Diskussion um die Übernahme oder Neuentwicklung von Gütekriterien, auf die später etwas näher eingegangen werden soll (dazu auch LAMNEK 1995, 1995a und MAYRING 2002, 2003).

Ich entschloß mich dem dieser Arbeit zugrundeliegenden Konstrukt „Allgemeines Erleben nach dem Siuizid eines Kindes" durch die sechs Kriterien, wie sie MAYRING (2002) vorschlägt, aufzuzeigen.

Die Punkte, die mir in der Vorüberlegung als wichtig erschienen, sind z.T. im Methodenkapitel schon erwähnt worden, werden aber, um deren Zusammenhang zu den Gütekriterien herauszustellen, z.T. kurz wiederholt.

Die Phänomene „Erklärung" vs. „Nachvollziehen": Das Verhalten der Eltern, ihr Erleben und damit die Beziehung zum Umfeld mit dessen Reaktion zu erklären, ist die Aufgabe dieser Untersuchung, weniger das Verstehen ihrer Empfindungen und Handlungen. Die Beschreibungen der Eltern, wie sie die Trauer im Allgemeinen empfunden haben, und damit die Unmöglichkeit diese Gefühle als Außenstehender zu erfassen, geschweige denn sich in ihre Lage zu versetzen, kann man mit LAMNEKS Worten zusammenfassen: *„Die naturwissenschaftlichen und zum Gegenstand der Analyse gemachten Phänomene müssen eben erklärt werden; verstehen – im Sinne einer Erfassung der „Motivation" – ist nicht möglich"* (LAMNEK 1995, S.14).

Offenheit: Das dem qualitativen Paradigma inhärente Konstrukt der Offenheit dient dem Zuwachs von Aspekten während des Forschungsprozesses. Das beinhaltet eine Möglichkeit der logischen Weiterführung der oben angesprochenen Unmöglichkeit einer motivationalen Erfassung der Betroffenen Rechnung zu tragen. Denn als Außenstehender kann man sich nicht in die Lage der Betroffenen versetzen und somit keinen Anspruch auf Vollständigkeit der Aspekte während der Planung erheben. Eine möglichst hohe Zahl relevanter Aspekte ist eine Voraussetzung für eine hohe Transparenz des Konstruktes. Die Induktion von Aspekten, die aus der oben geschilderten Unmöglichkeit der Erfassung des Erlebens der Eltern resultiert, bietet hier die Möglichkeit, das Defizit durch Einfließen lassen von Erfahrungswerten, auszugleichen.

Kontextgebundenheit bei der Transparenz des Verhaltens: Das Verhalten der Betroffenen soll nicht isoliert analysiert werden. Das Reziproke in der Beziehung zum Umfeld ist unabdingbar für das Verhalten und das Verstehen des Verhaltens aller Betroffenen. Zusätzlich scheint mir der Kontext wichtig, um das hinterfragte Verhalten der Trauer zuzuschreiben. So wurde z.B. eine Therapie nach dem Suizid des Kindes auf der Grundlage einer Schlafstörung begonnen, die bereits vor dem Suizid vorhanden war und, nach Angaben des Interviewpartners, mit der Tat des Kindes nicht in Verbindung stand. Durch das Fehlen des Kontextes hätte dies zwar eine gewisse Transparenz in bezug auf das Aufsuchen eines Therapeuten nach dem Suizid des Kindes versprochen, dies aber nicht das Konstrukt erfaßt um das es in dieser Arbeit geht.

Um ein Gesamtbild des Menschen entstehen zu lassen, der dieses Schicksal gemeistert hat, ist es nach meinem Auffassen nötig, diese Punkte in die Datenerhebung einfließen zu lassen. Die Entscheidung für das qualitative Paradigma fällt hiermit fast von alleine. Dabei ist nun die Frage nach den Gütekriterien, also nach den *„Maßstäben (...), an denen die Qualität der Forschungsergebnisse gemessen werden kann "* (MAYRING 2002, S.140) zu treffen. Wie oben schon erwähnt, gibt es eine ganze Reihe von Gütekriterien, die als Maßstab der qualitativen Forschung vorgeschlagen werden. Ausgehend von den klassischen Kriterien, der Validität, Reliabilität, Objektivität und der Gültigkeit, die für den naturwissenschaftlichen Bereich konzipiert wurden, gibt es Überlegungen, diese Konzeptionen in das qualitative Paradigma zu überführen, wobei zur Diskussion steht, daß beide Paradigmen völlig unterschiedliche Ausgangspositionen haben und eine Übernahme nicht ohne weiteres möglich ist. Anstelle der klassischen Gütekriterien werden durch verschiedene Autoren Konzepte diskutiert, die an deren Stelle eingesetzt werden sollen.

Ich entschloß mich aus Gründen der Selbständigkeit des qualitativen Paradigmas, die von den klassischen, qualitativen Paradigma, unabhängig entstandenen Gütekriterien, wie sie MAYRING (2002) vorschlägt zu nutzen.

Die sechs Gütekriterien nach MAYRING:

Verfahrensdokumentation

Sie verlangt eine genaue Darlegung der Meßtechniken und der verwendeten Instrumente, wie es auch in quantitativen Studien der Fall ist. Darüber hinaus müssen aber auch die auf die Untersuchung angepaßten Verfahrenweisen erläutert werden um ein intersubjektives Nachvollziehen zu ermöglichen.

Im Methoden- und Explikationskapitel wurden die Schritte von der Entstehung der Aspekte, das Ziel der Untersuchung, die wichtigsten Merkmale qualitativer Forschung, die in dieser Untersuchung zum Tragen kamen, die Art der Kontaktaufnahme und das Interview, sowie die Analyse selber ausführlich besprochen. Im Anhang können die einzelnen Analyseschritte anhand der fortlaufenden Nummern (ftl. Nr.) verfolgt werden. Ebenfalls sind die Transkriptionsregeln dort zu finden. Die Ergebnisse der Untersuchung sind im Ergebnisteil diskutiv dargestellt.

Argumentative Interpretationsabsicherung, Nähe zum Gegenstand und Triangulation.

Argumentative Interpretation teilt MAYRING in drei Punkten auf:

Vorverständnis muß adäquat sein:

Das Thema Suizid hat auf die Menschen einen besonderen Reiz. Obwohl wenig Information über suizidales Verhalten bekannt ist, reagierten Menschen auf diese Thematik mir gegenüber neugierig und gesprächsbereit. Das machte einen reichhaltigen Austausch mit nicht nur betroffenen Menschen möglich. In vielen Gesprächen stellte sich als Grund der Neugier, eigene Betroffenheit als Angehöriger oder Parasuizidaler heraus. Hier konnte ich die Reaktion meiner Gesprächspartner zur Generierung und Selektion verschiedener Aspekte nutzen. Endgültige Klarheit über die festgelegten Aspekte, die im Interview zur Sprache kommen sollten, brachte die Literatur in den schon erwähnten Berichten betroffener Eltern (IDE 1988, BÖHLE 1996, SALZBRENNER 1996, OTZELBERGER 2002, VERWAISTE ELTERN 2003), durch die ich eine Bestätigung der zu hinterfragenden Aspekte erfuhr. Dazu kamen mehrfachen Diskussionen im Forschungskolloquium.

Interpretation muß schlüssig sein.
Die Schlüssigkeit der Interpretation kann im Ergebniskapitel verfolgt werden. Besonderen Wert legte ich auf das Übernehmen von direkten Aussagen in den ersten Analyseschritten um eine große Nähe zum Untersuchungsgegenstand zu bewahren. Mein Eingreifen in die Äußerungen der Interviewteilnehmer bestand, wenn möglich bis zum 3. Analyseschritt (siehe Anhang) nur aus der Reduktion der Sätze bei erhalt des Sinns, soweit dieser durch die einzelnen Analyseschritte nicht mehr erkennbar war. Brüche oder Widersprüche werden in der Diskussion besprochen.

Alternativdeutungen müssen erklärt werden
Um eine Interpretation des Inhalts meinerseits zu umgehen, ließ ich im Interview die für den Gesprächspartner selbstverständlich erscheinenden, dem Inhalt nach aber breitgefächerte Interpretationsmöglichkeit besitzenden Begriffe durch eine Bitte nach Erklärung mit seinem Inhalt füllen. Alternative Deutungen konnte ich weitestgehend vermeiden.

Regelgeleitetheit
Die Regeln des Vorgehens sind dem Kapiteln „Methoden" und „Explikation" zu entnehmen. Transkriptregeln und der Interviewleitfaden finden sich im Anhang.

Kommunikative Validierung
Auf die kommunikative Validierung mußte aus zeitlichen Gründen verzichtet werden. Es wurde vereinbart, nach der Beendigung ein Exemplar dieser Arbeit den jeweiligen Eltern, mit Bitte um eine Rückmeldung, zu Verfügung zu stellen.

Stichprobengröße
Auch die Stichprobengröße wurde schon im Kapitel Explikation angesprochen. Die prozentuale Verteilung von Aussagen hat im qualitativen Paradigma, wenn überhaupt nur tendenziellen Charakter. Es sei angemerkt, daß das Ziel der qualitativen Untersuchung nicht darin besteht, statistisch gesicherte Aussagen zu liefern, die mit umfangreichen Stichprobegröße abgesichert werden können. *„Es interessiert weniger, wie ein Problem statistisch verteilt ist, sondern welche Probleme es tatsächlich gibt und wie sie beschaffen sind."* (WIEDEMANN zitiert nach LAMNEK 1995, S. 194).

Eine Festlegung der Stichprobengröße vor Beginn der Untersuchung wird in dem qualitativen Paradigma ebenfalls nicht vorgenommen, vielmehr wird der Prozeßhaftigkeit das Kumulieren von Probanden dergestalt überlassen, daß der Zuwachs an neuen Interviewpartnern gestoppt werden kann, wenn eine „*theoretische Sättigung*" (GLASER & STRAUSS zitiert nach LAMNEK 1995, S. 195) eingetreten ist. Diese Sättigung bezieht sich in der vorliegenden Arbeit zum einen auf das Generieren induktiver Kategorien und zum anderen auf die Differenziertheit der Aspekte. Es stellte sich heraus, daß die beiden induktiv gebildeten Subkategorien „Verlauf" und „Eigene Theorien über das Begehen von Suizid" unter diese Thematik fallen. Die Kategorie „Verlauf" bildete sich erst nach Abschluß der Gespräche in der Analyse als Subkategorie heraus und konnte demnach nicht als Indikator des theoretischen Sättigungsgrades und damit zur Eingrenzung der Probandenzahl bestimmend sein. Anders sah es bei der Kategorie „Eigene Ideen über das Begehen von Suizid" aus. Wie der Tabelle 4 (Kapitel 8, S.75) zu entnehmen ist, tätigte bereits die erste Gesprächspartnerin Aussagen zu diesem Themenbereich, so daß sie den Initialreiz zur Kategorienbildung gab. Die sich anschließenden Probanden äußerten sich ebenfalls dazu. Innerhalb der folgenden Gespräche gab es keinen definierten Anlaß (siehe Kapitel Explikation) zur Induktion weiterer Kategorien. Es bleibt Gegenstand der Diskussion, ob eine Probandenzahl dieser Größe sich sättigend auf die Kategorienbildung ausübt.

Bleibt zu bemerken, daß die Differenzierung der Aspekte mit einer höheren Interviewzahl wahrscheinlich hätte gesteigert werden können und dies auch wünschenswert wäre, daß aber die wichtigsten Aspekte, die das Leben der Angehörigen suizidaler Menschen bestimmen erfaßt wurden und sich durch ihre Aussagen ein detailreiches Bild ihres Lebens im Ergebnisteil darstellt.

Abschlußbemerkung und Aussichten

„Die Literatur über selbsttötendes Verhalten ist unüberschaubar und es gibt wohl kaum Aspekte hinzuzufügen, die wirklich neu wären."

LAUTERBACH (1996, S. 46).

Im Ergebniskapitel versuchte ich dem Ziel dieser Arbeit, einer Transparenz des Lebens von Eltern, nachdem sie ein Kind durch Suizid verloren haben, so nah wie möglich zu kommen, und zeichnete im Verlauf der Arbeit ein Bild des postsuizidalen Forschungsstandes, das ganz im Gegensatz zu den Erfahrungen von LAUTERBACH im praesuizidalen Bereich steht. Dieses Bild des defizitären Informationsstandes soll hier als Anregung dienen einen Ausblick zu gestalten, der die Personen anspricht, die im Umfeld des Suizidenten zu finden sind.

Es wurden verschiedene Lebensbereiche von den Eltern aus ihrer Sicht beschrieben. Was sich schon während der Literaturrecherche als Forschungsdefizit herausstellte, fand in der Praxis seine Bestätigung: der Mangel an Wissen über das Leben dieser Menschen.

War es für mich schon nicht möglich *Forschungs*literatur zu finden, die sich mit dem Leben der Eltern nach dem Suizid beschäftigt, war es für die Eltern ebenfalls unmöglich einen Therapeuten zu finden, der auf diesem Gebiet Erfahrung hat und ihnen damit eine Stütze sein konnte, in dem er ihr Verhalten akzeptiert und antizipiert, um sie auf die jeweiligen Abschnitten ihrer Trauer vorzubereiten.

Es stellte sich heraus, daß schon das Thema „Abschiednehmen" bei den durch meine Gesprächspartner frequentierten Therapeuten gänzlich defizitär war. Dies scheint aber kein Einzelfall der Psychologie zu sein, wird doch dem gesamten sozialen Bereich (Berater, Ärzte, Pfarrer, Psychologen) von einigen Eltern ein Mangel an Wissen und damit fehlende Einfühlsamkeit gegenüber den Klienten bescheinigt. Hier ist es zunächst die Aufgabe der Therapeuten sich über Abschiednehmen und Trauerarbeit zu informieren. Wünschenswert wären die Entwicklung von Theorien oder Konzepten, die ein Fortbildung von Therapeuten zugrunde gelegt werden kann.

Neben der Weiterbildung in Sachen Abschied, Trauer und Umgang mit trauernden Menschen scheint der gesamte soziale und emotionale Kontext betroffener Menschen wenig untersucht.

Vorrangig wäre hier die Frage nach den Familienmitgliedern und Freunden, die sich, wie in der Arbeit gesehen, in vielen Fällen von den Betroffenen zurückziehen. In der

Therapie oder in Seminaren könnten Konzepte mit Eltern entwickelt werden, wie dem Schwund an Freunden und am gesamten sozialen Umfeld entgegengewirkt werden kann. Öffentlichkeitsarbeit ist hier als produktive Maßnahme genannt worden, wobei nicht nur das Organisieren von Veranstaltungen in der eigenen Gemeinde gemeint ist, sondern auch das Trainieren vom Anbieten eines Gesprächs durch den Betroffenen an die ihn umgebenden Menschen. Dabei ist ein Verständnis der Eltern bezüglich des Verhaltens des Umfeldes durchaus vorhanden und bildet eine gute Basis den Erhalt dieser Beziehungen zu sichern oder, wenn dies nicht möglich ist, den Aufbau anderer Netzwerke zu versuchen.

Dabei spielt zunächst der engste Familienkreis eine wichtige Rolle. Daß Ehen betroffener Eltern in großer Zahl scheitern, ist in dieser Arbeit ebenfalls bereits angeklungen, wobei ich die Auffassung vertrete, daß ein Scheitern der Ehe nicht ausschließlich am Verlust des Kindes, sondern auch an der unterschiedlichen Trauerarbeit beider Ehepartner liegt. Mangelnde Kommunikation und mangeldes Wissen kann Unverständnis hervorrufen.

Hier liegen weitere Chancen, ein sehr wichtiges Netzwerk, die Ehe, zu erhalten, indem Therapeuten die Trauerarbeit des Partners zum Thema machen, und das Thema Tod im Kontext der gesamten Familie betrachten.

Ebenfalls im engeren Familienkreis können sich Geschwisterkinder befinden. Hier wäre es wichtig, wie in der Arbeit auch schon angeklungen, ihre Stellung bei den Eltern zu eruiren. In vielen Fällen erleiden diese Kinder nicht nur den Verlust des Bruders oder der Schwester, sondern auch noch den der Eltern. Denn diese sind nach dem Tod sehr oft damit beschäftigt, ihr eigenes Leben zu organisieren. Je nach Alter des Geschwisterkindes kann dies zu sich verselbstständigenden Problemen im Alltag und der Entwicklung beim Kind führen. Abhängig vom Alter des Geschwisterkindes sind hier Schulen und Lehrer gefragt, dem Geschwisterkind den Wiedereinstieg in das Schul- oder Vereinsleben zu ermöglichen. Hier können neben den Präventivfortbildungen Seminare über den Umgang mit Suizid im Klassenkreis allgemein als auch zur Hilfe von Geschwisterkindern genutzt werden.

Sehen Eltern das Geschwisterkind als ihr Anker im Leben und nicht als Gefahrenquelle eines zweiten Verlustes, so sind zwei schwerwiegende Problem gelöst, zum einen daß das Kind wieder Raum im Leben der Eltern einnimmt und damit nicht zwei Verluste zu verkraften hat und zum anderen, daß das Kind durch seine Präsenz die Suizidgefährdung der Eltern, vor allem der Mutter, maßgeblich reduziert.

Abschlußbemerkung und Aussichten

Zusammenfassend kann man sagen, daß das Wissen über das Leben von Menschen nach dem Suizid ganz am Anfang steht und es nicht nur mit Informationsgewinnung und -verteilung getan ist. Wie im theoretischen Teil dieser Arbeit schon beschrieben, fehlen durch das Tabuisieren des Themas die kulturellen Richtlinien, die ein Verhalten von Außenstehenden gegenüber Betroffenen definieren. Die Informationsverbreitung ist aber zunächst der beste Ansatz, das Thema Suizid aus dem Tabubereich heraus zuholen um den betroffenen Eltern zu helfen. Viele von ihnen sind nur zu gern bereit, diese Arbeiten zu unterstützen.

Danksagung:

Zum Schluß möchte ich noch all den Menschen meinen Dank sagen, die es mir ermöglichten, diese Arbeit entstehen zu lassen.

Allen voran natürlich den sieben Eltern, die sich bereit erklärten, an einem Gespräch teilzunehmen, und sich damit sehr unbürokratisch über die Forschererwartungen hinwegsetzten, und die mir jeder für sich zeigten, was eine starke Persönlichkeit eigentlich ist. Ebenfalls gebührt den Dachorganisationen AGUS (Angehörige um Suizid) und VERWAISTE ELTERN Dank, ohne deren schnelle und unbürokratische Vermittlung ich diese Arbeit schon als vorzeitig beendet ansah, und die mir den Kontakt mit lokalen Gruppen ermöglichten.

Auch das Forschungskolloquium soll hier erwähnt werden, da es mir den Rahmen bot, meine Ideen vorzustellen, und durch ihre Meinungen als Außenstehende mir die Möglichkeit gaben, meine Ideen der „Realität" wieder anzupassen.

Bedanken möchte ich mich auch bei PD Dr. Arist von Schlippe und Prof. Jürgen Kriz, die sich zu Beginn dieser Arbeit als sehr interessiert und im Verlauf als konstruktive Gesprächspartner gezeigt haben, die mir die passende Unterstützung mit viel Raum für meine Ideen boten.

Literatur:

Adler, A. (1928). Drei Beiträge zum Problem des Schülerselbstmords. In: Adler, A. & Furtmüller, A. (Eds.), Heilen und Bilden. München, Bergmann. pp. 206 – 211.

Améry, J. (1976). Hand an sich legen. Diskurs über den Freitod. Stuttgart: Ernst Klett.

Andersen, T. (1997). Steigerung der Sensitivität des Therapeuten durch einen gemeinsamen Forschungsprozess von Klienten und Therapeuten. Zeitschrift für Systemische Therapie 15(3).

Baumeister, R. F. & Schütz, A. (1997). Das tragische Paradoxon selbstschädigenden Verhaltens: Mythos und Realität. Psychologische Rundschau 48, pp. 67-83.

Biener, K. & Burger, C. (1976). Selbstmordversuche und Abschiedsbriefe Jugendlicher. Nervenarzt 47, pp. 179-185.

Bondy, F., Frenzel, I., Kaiser, J., Kopelew, L. & Spiel, H. (Eds.) (1995). Harenberg Lexikon der Weltliteratur. Autoren – Werke – Begriffe. Dortmund: Harenberg

Böhle, S. (1996). Damit die Trauer Worte findet. Gespräche mit zurückbleibenden nach einem Suizid. München: dtv.

Boxbücher, M. & Egidi, K. (1996). Von der Krisenintervention zur Krisenbegleitung – Eine systemisch-konstruktivistische Perspektive. In: Egidi. K. & Boxbücher, M. (Eds.) Systemische Krisenintervention. Tübingen, DGVT

Bronisch, T. (1999). Der Suizid. München: C.H. Beck.

Brosius, H.-B. & Koschel, F. (2001). Methoden der empirischen Kommunikationsforschung. Eine Einführung. Wiesbaden. Westdeutscher Verlag.

Cècile & Ernst, K. (2000). Ungenügende Gutachten. Kritik am assistierten Suizid in Alters- und Krankenheimen. Suizidprophylaxe, 27(4), pp. 123-124.

Comer, R. J. (1995). Klinische Psychologie. Heidelberg: Spektrum.

Dickhaut, H. (1995). Selbstmord bei Kindern und Jugendlichen. Ein Handbuch für helfende Berufe und Eltern. Weinheim: Beltz.

Durkheim, E. (1987). Der Selbstmord. Frankfurt a. M.: Suhrkamp.

Fiedler, G. (2002). Suizid, Suizidversuche und Suizidalität in Deutschland. Daten und Fakten. www.suicidology.de/online-text/daten.pdf

Fiedler, P. (1997). Persönlichkeitsstörungen. Weinheim: Beltz.

Foerster, H. v. & Pörksen, B. (2001). Wahrheit ist die Erfindung eines Lügners. Gespräche für Skeptiker. Heidelberg: Carl-Auer-Systeme Verlag.

Freud, S. (1909-1913). Schlußwort der Selbstmord-Diskussion. Gesammelte Werke, (Bd. 8). Frankfurt: Fischer.

Freud, S. (1913). Trauer und Melancholie. Gesammelte Werke. Gesammelte Werke. (Bd. 10). Frankfurt: Fischer.

Haennel, T. (1989). Suizidhandlungen. Neue Aspekte aus der Suizidologie. Berlin: Springer.

Helferich, Ch. (1998). Geschichte der Philosophie. Von den Anfängen bis zur Gegenwart und östliches Denken. München: DTV.

Hendin, H. (1963). The psychodynamic of suicide. The journal of mental desease: a journal of human behavior, 136, pp. 236-244.

Henseler, H. (1974). Narzistische Kriesen. Zur Psychodynamik des Selbstmords. Reinbek: Rowohlt.

Henslin, M. H. (1973). Selbstmord und die „signifikanten anderen". In: Steinert, H. (Ed.), Symbolische Interaktion. Stuttgart: Ernst Klett, pp. 88-100.

Hömmen, Ch. (1989). Mal sehen, ob ihr mich vermißt. Menschen in Lebensgefahr. Reinbek: Hamburg: rororo (Rotfuchs).

Ide, H. (1988). Mein Kind ist tot. Trauerarbeit in einer Selbsthilfegruppe. Reinbeck:: Rowohlt.

Isometsä, E. T. & Lönnqvist, J. K. (1997). Suicide in mood disorders. In: Botsis, A.J. Soldatos, C. R. and Stefanis, C. N. (Eds.), Suicide: Biopsychosocial Approaches. (pp. 33-46) Amsterdam: Elsevier.

Jamison, K. R. (2000). Wenn es dunkel wird. Zum Verständnis des Selbstmordes. Berlin: Siedler.

Jost, A. (2000). Zeitstörungen. Vom Umgang mit Zeit in Psychiatrie und Alltag. Bonn: Psychiatrie-Verlag.

Kast, V. (1977). Trauern. Phasen und Chancen des psychischen Prozesses. Stuttgart: Kreuz Verlag.

Kelleher, M. J., Keeley, H. S., Chambers, D. & Corcoran, P. (2000a). Suizid. In: Helmchen, H., Henn, F., Lauter, H. & Sartorius, N. (Eds.), Psychiatrie der Gegenwart. Erlebens und Verhaltensstörungen, Abhängigkeit und Suizid. pp. 227-245, (6), Berlin: Springer.

Kelleher, M. J., Keeley, H. S., Lawlor, D., Chambers, C., McAuliffe, C. & Corcoran, P. (2000). Parasuizid. In: Helmchen, H., Henn, F., Lauter, H. & Sartorius, N. (Eds.), Psychiatrie der Gegenwart. Erlebens- und Verhaltensstörungen, Abhängigkeit und Suizid. pp. 248-272, (6), Berlin: Springer.

Kontaxakis, V. P. & Christodoulou, G. N. (1997). Attempted Suicide by violent methods. In: Botsis, A. J., Soldatos, C. R. & Stefanis, C. N. (Eds.), Suicide: Biopsychosocial Approaches (x. Aufl., pp. 187-191). Amsterdam: Elsevier.

Kreitmann, N., Smith, P. & Tan, E.-S. (1970). Attempt Suicide as a Language: An Empirical Study. Brit. J. Psychiat. 116, pp. 465-473.

Kriz, J. (1997). Systemtheorie. Eine Einführung für Psychotherapeuten, Psychologen und Mediziner. Wien: Facultas.

Kübler-Ross, E. (1983). Kinder und Tod. Zürich, Kreuz Verlag.

Kuhl, J. (2001). Interaktion psychischer Systeme. Göttingen: Hogrefe.

Lamnek, S. (1995a). Qualitative Sozialforschung. Band 2: Methoden und Techniken. Weinheim, Psychologische Verlagsunion.

Lamnek, S. (1995). Qualitative Sozialforschung. Band 1: Methodologie. Weinheim, Psychologische Verlagsunion.

Lauterbach, M. (1996). Systemische Aspekte von selbsttötendem Verhalten. In: Egidi. K. & Boxbücher, M. (Eds.) Systemische Krisenintervention. Tübingen: DGVT.

Leenars A. A. & Diekstra, R. F. W. (1997). The will to die: an international perspective. In:. Botsis, A. J., Soldatos, C. R. & Stefanis, C. N. (Eds.), Suicide: Biopsychosocial Approaches. (x. Aufl., pp. 241-256). Amsterdam: Elsevier.

Mayring, P. (2002). Einführung in die Qualitative Sozialforschung. Weinheim und Basel: Beltz.

Mayring. P. (2003). Qualitative Inhaltsanalyse. Grundlagen und Techniken. Weinheim und Basel: Beltz.

Nissen, G. (1989). Suizidversuche und Suizid. In: Eggers, C., Lempp, R., Nissen, G. & Strunk, P. (Eds.), Kinder- und Jugendpsychiatrie. Berlin: Springer.

Omer, H. & Elizur, A. (1999). Was sagt man dem Menschen auf dem Dach? Ein Text für die Verhinderung des Suizids. Unveröff. Mauskript.

Omer, H. & Schlippe. A. v. (2002). Autorität ohne Gewalt. Coaching für Eltern von Kindern mit Verhaltensproblemen. „Elterliche Präsenz" als systemisches Konzept. Göttingen: Vandenhoeck & Ruprecht.

Orbach, I. (1997). Kinder die nicht leben wollen. Göttingen: Sammlung Vandenhoeck.

Otzelberger, M. (2002). Suizid. Das Trauma der Hinterbliebenen. Erfahrungen und Auswege. München: dtv.

Resnik, H. L. P. (1991). Suizid. In: Freedman, A. M., Kaplan, B. J., Sadock, B. J. und Peters U. H. (Eds.) Psychiatrie in Praxis und Klinik. Psychiatrische Probleme der Gegenwart. pp. 243-263. Stuttgart: Thieme.

Ringel, E. (1978). Das Leben wegwerfen? Reflexion über Selbstmord. Wien: Herder.

Ringel, E. (1998). Selbstmord. Appell an die Anderen. Gütersloh: Kaiser.

Rosenbaum, M. D. & Richman, J. (1970). Suicide: The Role of Hostilitiy and Death Wishes from the Family and significant Others. Amer. J. Psychiat. 126, pp. 128-130.

Saathoff, M. (1998). Suizid im Jugendalter. Diplomarbeit zur Abschlußprüfung an der Fachhochschule Ostfriesland zum Diplom-Sozialarbeiter/ Sozialpädagogen, Emden.

Salzbrenner, R. (2000). Trauern und Leben – Erfahrungen einer Mutter nach dem Suizid ihres Sohnes. Erlangen: Selbstverlag.

Schaller, S. & Schmidtke, A. (1988). Suizidales Verhalten und Broken Home. Kritische Bewertung einer „Ursachenhypothese". Z. Kinder- Jugendpsychiatr. 16, pp. 87-98.

Schell, M. (1996). Krisenintervention bei Suizidgefährdung von Kindern und Jugendlichen. In: Egidi. K. & Boxbücher, M. (Eds.) Systemische Krisenintervention. Tübingen: DGVT.

Schiff, H., S. (1977). Verwaiste Eltern. Stuttgart: Kreuz Verlag.

Schleiffer, R. (1979). Suizidhandlung als Familientradition. Z. Kinder- und Jugendpsychiat. 7, pp. 208-218.

Schleiffer, R. (1995). Selbsttötung als Versuch der Selbstrettung. Zur Funktion suizidaler Handlungen bei Jugendlichen. System Familie 8, pp. 243-254.

Schlippe, A. v. & Schweitzer, J. (1996). Lehrbuch der systemischen Therapie und Beratung. Göttingen: Vandenhoeck & Ruprecht.

Schönfelder, H. (2002). Deutsche Gesetze. Sammlung des Zivil-, Straf- und Verfahrensrechts. München: C.H. Beck.

Schulz von Thun, F. (1989). Miteinander reden 1. Augsburg: Bechtermünz.

Schulz von Thun, F. (1989a). Miteinander reden 2. Stile Werte und Persönlichkeitsentwicklung. Differentielle Psychologie der Kommunikation. Augsburg: Bechtermünz.

Shneidman, E. (1985). Definition of Suicide. New York: Wiley.

Simon, F. B. & Rech-Simon, Ch. (2001). Zirkuläres Fragen. Systemische Therapie in Fallbeispielen: Ein Lehrbuch. Heidelberg: Carl-Auer-Systeme

Soldatos, C. R. (1997). Physical illness and suicide: the facts. In: Botsis A. J., Soldatos C. R & Stefanis C. N. (Eds.), Suicide: Biopsychosocial Approaches. (x. Aufl., pp. 65-70). Amsterdam: Elsevier.

Stengel, E. (1969). Selbstmord und Selbstmordversuch. Stuttgard: Fischer.

Tröndle, H. (1997). Strafgesetzbuch und Nebengesetze. München: C.H. Beck.

Verweiste Eltern (2002). http://www.Veid.de.

Vogtmeier, M. (1990). Selbstmord und Familie. System Familie 3, pp. 37-46.

Watzlawick, P., Beavin, J. H. & Jackson, D. D. (1974). Menschliche Kommunikation. Formen, Störungen, Paradoxien. Bern, Stuttgart, Wien: Hans Huber

Wienforth, J. (1985). Suizidalität und Weitergabe von Todeserlebnissen in der Familie. Zschr. Psychosom. Med. 31, pp. 365-379.

Anhangsübersicht

Anhang A – Kodierleitfaden der Transkripte
Handout: Interviewfragen für den Gesprächspartner: 124
Transkriptionsregeln 125

Anhang B – Ergebnisse
1. Intrapersonel 127
1.1. Gedanken 127
1.2. Gefühle 129

2. Beziehung zum Kind 131
2.1. damals 131
2.2. heute 132

3. Eigeninitiative 133

4. Hilfe 136
4.1. Therapeut 136
4.2. Selbsthilfegruppe 139
4.3. Alltag bewältigen 142

5. soziales Umfeld 145
5.1. erlebtes Verhalten der Umwelt 145
5.2. Ideen über das Verhalten der Umwelt 148
5.3. Eigeninitiative 149

6. Verlauf 150
6.1. generelle Aussagen 150
6.2. direkte Zeitangabe 154
6.3. eigene Suizidgefährdung 156
6.4. spirituelle Erlebnisse 157
6.5. Persönlichkeit 158

7. Eigene Theorien über das Begehen von Suizid 159

Anhang – Inhalt

Anhang C – Zweiter und dritter Schritt der Analyse

1. Intrapersonel	**160**
1.1. Gedanken	160
1.2. Gefühle	161
2. Beziehung	**162**
2.1. damals	162
2.2. heute	163
3. Eigeninitiative	**164**
4. Hilfe	**166**
4.1. Therapeut	166
4.2. Selbsthilfegruppe	169
4.3. Alltag	172
5. Soziales Umfeld	**175**
5.1. erlebtes Verhalten	175
5.2. Ideen über das Verhalten	178
5.3. Eigeninitiative	180
6. Verlauf	**181**
6.1. generelle Aussagen	181
6.2. direkte Zeitangabe	185
6.3. eigene Suizidgefährdung	187
6.4. Spirituelles	188
6.5. Persönlichkeit	189
7. Eigene Ideen über das Begehen von Suizid	**190**

Handout: Interviewfragen für den Gesprächspartner:

Interviewfragen:

1) Was hat Ihnen in dieser Zeit am meisten geholfen?

2) Was haben (hätten) Sie damals vom Therapeuten erwartet? Was hätten Sie gebraucht?

3) Wie haben Sie die Beziehung zu ihrem Kind damals eingeschätzt, wie schätzen Sie die Beziehung heute ein?

4) Welches Verhalten der Mitmenschen gab es Ihnen gegenüber? Haben Sie eine Idee, warum sich die Menschen so verhalten haben?

5) Bei einigen wenigen Menschen gab es trotz oder gerade wegen der schweren Zeit die sie erlebt haben etwas, daß sie als gut beschreiben würden. Haben Sie rückblickend etwas ähnliches erlebt?

Anhang A

Transkiptionsregeln:

1) Es handelt sich um eine kommentierte Transkription mit Übertragung in normales Schriftdeutsch (MEYRING 2002): d.h.
   a. Wort und Satzwiederholungen werden mitgeschrieben, da sie ein Indiz der emotionalen Erregbarkeit oder dem Suchen nach umschreiben eines bestimmten Sachverhaltes dienen können
   b. der Dialekt wird bereinigt (MEYRING 2002)
   c. Satzbaufehler werden behoben (MEYRING 2002)
   d. Der Stil wird geglättet (MEYRING 2002)
      i. Ähh's werde aufgrund der Lesbarkeit nicht mit übernommen.
2) Kommentare die eine nonverbalen Kommunikation verdeutlichen sollen, werden im laufenden Text und immer kursiv in Klammern angegeben.
   a. Bei längeren Pausen z.B., werden diese durch (*Pause*) angezeigt.
   b. Ist der Hintergrund ein anderer als der eines längeren Überlegens, also der Suche nach Umschreibungen oder Erklärungen, wird dies ebenfalls in der Klammer mit angezeigt (*Pause: muß sich übergeben!*)
3) Auffälligkeiten, wie Weinen, Lachen, holen von Bildern der Kinder oder anderen Objekten, benutzen von Taschentüchern werden ebenfalls durch Klammern mit den entsprechenden Kommentaren kenntlich gemacht: (*lacht*).
4) Die Interjektion des Interviewers sind immer zustimmend oder verstehend gemeint. Ein Zusatz: R.H. ...hmm. (*zustimmend*) erübrigt sich aus diesem Grund.
5) Für den Interviewer werden seine Initialen an den Zeilenrand gestellt, für den Interviewpartner wird das Pseudonym an den Zeilenrand gestellt. Ein Aussage über mehrere Zeilen beginnt jeweils unter der Ersten.
6) Der Zeilenabstand ist einzeilig.
7) Aus Gründen der Lesbarkeit sind die Namenssymbole mit Arial, Größe 9 und die Textschrift- mit Times New Roman, Größe 11 geschrieben.
8) „–" steht für einen Gedankenumbruch, der Mitten im Satz erfolgt und der dem Satz aus seinem bisherigem Verlauf wirft und eine völlig neue Richtung gibt.
9) [...] steht für nicht verstandene Textstellen
10) --- Steht für unkenntlich gemachte Namen von Instituten oder Arbeitgebern, für die sich aus dem Sinn heraus keine Pseudonyme finden lassen. Es ergibt sich folgendes

11) Ist der Sinn des Aspektes in seiner Abschrift nicht zu erkennen, wird der fehlende, sich aus dem Kontext ergebende Sinn in Klammern, kursiv eingebaut.

„der Einstieg (*in die Arbeit*) wird immer schwieriger."

12) Analyse des Textes: Der Text wurde i zwei Abschnittengelesen
   a. Ausfiltern der Antworten des Gesprächspartners, die durch den Interviewer induziert wurden (Versuchsleitereffekt). Z.B.:

R.H. …hmm. Da kommt nach `nem dreiviertel Jahr alles zusammen. Die Freunde sind endgültig weg und in dem Augenblick ist der Knick nach unten.
Frau Franjo Genau! <u>Und dann kommt ein ganz tiefer Knick nach unten</u> und das bestätigen in der Regel auch immer wieder Eltern nach einem dreiviertel Jahr, daß dann auf einmal so dies ganz, noch`n ganz tiefes kommt.

   b. Beim extrahieren der Textpassagen wurden nur die Antworten gelesen um möglichst Fragmente mit Sinnzusammenhang aus dem Text zu entnehmen

13) Es werden nur Erlebnisse, die selber erlebt wurden als Aspekt gewertet Erfahrungen über Dritte fallen aus dieser Bewertung raus. Z.B.:

Frau Franjo Es kann nur helfen. Also ich kenne viele Eltern, die damit nachher, im nachhinein ganz, ganz schlimm kämpfen, weil irgendjemand gesagt hat: „Mach es nicht, behalt ihn so in Erinnerung, wie Du es hattest und…

Tabelle 1: Ergebnisse der Kategorie 1

1. Intrapersonel

1.1. Gedanken

ftl. Nr.		Int. Nr. (Seite)	Name
1	Warum hat er das gemacht	1(4)	Fr. Franjo
2	..der Vorwurf vielleicht, daß wir nicht vehement genug gewesen sind.	1(4)	Fr. Franjo
3	...ja, die ersten Frage, eben „Warum?"	1(4)	Fr. Franjo
4	Was hätte ich tun können?	1(16)	Fr. Franjo
5	...an den Suizid von Bernd gedacht.	1(5)	Fr. Franjo
6	Und dann immer die Kreisgedanken um die Schuld	1(5)	Fr. Franjo
7	Ich hab dann auch ganz doll an den Lockführer gedacht, was der wohl gedacht hat?	1(26)	Fr. Franjo
8	Was hätte man noch tun können? Was hätte man noch machen können um ihr zu helfen?	2(32)	Fr. Löhmann
9	...sie ist immer wieder da.	2(33)	Fr. Löhmann
10	Wenn sie nur (zur Therapie) gegangen wär, denk ich immer, wenn sie es nur gemacht hätte!	2(37)	Fr. Ewald
11	Ich denke ich hätte vielleicht vieles anders machen müssen.	4(57)	Fr. Ewald
12	Wir haben immer nach dem „Warum?" gefragt aber das werden wir ja nie rauskriegen.	4(60)	Fr. Ewald
13	In den ersten 5-6 Jahren: Warum Britta das eigentlich gemacht hat.	4(60)	Fr. Ewald
14	Das ist immer wieder an Britta denke. Das sie nicht mehr da ist.	4(60)	Fr. Ewald
15	Nach und nach kommt auch mal der Gedanke: Britta hat auch mal eine Tür geknallt, wenn sie wütend war.	4(71)	Fr. Ewald
16	Warum hab ich mich da nicht hingesetzt und mit ihr gesprochen und geredet? Und gesagt: Britta, ich hab mir Gedanken gemacht, dir könnte was passiert sein.	4(71)	Fr. Ewald
17	Das waren dann so Schuldgefühle. Was habe ich falsch gemacht? Was habe ich nicht anders erzogen? Warum habe ich sie nicht lebensfähiger gemacht?	4(71)	Fr. Ewald
18	Warum habe ich nicht mehr geben können?	5(76)	Fr. Quer
19	Das kann man nicht so als einzelne Gedanken sagen. Dieses ganze Schuldenpaket geht da rauf und runter. Was habe ich versäumt in der Zeit, als sie kleine Kinder waren? Dann als sie 14 war bin ich wieder angefangen zu arbeiten, hat das dazu beigetragen? Die Trennung von ihrem Vater, hat das eine Rolle gespielt?	5(78)	Fr. Quer
20	Ich dachte: "Die Depression hab ich ihr mitgegeben. (Ich) weiß, dass ich das während der Schwangerschaft massiv hatte.	5(80)	Fr. Quer
21	Die waren immer sehr unterschiedlich. Ich glaub das waren verschieden Phasen. Von Wut auf Frederik, Unverständnis, daß er das getan hat, bis zur Hilflosigkeit mit der Frage: Warum hat er das eigentlich getan? Auch verletzt sein, verbittert sein.	7(96)	Fr. Gering
22	Dieses „Warum tut er so was?" Warum macht er eine Wendung von 180° und geht zur Eisenbahn?	7(108)	Hr. gering

Anhang B - Ergebnisse

Tabelle 2: Ergebnisse der Kategorie 1 (Fortsetzung)

1. Intrapersonel

1.1. Gedanken

ftl. Nr.		Int. Nr. (Seite)	Name
23	Warum tut er so etwas oder zieht das so durch, zumal er uns von seinem Verhalten nie eine Möglichkeit gegeben hat, über etwas nachzudenken.	7(109)	Hr. Gering
24	Ich könnte vielleicht auch sagen, daß ich nicht so gefühlsbetont bin wie andere. Ich geh da im grundegenommen etwas sachlicher ran.	7(109)	Hr. Gering

Tabelle 3: Ergebnisse der Kategorie 1 (Fortsetzung)

1. Intrapersonel

1.2. Gefühle

lfd. Nr.		Int. Nr.	Name
25	Ich kann ihn nur beschreiben, als ein Weg durch die Hölle.	1(1)	Fr. Franjo
26	Dazu kam die Sehnsucht nach ihm.	1(1)	Fr. Franjo
27	Depression.	1(1)	Fr. Franjo
28	...was immer in unendlichen Schmerzen verfallen ist.	1(5)	Fr. Franjo
29	Depressionen, ganz schlimme Depressionen.	1(5)	Fr. Franjo
30	Das kann sich kein Mensch vorstellen, wie das wirklich geht.	1(16)	Fr. Franjo
31	...daß ist so, daß wir das einfach leichter gehabt haben, weil wir nicht dementsprechend so viele Schuldgefühle gehabt haben, daß ich sie manchmal umarmen möchte.	2(32)	Fr. Löhmann
32	Das Gefühl, das Britta nicht mehr da ist, daß ich sie manchmal umarmen möchte.	4(55)	Fr. Ewald
33	Das Gefühl der Trauer. Daß man die Welt nicht mehr ertragen konnte, ständig weinte, lustige Menschen nicht ertragen konnte, Musik nicht mehr hören wollte aber das Bedürfnis hatte, immer zu reden über Britta und Brittas Tod.	4(55)	Fr. Ewald
34	Das war erst mal alles abgespalten. Ich hab nicht weinen können. Das hab ich in diesen Jahren Therapie erst mal wieder schrittweise lernen müssen.	5(76)	Fr. Quer
35	Auch die Wut zulassen, die man empfindet. Warum hast du mir das angetan. Die läßt man nicht, weil man sich schuldig fühlt, also darf man ja auch nicht wütend sein, weil man ja sein Teil dazu beigetragen hat.	5(76)	Fr. Quer
36	Der Verlust des Kindes macht einen also wirklich zu jemanden, der irgendwo amputiert ist. Weil vom Gefühl ist das Gleichgewicht ja auch gestört, da ist alles gestört im grundegenommen . Auch dieses eigentlich muß ich erst sterben.	5(79)	Fr. Quer
37	Also ich hab viele Jahre jetzt nicht das Gefühl gehabt, ich hab jetzt am Leben teilgenommen. Ich hab zwar alles mögliche gemacht, viele Dinge getan, direkt nach dem Tod auch, das hat mich zu der Zeit alles nicht so erreicht.	5(79)	Fr. Quer
38	Man tut Dinge, allerhand verrückte Sachen um sich überhaupt wieder lebendig zu fühlen. Aber das funktioniert nicht. Da kann man ganz normale Dinge tun, wie tanzen oder sonst was, das fühlt man nicht. Das ist nur so ein Versuch.	5(79)	Fr. Quer
39	Absolute Trauer darüber, daß das passiert ist. Dann das Gefühl verlassen worden zu sein.	5(95)	Fr. Gering
40	Angst. Das so was noch mal passiert.	5(95)	
41	Hoffnungslosigkeit.	5(95)	
42	Einfach nur das Gefühl funktionieren zu müssen, also gelebt zu werden. Wenig selbst zu leben und selbst zu bestimmen, keine Kraft zu haben.	5(95)	Fr. Gering
43	Es war eigentlich alles vollkommen unwichtig. Ob ich nun den Tag überstand oder, es war alles vollkommen unwichtig.	5(95)	Fr. Gering
44	Es war schon auch so was wie ganz tief in ein Loch zu fallen, wenig machen zu können, immer so das Gefühl, da nicht raus zu können. Ich hab sehr viel geweint in der Zeit.	6(96)	Fr. Gering

129

Anhang B - Ergebnisse

Tabelle 4: Ergebnisse der Kategorie 1 (Fortsetzung)

1. Intrapersonel

1.2. Gefühle

lfd. Nr.		Int. Nr.	Name
45	Trauer kann ich auch als zurückgezogen sein in mich selber beschreiben. Wir haben wohl sehr viel mit anderen gesprochen, aber es gab auch sehr viele Phasen, in den ich mich dann in mich zurückzogen habe.	6(96)	Fr. Gering

Tabelle 5: Ergebnisse der Kategorie 2

2. Beziehung zum Kind

2.1. damals

lfd. Nr.		Int. Nr.	Name
1	Bis zu einem gewissen Alter von Bernd war die Beziehung eigentlich sehr liebevoll. Wir haben viel zusammen gemacht. Von klein auf schon. Alles eigentlich zusammen gemacht.	1(14)	Fr. Franjo
2	Ich war auch manches mal sehr wütend auf ihn.	1(14)	Fr. Franjo
3	Wir haben auch viel Streit gehabt.	1(15)	Fr. Franjo
4	Wenn wir uns gesehen haben, hat es nur Stoff gegeben.	1(15)	Fr. Franjo
5	Ganz ehrlich, sehr gut.	2(38)	Fr. Löhmann
6	Wir hatten an sich ein gutes Verhältnis zueinander.	3(48)	Hr. Löhmann
7	Als sehr gut aber das ist auch noch nicht gar nicht so lange. (Die Pubertätszeit), das war zwischen uns eine ganz ganz schwierige Zeit. (Nach einem Cut und die Trennung von ihrem Vater) hat sie mich da erst wieder an sich ran gelassen.	5(83)	Fr. Quer
8	Also wir haben ganz viel zusammen gesessen, bis in die Nacht in der Küche und Gespräche und so weiter, und haben dann eine gute Zeit mit einander gehabt.	5(84)	Fr. Quer
9	Ich hätte die Beziehung als sehr gut beschrieben.	5(99)	Fr. Gering
10	Er war schon in der Phase, wo es häufiger mal zu Spannungen gekommen ist. Wo er eine andere Meinung hatte, wo es auch häufiger mal geknallt hat.	5(99)	Fr. Gering
11	Normal. Ein gutes Vater-Sohn-Verhältnis.	7(XX)	Hr. Gering

131

Anhang B - Ergebnisse

Tabelle 6: Ergebnisse der Kategorie 2 (Fortsetzung)

2. Bezehung zum Kind

2.2. heute

lfd. Nr.		Int. Nr.	Name
12	Die letzten 2 Jahre vor Bernds Tod haben schon vieles getrübt.	1(15)	Fr. Franjo
13	Ich bin halt traurig darüber, traurig, daß es so gekommen ist.	1(15)	Fr. Franjo
14	Wir haben eigentlich, das ist ja das Problem, wir haben nie Krach gehabt, nie Streit und das ist das, was ich heute denke, man hätte auch mal Streit haben müssen.	2(38/39)	Fr. Löhmann
15	Ich hab im nachhinein oft daran gedacht, vielleicht haben wir sie zu sehr verwöhnt. Das sie mit den Schwierigkeiten im Leben nicht klar kam.	2(39)	Fr. Löhmann
16	Ich liebe sie noch genau wie damals, also ich finde da kein Unterschied.	2(39)	Fr. Löhmann
17	Ich sag mal nach wie vor gut.	3(48)	Hr. Löhmann
18	Ich denke, sie hat mich für das Leben was ich da geführt habe sehr verachtet.	5(83)	Fr. Quer
19	Also es waren so zehn gute Jahre, die wir zwar nicht so eng aber wo es sich so entwickelt hat, wo es immer besser wurde. Es wichtig, sie wollte wissen, wo ich wohne.	5(84)	Fr. Quer
20	Dann hat sie mir aber ein Brief geschrieben, sie sei dankbar, daß ich sie hab (ins Ausland) gehen lassen.	5(84)	Fr. Quer
21	Ich würde denken, das es eine gute Beziehung war.	5(85)	Fr. Quer
22	Sie hat auch immer gesagt: Ich will nicht so werden wie Du!"	5(85)	Fr. Quer
23	Ich hab diese Pubertätszeit, ich selber habe sie als sehr schlimm empfunden. Und danach kann ich nur sagen, es war eine gute Beziehung.	5(85)	Fr. Quer
24	Und dann denk ich manchmal, daß was wir an Engem so erlebt haben, das hätte ich vielleicht in vielen Jahren, wenn die irgendwo gewesen wäre, nicht erleben können.	5(85)	Fr. Quer
25	Ich würde sie heute immer noch so (als gut) beschreiben.	5(99)	Fr Gering
26	Das war alles in Ordnung.	7(114)	Hr. Gering
27	Da hätte ich mir auch keine Vorwürfe zu manchen, das war alles in Ordnung	7(114)	Hr. Gering

Tabelle 7: Ergebnisse der Kategorie3

3. Eigeninitiative

3.0.

ftl. Nr.		Int. Nr.	Name
1	Mann kann sich kurzfristig ablenken durch Arbeit.	1(5)	Fr. Franjo
2	Und dann hab ich mir ein Motorrad gekauft.	1(21)	Fr. Franjo
3	Das Motorrad hat mir wirklich geholfen. Wenn ich da drauf gesessen habe und gefahren bin, hab ich einen total leeren Kopf gehabt. Das waren so die ersten Phasen, wo eigentlich ein ganz kleines Stück Leben zurückgekommen ist.	1(21)	Fr. Franjo
4	Ich hab versucht (die Art des Todes) nachzuvollziehen.	1(24)	Fr. Franjo
5	Ich hab mich also mit einigen Menschen, die einen Suizidversuch gemacht haben, nach Bernds Tod unterhalten, weil ich einfach wissen wollte: Was geht da vor? Ich wollte mich da hineinversetzen in mein Sohn. Was ist in dem Moment oder in den Stunden vor seinem Tod in ihm vor sich gegangen?	1(24)	Fr. Franjo
6	Ich hab versucht mit dem Lockführer zu sprechen.	1(26)	Fr. Franjo
7	Ich unterhalte mich auch mit ihr (der toten Tochter). Es hilft mir einfach.	2(33)	Fr. Löhmann
8	Mein Mann hat gleich nach zwei Monaten gesagt: Wir müssen was tun, sonst gehen wir zugrunde.	2(33)	Fr. Löhmann
9	Ob ich mir jetzt ihre Sachen herauskrame und in den Arm nehme um sie einfach in der Nähe zu spüren.	2(34)	Fr. Löhmann
10	Da bin ich aber tief traurig und fang auch wieder an in ihren Sachen zu kramen, mir wieder was raushole und lese. Dann ist einfach mal wieder eine Zeit, da brauch ich das.	2(43)	Fr. Löhmann
11	Ich denk, dann will ich einfach mal wieder eine viel nähere Verbindung darstellen, sie herholen.	2(43)	Fr. Löhmann
12	Und ich hab mich auch immer mit diesen Sachen beschäftigt. Wenn ich tief traurig war, bin ich da rein gegangen, ich hab mich dahingesetzt. Dann hab ich sie auch gespürt. Ich hab ihren Geruch gespürt. Und das hat mir geholfen.	2(44)	Fr. Löhmann
13	*Nur im Hinterkopf hat man ja.: Selbsthilfegruppe, irgendwie wird einem da geholfen.*	3(48)	*Hr. Löhmann*
14	Wir persönlich hätten gern geredet.	3(49)	H. Löhmann
15	Man muß aber auch wieder immer noch den Gedanken pflegen: Du darfst du selber nicht dran kaputt machen und das ist es jetzt nicht gewesen. Man muß sich arbeiten um auch mal wieder irgendwo die Sonne zu sehen.	3(51)	Fr. Löhmann
16	Ich hab einfach gesagt, jetzt müssen wir möglichst weiter machen, um die Trauer soweit zu verarbeiten, daß das Leben irgendwo wieder Lebenswert ist. Und man muß dazu beitragen.	3(51)	H. Löhmann
17	Ich bin auch in der ersten Zeit sehr viel mit dem Fahrrad unterwegs gewesen.	3(52)	Hr. Löhmann
18	Man muß sich auch eine Freude gönnen wieder.	3(52)	H. Löhmann
19	Man muß auch im Beruf gefordert sein um die Trauer minutenweise, nachher viertelstundenweise, halbstundenweise, stundenweise zu vergessen	3(52)	Hr. Löhmann

133

Anhang B - Ergebnisse

Tabelle 8: Ergebnisse der Kategorie3 (Fortsetzung)

3. Eigeninitiative

3.0.

lfd. Nr.	3.0	Int. Nr.	Name
20	Du mußt jetzt erst mal sehen, daß Du wieder zu gange bist, sonst nimmt das kein Ende. Das ist in der Firma genauso gewesen, keiner will einen da ansprechen.	3(53)	H. Löhmann
21	Man muß selber anfangen zu reden und dann sind die anderen auch bereit, sonst passiert das nicht	3(53)	Hr. Löhmann
22	Ich bin nach 8 Tagen wieder angefangen (zu arbeiten).	3(53)	Hr. Löhmann
23	Ich habe da regelrecht dran gearbeitet, nicht daran zu zerbrechen.	3(53)	Hr. Löhmann
24	Die Freunde, die ich hatte, da bin ich Abend hingefahren. Ich sag: Ich komme heute Abend nur um einfach mal zu reden.	3(53)	Hr. Löhmann
25	Und (mit der Übernahme von Perspektiven der Tochter) tröste ich mich irgendwie oder habe Brittas Tod begriffen.	4(56)	Fr. Ewald
26	Wenn ich mal unterwegs gehe und eine abgebrochene Blume finde, hebe ich sie auf, stell sie in ein Vase und denk an Britta dabei.	4(59)	Fr. Ewald
27	Und wenn ich in der Natur bin , dann denk ich auch, wenn Britta diesen schönen bunten Baum sehen würde, sie würde sich freuen.	4(59)	Fr. Ewald
28	Und (ihrem) Teddy sag ich auch jeden Abend gute Nacht. Und dann kriegt er von Britta einen Küsschen und gibt dann Brittas Bild ein Küsschen.	4(61)	Fr. Ewald
29	Ich bin dann auch nach sechs Wochen wieder zur Arbeit gegangen. Das klappte hervorragend.	5(75)	Fr. Quer
30	Dann hab ich mir eine Therapeutin gesucht, bin da ein Jahr hingegangen.	5(76)	Fr. Quer
31	Und dann hab ich mir jemand anders (Therapeuten) gesucht und da bin ich dann auch bis vor 1 ½ Jahren regelmäßig hingegangen.	5(76)	Fr. Quer
32	Ich habe ein Gruppe gesucht, wo man sich wirklich austauschen kann.	5(77)	Fr. Quer
33	Und das Leben verändert sich, wenn man daran wirklich arbeitet und wenn man nicht damit vor sich hin vegetiert. Und immer wieder Unterstützung holt und immer ein Schritt vor den anderen setzt, dann verändert sich das Leben. Man wird zu etwas, wo ich vorher denken, das hätte ich nie geglaubt, daß ich mich dahin entwickle.	5(85)	Fr. Quer
34	Ich hab die Zeitung aufgeschlagen, hab dann gedacht: Jetzt muß ich mal gucken, was ich tun kann.	5(86)	Fr. Quer
35	Ich habe eine Schuldigen gebraucht. In dem Moment, ich hatte keinen Schuldigen, weil Frederik sich das Leben genommen hat und wir wußten nicht warum.	6(89)	Fr. Gering
36	Gut, Du machst jetzt eine Therapie mit aber das hat mir letztlich überhaupt nichts gebracht. Die hab ich dann auch irgendwann abgebrochen. Da bin ich ein paar mal gewesen und ich hatte auch zu dem Therapeuten keine Beziehung. Weil ich mit dem Therapeuten nicht gut reden konnte. Ich hatte das Gefühl, der schwebt da oben irgendwo, der hört gar nicht zu. Ich mochte den nicht. Das lag an seiner Person. Das fing schon damit an, das er zum Schluß auf die Uhr guckte. Der hätte nie zwei Minuten länger gemacht. Ich hatte das Gefühl, der hakt das nur so ab. Ich hab mich nicht von dem verstanden gefühlt.	6(91)	Fr. Gering
37	Ich bin sofort wieder angefangen zu arbeiten nach einer Woche.	6(93)	Fr. Gering
38	Wir haben dann auch versucht mit verschiedenen Leuten zu reden. Ärzte und Kinder- und Jugendpsychiatrien.	6(96)	Fr. Gering

Tabelle 9: Ergebnisse der Kategorie3 (Fortsetzung)

3. Eigeninitiative

3.0.

lfd. Nr.	3.0	Int. Nr.	Name
39	Ich bin damit auch persönlich fertig geworden, weil ich das immer als Schicksal oder wie man das dann nennen will, gesehen habe.	7(108)	Hr. Gering
40	(Ich) bin dann die andere Woche sofort auch zur Schule gegangen und bin da offen mit umgegangen. Hab das sofort als Thema genommen und damit war die Luft raus. Hab mich für die Anteilnahme bedankt und wie der Ablauf sich mir dargestellt hat, geschildert und das war es dann.	7(xxx)	Hr. Gering

Anhang B - Ergebnisse

Tabelle 10: Ergebnisse der Kategorie 4

4. Hilfe

4.1. Therapeut

lfd. Nr.		Int. Nr.	Name
1	Ich wäre überhaupt nicht in der Lage gewesen, zu dem Zeitpunkt in irgendeiner Form eine Therapie zu machen.	1(8)	Fr. Franjo
2	Ich hab mich vielleicht von Leuten, die das erlebt haben beeinflussen lassen und mit gesagt: Das tuste dir jetzt nicht auch noch an.	1(9)	Fr. Franjo
3	Da hatte ich Einzelgespräche und diese Einzelgespräche haben mir einfach nicht gut getan, weil der Therapeut einfach nicht auf meine Belange, auf meine, zu dem Zeitpunkt damals tiefste Trauer eingehen konnte.	1(9)	Fr. Franjo
4	...*dieser Weg, nach dem Tod eines Kindes ist komplett ein anderer Weg. Und es wird nie wieder irgendetwas so wie es früher einmal war.*	1(10)	*Fr. Franjo*
5	Und wichtig wäre für den Therapeuten, nämlich genau die neuen Wege zu finden und nicht nach den Alten zu gucken, weil die helfen nicht.	1(10)	Fr. Franjo
6	Der beste Therapeut wäre eigentlich der, der so eine Ausbildung hat wie Sie und selber betroffen ist.	1(15)	Fr. Franjo
7	Das ist eben genau die Erfahrung, daß viele Eltern eben nach 2-3 mal, manchmal dauert es nur 4 Wochen, daß sie sagen: Nee, das ist überhaupt nichts, das hilft mir nicht ein Stück weiter.	1(16)	Fr. Franjo
8	Also in der Regel kommt da immer nur eines zum Tragen, daß eben ihre wirkliche Trauer und die Bewältigung das Alltags da überhaupt nicht zum Tragen kommt.	1(17)	Fr. Franjo
9	Das (die Therapeutin) mir auch nach solcher Zeit, heute immer wieder die Möglichkeit gibt, den Tod meines Sohnes und alles, was damit zusammenhängt einfließen zu lassen.	1(17)	Fr. Franjo
10	Daß dieser Mensch bei ihnen weinen darf, wirklich weinen darf.	1(17)	Fr. Franjo
11	Das das Kind präsent sein darf. Alles was mit dem Kind zusammenhängt, das Gute oder das Schlechte.	1(17)	Fr. Franjo
12	Das der Therapeut wirklich guckt, was kann man machen, wenn ich jetzt am Arbeitsplatz auf einmal ein Heulkrampf kriege.	1(17)	Fr. Franjo
13	Wenn man einmal in der Woche zur Therapie geht, könnte man z.B. so eine Art Lebensplan aufstellen, für eine Woche. Was machste morgen, was machste übermorgen	1(18)	Fr. Franjo
14	Rituale sind z.B. auch in der Trauer ganz wichtig und das wäre auch für die Therapie ganz wichtig, ein Ritual zu üben, mit dem Menschen. Z.B eine Geburtstagsparty vorzubereiten, den Todestag vorzubereiten. Weihnachten ist ein ganz schweres Fest für Leute, die ihr Kind verloren haben.	1(18)	Fr. Franjo
15	...es ist ja auch wichtig, daß z.B. so ein Therapeut, wenn er so jemanden nimmt, in die Therapie, müßte er eigentlich sagen: Ich muß mich erst mal mit dem Thema Trauer überhaupt beschäftigen.	1(19)	Fr. Franjo
16	Und das wäre für einen Therapeuten auch wichtig, Wege zu finden, zu gucken, was macht der eigentlich für eine Arbeit. Vielleicht gibt es eine Möglichkeit eine neue Arbeit zu machen.	1(19/20)	Fr. Franjo
17	Ich kann nur jedem empfehlen, der das Fach studieren will und Familientherapeut werden will, sich mit diesem Thema Trauer anzunehmen. Es ist also ich denke mal in allen helfenden berufen ein absolutes Defizit.	1(23)	Fr. Franjo

136

Tabelle 11: Ergebnisse der Kategorie 4

4. Hilfe

4.1. Therapeut

lfd. Nr.		Int. Nr.	Name
18	Und da konnte man eben auch alles raus lassen, was mir sehr gut (getan hat), alles erzählen, alles sagen, was uns bedrückt und geschimpft auf den Freund. Er hat einfach zugehört und nichts gesagt. Vielmehr, er hat uns noch unterstützt.	2(38)	Fr. Löhmann
19	Ich bin dann auch in eine Verhaltenstherapie geraten, hab dann aber auch gemerkt, daß ich da völlig falsch bin, daß ich genau das viel zu gut konnte, nämlich viel zu gut funktionieren.	5(75)	Fr. Quer
20	Die hat im Grunde Körperarbeit gemacht.	5(76)	Fr. Quer
21	Im Grunde hab ich mit der mehr oder weniger in der Zeit nur rauf und runter, das Ganze immer wieder von vorne nach hinten gedreht.	5(76)	Fr. Quer
22	Man wird dann auch selbst zurückgeworfen. Ich mußte im grundegenommen bei meiner Kindheit anfangen. Ich mußte mein Leben aufdröseln, weil da sind Schuldgefühle die kann man nicht beschreiben, was da dann so abläuft.	5(76)	Fr. Quer
23	Und irgendwo ist man gezwungen, sich sein Leben anzugucken: Warum ist den das Erleben mit meiner Tochter so verlaufen? Also man muß im grundegenommen sein ganze Geschichte noch mal wirklich bearbeiten.	5(76)	Fr. Quer
24	Also ich denke die Scham der Eltern ist da noch enorm groß.	5(77)	Fr. Quer
25	Man wälzt das Leben immer wieder von vorne nach hinten. Das dreht sich wie ein Kreisel. Ich denke, daß ich zum 1000mal in der Therapie alles wieder durchgewälzt habe. Das war aber das was wichtig war. Und auf jemanden zu treffen, der mich läßt. Der nicht sagt, das hatten wir schon das letzte mal besprochen, sondern, der sich das einfach zum 1000sten mal anhört.	5(78)	Fr. Quer
26	Da war Verhaltenstherapie genau das falsche.	5(79)	Fr. Quer
27	Das Erste, wo sich bei mir was gelöst hat, daß überhaupt weinen möglich war, das war durch Körperarbeit. Das was ich wahrgenommen habe, war ein ganz normale rechte Seite und eine total geschrumpfte linke Seite. Ich hatte das Gefühl, ich bin links ganz zusammen geschrumpft. Nur vom hinlegen und spüren. Man ist wirklich nicht mehr ganz.	5(79/80)	Fr. Quer
28	Ja im grundegenommen, die jahrelange Therapie, die Gespräche. Ob ich das jetzt in Form von Therapie mache oder ob ich so Ansprechpartner habe. Also immer wieder diese Chance haben, darüber zu reden. Und das einmal die Woche und dann kann ich wieder nach Hause gehen und kann das wieder ein paar Tage an die Seite stellen. Und ich weiß aber mit dem Gefühl dann in der nächsten Woche, alles was sich aufstaut, ich kann es wieder rauslassen.	5(81)	Fr. Quer
29	In der Therapie konnte man sich damit trösten und sagen: Die kriegt ihr Geld dafür, die muß das jetzt. Das man weg kam von diesem: Ich will jetzt nicht wieder zur Last fallen.	5(81)	Fr. Quer
30	Da sind vielleicht noch Berührungsängste (von betroffenen Eltern mit der Therapie)	5(81)	Fr. Quer
31	Meine Erfahrungen sind, daß die Leute ja immer noch Therapie als was nicht so selbstverständliches ansehen und ich denke auch mit der Problematik nicht so ohne weiteres dahingehen.	5(81)	Fr. Quer

Anhang B - Ergebnisse

Tabelle 12: Ergebnisse der Kategorie 4 (Fortsetzung)

4. Hilfe

4.1. Therapeut

lfd. Nr.		Int. Nr.	Name
32	Ich habe einen Kaplan kennengelernt und hatte also dann die Gelegenheit, mit dem alle vier Wochen ein Gespräch zu führen. Ich habe mich fast über ein ganzes Jahr regelmäßig mit dem drüber auseinandergesetzt über das Thema.	6(89)	Fr. Gering
33	Das Reden war kein Problem. Aber es lag auch daran, daß ich unheimlich Vertrauen hatte. Weil er sehr gut zuhören konnte, sehr aufmerksam war und wirklich die Dinge mitkriegte, die einen betroffen machten. Und nicht vom Verstand her an das Thema ran ging, sondern wirklich eigentlich nur zuhörte und guckte, was bei mir am Start war.	6(90)	Fr. Gering
34	Er hat versucht mich durch Fragestellungen in Richtungen zu drängen, in die ich nicht wollte. Statt zu gucken was ich wollte und worüber ich reden wollte. Und er hat lange lange versucht mich in diese Richtung zu drängen. Das hat er immer wieder versucht, mich dahin zu drängen. Und ja der hat wenig hingehört.	6(100)	Fr. Gering

Tabelle 13: Ergebnisse der Kategorie 4 (Fortsetzung)

4. Hilfe

4.2. Selbsthilfegruppe

lfd. Nr.	4.2 Selbsthilfegruppe	Int. Nr.	Name
35	...andere Menschen zu treffen, die genau das gleiche Schicksal haben wie ich, nämlich ein Kind zu verlieren.	1(6)	Fr. Franjo
36	...und dann kommen sie in so eine Gruppe rein und sitzen da und hören auf einmal von Menschen, denen es ganz genauso geht. Die auch erzählen: Ich glaub ich werde verrückt, ich bin irrsinnig, ich muß ins Landeskrankenhaus. Und von ihren Gefühlen, von genau den gleichen Gefühlen erzählen, die sie selber auch haben. Das war für mich der Lebensanker überhaupt.	1(8)	Fr. Franjo
37	...durch die Selbsthilfegruppe haben wir natürlich auch Freundschaften geknüpft.	1(10)	Fr. Franjo
38	Wir wissen das ganz genau, daß unser Kinder präsent sind und dieses Gefühle hat man nicht , wenn man mit Unbeteiligten losgeht.	1(11)	Fr. Franjo
39	Am meisten geholfen hat mir die Gruppe! Verwaiste Eltern.		Fr. Löhmann
40	Und dann haben wir das (eine Selbsthilfegruppe) auch gesucht. Und da sind wir aufgenommen worden. Man hat so ein bißchen Angst, es ist Suizid aber überhaupt gar nichts. Es ist egal, ob es ein Unfall oder Suizid (war). Es spielt keine Rolle. Und man hat sich gleich so geborgen gefühlt. Man konnte alles erzählen und man hat sich auch verstanden gefühlt. Das ist das wichtigste an der ganzen Sache. Dann haben wir dort viele Menschen kennen gelernt, mit denen wir heute einfach gute Freundschaft geschlossen haben.	2(33)	Fr. Löhmann
41	(Ich) hab da eine Frau, mit der ich fast jeden Tag telefoniere, daß wir miteinander sprechen, das wir uns sagen, wenn`s uns schlecht geht. Und wir treffen uns auch , wir haben Radtouren gemacht, diesen Sommer. Also einfach diese Dinge, die haben mir unwahrscheinlich geholfen. Wenn ich diese Menschen nicht gehabt hätte, ich glaube dann hätte ich das nicht geschafft	.2(33/34)	Fr. Löhmann
42	Am Anfang, man muß ganz allein damit fertig werden. Aber immer im Hinterkopf zu haben, da sind Leute, die mich verstehen, den ich das alles sagen kann, die genauso fühlen wie ich, das ist das was mir eigentlich geholfen hat.	2(34)	Fr. Löhmann
43	In der Gruppe spürt man einfach, die wissen genau was man denkt, was man fühlt. Man kann alles sagen, alles erzählen, auch wenn es noch so dumm ist.	2(34)	Fr. Löhmann
44	Klar, wenn wir die Gruppe nicht gehabt hätten, dann wäre ich auch richtig krank geworden.	2(42)	Fr. Löhmann
45	(Die Gruppe)Ist zwar eine Hilfe, doch schaffen muß man das alleine.	2(44)	Hr. Löhmann
46	Und dann haben wir uns untereinander auch besucht.	3(50)	Hr. Löhmann
47	Wir haben in der Gruppe Personen kennen gelernt, die genauso empfinden wie wir und auch irgendwie nach Hilfe ringen. Und so hat man sich auch noch mal zwischendurch getroffen.	3(50)	Hr. Löhmann
48	Also uns hat es gut getan und ich kann es auch nur jedem empfehlen.	3(51)	Hr. Löhmann
49	Ich bin lange nicht mehr da gewesen, weil mir tun jetzt die Leute, die jetzt so neu kommen und auch ihr Leid erzählen, die tun mir so leid. Also das schmerzt richtig. Dann muß ich jedes Mal richtig weinen, weil, so leid tun die mir.	3(50)	Fr. Löhmann
50	Das ist ein Frage, die hab ich im Kreis noch nicht stellen wollen (nach der Sexualität). Das ist ein Thema, das ich im Kreis noch nicht so sagen wollte.	4(56)	Fr. Ewald

Anhang B - Ergebnisse

Tabelle 14: Ergebnisse der Kategorie 4 (Fortsetzung)

4. Hilfe

4.2. Selbsthilfegruppe

lfd. Nr.		Int. Nr.	Name
51	Die Gruppe hat eine sehr große Rolle gespielt (beim Begreifen von Brittas Tod). Weil ich da hingehen konnte und reden konnte, wie mir zumute ist. Was ich fühle, was ich empfinde.	4(61)	Fr. Ewald
52	Ich merkte auch bei den anderen, wir konnten jeder reden, wie wir wollten, wie uns danach zumute war. Wir konnten die verrücktesten Sachen sagen. Wir wurden ernst genommen. Es wurde nicht widersprochen. Und ich konnte reden und weinen.	4(62)	Fr. Ewald
53	Was haben wir geweint in der Gruppe.	4(62)	Fr. Ewald
54	Dann nehm ich (Brittas) Teddy und drück ihn auch mal so und wenn sie das in der Gruppe erzählen, das ist ganz vernünftig.	4(63)	Fr. Ewald
55	Ich sag Britta und dem Teddy jeden Abend gute Nacht. Da wird nicht gelästert.	4(63)	Fr. Ewald
56	Dort ist das alles ganz natürlich. Man kann jede Regung erzählen und über alles reden und sprechen.	4(63)	Fr. Ewald
57	Wenn andere erzählen: Ich laufe im Pullover meines Sohnes rum, dann können sie nachvollziehen, warum er das tut.	4(63)	Fr. Ewald
58	Und ich war eigentlich die einzige, die ein Kind verloren hatte. Und da fand ich auch kein Verständnis. Denn die stellten das genauso hin, als wenn meine Großmutter mit 80 Jahren gestorben ist.	4(65)	Fr. Ewald
59	...da hat man mir auch dauernd versucht einzureden, Du mußt doch eine Wut auf deine Tochter haben, daß sie dir das angetan hat.	4(65)	Fr. Ewald
60	In der Gruppe habe ich dann ein Jahr gesessen, da habe ich mich aber nachher wieder rausgezogen. Ich hatte kein Gegenüber. Das waren alles Eltern mit Krankheiten und Unfall. Und hat zwar jeder sich angehört, wenn ich was gesagt habe aber Rückfragen kamen auch da nicht. Das waren auch ganz andere Todesarten, das paßte dann nicht.	5(77)	Fr. Quer
61	...und hab gesagt: Wenn jemand kommt mit der Problematik, dann sagen sie mir bescheid, ich setz mich als Gegenüber hin und sage: ja und dieses Gefühl kenn ich oder das ist das was man eigentlich braucht.	5(77)	Fr. Quer
62	Es geht wirklich um Todesarten: Schuldgefühle sind bei allen.	5(77)	Fr. Quer
63	Ich geh heute hin, weil das für mich heute immer so ein Raum ist, an meine Tochter intensiv zu denken und hier darf man darüber reden und man kann nach zehn Jahren noch sagen: Ich bin traurig heute.	5(82)	Fr. Quer
64	Und während dieses Seminars, an denen auch Eltern teilgenommen haben, deren Kinder schon 9 oder 10 Jahre tot waren, habe ich also mitbekommen, wie Eltern trauern und was die eigentlich alles anstellen können und wie die sich eigentlich zurückziehen können. Und mir ist zumindest klar geworden, wie schwer das ist, wenn man sich verbuddelt und überhaupt nicht darüber spricht und sich zurückzieht und solche Dinge.	7(97)	Fr. Gering
65	Ich würde es (ein Seminar über Trauer) auf jeden Fall empfehlen.	5(98)	Fr. Gering
66	Ich fand es einfach nicht notwendig. Wir hatten sehr viele Freunde mit denen wir sprechen konnten, die haben sich auch nicht zurückgezogen. Das war schon so, daß die sehr geduldig mit uns waren, das gebe ich wohl zu und wir hatten auch viel die Möglichkeit zu reden.	7(98)	Fr. Gering

140

Tabelle 15: Ergebnisse der Kategorie 4 (Fortsetzung)

4. Hilfe

4.2. Selbsthilfegruppe

lfd. Nr.		Int. Nr.	Name
67	Und so gab es dort mehrer Beispiele und das hat mir sehr geholfen, mit dem Tod umzugehen. Das ich aus diesen Negativbeispielen Rückschlüsse für mein Leben gezogen habe.	7(110)	Hr. Gering
68	Für mich war ganz prägend dieses Seminar. So konnte ich dann für mein Leben die Richtung sehen, wie ich denn mit dem Tod von Frederik nicht umgehen (wollte).	7(111)	Hr. Gering

Anhang B - Ergebnisse

Tabelle 16: Ergebnisse der Kategorie 4 (Fortsetzung)

4. Hilfe

4.3. Alltag bewältigen

lfd. Nr.		Int. Nr.	Name
69	Mich hat interessiert, wie geht es weiter? Wie bewältige ich meinen Alltag? Wie komme ich mit meinen traurigen Zeiten klar?	1(9)	Fr. Franjo
70	Wenn ich auf der Arbeit sitze und es fängt an mir schlecht zu gehen und ich muß heulen, was kann ich tun oder wie kann ich das irgendwie bewältigen?	1(9)	Fr. Franjo
71	Wir haben manchmal Kontakt zu Pastoren, die auch betroffen sind. Und da haben wir total guten Kontakt zu weil die eben auch die Situation der Leute gut verstehen.	1(15)	Fr. Franjo
72	Wir haben festgestellt, wichtig ist es einfach in dieser Trauerzeit Dinge einfach zu planen.	1(15)	Fr. Franjo
73	Ich habe auch die Arbeit gewechselt, da war mein Sohn 1 ½ Jahre tot, da hab ich einfach gedacht, das erdrückt mich alles. Und ich hab das einfach nicht mehr ausgehalten. Und ich dachte ich muß irgendwas anderes machen. Und da hab ich innerhalb der Firma die Stelle gewechselt.	1(20)	Fr. Franjo
74	Berufliche Veränderungen waren sehr gut und dann auch private Veränderungen.	1(20)	Fr. Franjo
75	Loslassen von Kindern (im Sinne Freuds) so lange man selber lebt, wollen wir gar nicht. Und das ist auch in Ordnung so.	1(22)	Fr. Franjo
76	(Den Leichnam zu sehen) das war auch so ein Ding, für das ich gelebt habe, die Woche bis zur Beerdigung.	1(26)	Fr. Franjo
77	Die (Bestatter) haben alle Möglichkeiten und man kann nur einen Arm rausgucken lassen. Irgendwas, was die Eltern anfassen können. Jede Mutter wird die Hand ihres Kindes erkennen.	1(27)	Fr. Franjo
78	Es entstehen auch ganz starke Eheprobleme. Sie müssen sich das so vorstellen, mein Mann hat eine lebensfrohe Frau geheiratet und das war nach vier Monaten mit einem Tag auf einmal schlagartig vorbei.	1(29)	Fr. Franjo
79	Sie lebt einfach mit mir weiter, so kann ich das sagen. Ich hab sie nicht mehr in meiner Nähe, ich kann sie nicht mehr berühren, sie ist aber eben ganz dicht bei mir.	2(33)	Fr. Löhmann
80	Mein Mann hat gesagt: Wir müssen sehen, das wir hier raus kommen, sonst schaffen wir das nicht.	2(38)	Fr. Löhmann
81	Sie hätte doch sagen können: Ich versteh dich oder das wird schon wieder werden oder verliere nicht den Mut, Du wirst schon wieder, Du wirst schon wieder die Kraft finden am Leben teilzunehmen und nicht mehr so trübe Gedanken zu haben.	4(64/65)	Fr. Ewald
82	Ich konnte mit meinem Lebensgefährten reden.	4(67)	Fr. Ewald
83	Ich konnte zu den verwaisten Eltern gehen und mit Bekannten die ich hatte, konnte ich immer über Britta reden. Und das hat mir geholfen. Ich habe viel geredet.	4(67)	Fr. Ewald
84	Wenn ich spazieren ging, dann habe ich Brittas Namen ganz laut gerufen. Das hat mich irgendwie befreit und ich habe gemeint, die hört es.	4(68/69)	Fr. Ewald
85	Aber mir war auch klar, ich muß mir eine Hilfe suchen. Ich kann das nicht alleine, ich kann damit nicht zuhause sitzen und das mit mir selber abmachen.	5(75)	Fr. Quer
86	Und das (Gefühl einem Menschen zu begegnen, der die Probleme kennt) hab ich wirklich erst in einem Buch gefunden.	5(77)	Fr. Quer

142

Tabelle 17: Ergebnisse der Kategorie 4 (Fortsetzung)

4. Hilfe

4.3. Alltag bewältigen

lfd. Nr.		Int. Nr.	Name
87	Dieses Loswerden können. Und das ganze noch mal und noch mal immer wieder, den das ist das, was täglich im Grunde abläuft.	5(78)	Fr. Quer
88	Ich hab mein Arbeit gemacht, ich bin dahin gegangen, ich war sehr dankbar.	5(79)	Fr. Quer
89	Gut ich fahr jetzt zur Kur und ich fahr das nächste Jahr noch mal 8 Wochen. Ich hab mir diese Zeit dann geben können.	5(79)	Fr. Quer
90	Die (Arbeit) hatte eine ganz wichtige Funktion. Das hatte so ein Gewicht, daß ich da gut funktioniert habe. Also sich da kein Schwächen erlauben. Im Grunde hätte ich sagen können: Na ja Gott, ob das jetzt funktioniert oder nicht, das ist Wurst oder so. Aber das hab ich mir gar nicht erst erlaubt.	5(79)	Fr. Quer
91	Der Inhalt war, daß wir über Frederik gesprochen haben zunächst über den Tod selber und einfach auch über das „Warum?" das passiert ist. Und einfach so zu gucken, wie ich damit klar komme. Und das ich das durch den Glauben besser annehmen komte.	6(89)	Fr. Gering
92	Mit den Freunden haben wir sehr viel darüber gesprochen. Oder auch mit den Nachbarn, die dann gekommen sind.	6(93)	Fr. Gering
93	Fand ich schlimm das es nicht erlaubt war von den Leichnam ihres Sohnes noch einmal zu sehen). Die hatten den Auftrag mich davon abzuhalten. Von der Polizei auch und vom Leichenbestatter. Ich finde das schlimm, daß das nicht möglich war.	6(104)	Fr. Gering
94	Ich glaube es ist sicherlich besser, so im nachhinein, daß das nicht gewesen ist, weil er wahrscheinlich schlimm aussah und nicht wiederzuerkennen war. Also vom Verstand her kann ich sagen, er sah wahrscheinlich so schlimm aus und war nicht zu erkennen. Es wäre wahrscheinlich nur ein Schock gewesen. Also aufgrund des Aussehens. Aber was das Gefühl angeht, sich von jemanden verabschieden zu müssen, dann wäre es wichtig gewesen. Nur ich hätte mich so wahrscheinlich nicht von ihm verabschieden können, es ging einfach nicht.	6(104)	Fr. Gering
95	(Den Leichnam sehen,) um sich verabschieden zu können.	6(104)	Fr. Gering
96	Ich würde auf jeden Fall jeden immer empfehlen, wenn es möglich ist, sich schon zu verabschieden.	6(104)	Fr. Gering
97	Also ich denke, daß ich jetzt Frederik so in Erinnerung behalte, wie er gewesen ist. Wenn ich ihn aber gesehen hätte, dann wäre vielleicht auch ein Teil verloren gegangen.	6(105)	Fr. Greing
98	Also einen Großteil sind wir zusammen gegangen und haben uns auch stützen können. Ich denke, daß wir auch Gefühle zulassen konnten. Beide. Einer halt für den anderen da war, wenn es schwierig war.	6(105)	Fr. Gering
99	Wobei ich mir manchmal von meinem Mann gewünscht hätte, daß er mehr darüber geredet hätte.	6(105)	Fr. Gering
100	Vielleicht ist es für uns erleichternd, daß wir keinen Antwort bekommen haben. Vielleicht wäre ein Abschiedsbrief oder so viel schlimmer gewesen.	7(108)	Hr. Gering
101	Was mir persönlich sehr geholfen hat, wir haben ein Wochenendseminar mitgemacht und das Thema war für Eltern, die ihr Kind verloren haben. Und das waren Eltern, die auch noch unter diesen Tod sehr standen und da hab ich nur immer festgestellt, so dürfen wir da nicht mit umgehen. Dann ist unser Leben nicht mehr lebenswert.	7(109)	Hr. Gering

143

Tabelle 18: Ergebnisse der Kategorie 4 (Fortsetzung)

4. Hilfe

4.3. Alltag bewältigen

| 102 | Ich bin da selbst mit fertig geworden, ich sah da keine Notwendigkeit. Keine Notwendigkeit irgendwelche Psychologen aufzusuchen. Wenn ich mit Ärzten gesprochen habe war es das gleiche. | 7(113) | Hr. Gering |

Tabelle 19: Ergebnisse der Kategorie 5

5. soziales Umfeld

5.1. erlebtes Verhalten der Umwelt

lfd. Nr.		Int. Nr.	Name
1	...nach drei Monaten , hat mir eine nette Kollegin einen Zeitungsartikel auf den Tisch gelegt und da wurde damals gerade hier die Selbsthilfegruppe gegründet.	1(6)	Fr. Franjo
2	Der (Pastor) ist mit mir z.B. ganz allein in die Kirche gegangen und hat für Bernd gebetet	1(12)	Fr. Franjo
3	Also Freunde sind aus dieser Zeit überhaupt nicht geblieben.	1(12)	Fr. Franjo
4	Die Ansprüche an Menschen, die ihre Kinder verloren haben, sind so was von hoch.	1(12)	Fr. Franjo
5	Mein Mann, der hat nach 1 ½ Jahren fast gar nicht mehr ausgehalten mit mir.	1(21)	Fr. Franjo
6	(Der Lockführer hat) das auch abgelehnt (mit der Mutter zu sprechen).	1(26)	Fr. Franjo
7	Weil der Bestatter mir das (sehen des Leichnams) verweigert (hat). Er hat gesagt: Der ist so stark entstellt, daß mach ich nicht.	1(26)	Fr. Franjo
8	Das (besprechen der Gefühle und Gedanken, die einem durch den Kopf gehen) kann man nicht mit Nachbarn oder so. die Erfahrung hab ich gemacht. Die verstehen das einfach nicht.	2(34)	Fr. Löhmann
9	Egal was kam und wenn es nur gleich eine Woche nach der Beerdigung war, dann ist ja von den Nachbarn: Fahrt in den Urlaub, vergeßt! Und: Dann seht ihr was anderes.	2(34)	Fr. Löhmann
10	Wir haben das am Anfang auch gemerkt, daß (die Nachbarn) einfach, wenn wir aus dem Haus kamen, daß sie vor uns weggelaufen sind. Wir kamen hier aus dem Haus, das war ungefähr 14 Tage später. Mein Mann und ich wollten zum Friedhof und die Nachbarn drüben kamen auch gerade aus dem Haus. Aber wie, sofort zurück und Tür zu und Meyers kommen ja aus dem Haus. Als wenn die Leute vor uns weglaufen.	2(34)	Fr. Löhmann
11	Es wird ja überhaupt nicht mehr drüber gesprochen. Und wenn man mal selbst eben das Thema anschneidet und sagt: Och, das hat Kerstin auch so gemacht, da wird überhaupt nicht drauf reagiert. Sie wollen darüber nicht reden.	S(35)	Fr. Löhmann
12	Gar nicht mal, das man daran dachte zu kommen, zu besuchen.		Fr. Löhmann
13	Meine Schwägerin, die sehr christlich ist und zu mir gesagt hat: Ich weiß ja nicht, ob Jutta genügend geglaubt hat! Und das war für mich einfach zuviel. Das beschäftigt mich heute noch.	2(40)	Fr. Löhmann
14	Erst sag ich mal, als wenn man Aussätziger ist. Keiner wollte jetzt irgendwie überhaupt.	3(44)	Hr. Löhmann
15	Ob das Nachbarn sind oder was, die haben sich auch isoliert, die haben sich auch zurückgezogen.	3(49)	H. Löhmann
16	Hat ihre Tochter das auch gemacht? Das wird keiner mehr sagen. Das hab ich auch noch nicht wieder gehört.	3(49)	Hr. Löhmann
17	(Bei der Erwähnung des Namens) nehmen (sie) das einfach zur Kenntnis und das ist dann o.k.	3(50)	H. Löhmann
18	Unser Nachbar, der hat gesagt, das war acht Tage nach dem Tod: Daniel, bleib nicht zulange zuhause, geh früh genug zur Arbeit wieder.	3(52)	Hr. Löhmann
19	(Der Beginn der Arbeit) das ist wie so ein Spießrutenlaufen. Sie werden angeguckt, wie so ein Aussätziger.	3(52)	Hr. Löhmann
20	Ich hab nachher gesagt: Mensch Du mußt jetzt mehrfach durch den ganzen Betrieb durchgehen, damit sie dich alle sehen.	3(52)	Hr. Löhmann

Anhang B - Ergebnisse

Tabelle 20: Ergebnisse der Kategorie 5 (Fortsetzung)

5. soziales Umfeld

5.1. erlebtes Verhalten der Umwelt

ftl. Nr.		Int. Nr.	Name
21	(Angesprochen wurde man von den) Arbeitskollegen, die auch schon etwas mit gemacht haben. Und die mußten schon etwas älter sein. Junge Leute sowieso nicht, die waren ja auch hilflos.	3(53)	Hr. Löhmann
22	Und ich hatte damals das Gefühl, als Britta starb, sie war mehr sensationslüstig.	4(63)	Fr. Ewald
23	Sie (die Schwester) war hier und hat dann nachher ach auch so den Teddy und das fand sie entsetzlich.	4(64)	Fr. Ewald
24	Von der krieg ich auch die „guten" Ratschläge, die sie ja von allen erst mal kriegen: Die Zeit heilt Wunden und das Leben geht weiter und Du mußt doch darüber wegkommen, Du bist doch nicht die einzige.	4(64)	Fr. Ewald
25	Nein die (Nachbarn) haben alle ganz normal reagiert. Es war nicht so, daß die sich zurückgezogen haben.	4(65)	Fr. Ewald
26	Denn die (Nachbarn) waren vielleicht am Anfang auch neugierig in Anführungsstrichen. Und die waren vorsichtig hier so im Haus.	4(65)	Fr. Ewald
27	Ich bin angesprochen worden, ich konnte über Britta reden.	4(66)	Fr. Ewald
28	Mit (meinem Lebensgefährten) kann ich heute noch über Britta sprechen.	4(66)	Fr. Ewald
29	Meine Schwester versuchte mir klar zu machen: Britta ist krank.	4(66)	Fr. Ewald
30	Und dann stellte sich heraus, daß diese Kollegin nicht wollte, daß ich mit ihr in einem Raum sitze. Ich erinnere sie jeden Morgen an ihre Tochter.	5(75)	Fr. Quer
31	Und dann hat (die Kollegin) mir gesagt: Bild dir mal ja nicht ein, daß hier keiner weiß, was deine Tochter gemacht hat!	5(75)	Fr. Quer
32	Die wollen nicht mit einem reden, da ist einfach eine Grenze.	5(75)	Fr. Quer
33	Die anderen sagen einem (die Vorwürfe) das nicht so massiv. Aber man merkt das an vielen Stellen.	5(75)	Fr. Quer
34	Da hat sich von meinen Freunden so ein Netzwerk gebildet.	5(77)	Fr. Quer
35	Das sag nach einem Jahr gesagt wird: Jetzt muß aber gut sein (mit der Trauer).	5(81)	Fr. Quer
36	Die waren alle sehr betroffen. Das war eindeutig so, daß sämtliche Leute, die wir kennen, total betroffen waren.	7(92)	Fr. Gering
37	Was sehr positiv war, ist, daß ganz ganz viele uns direkt auch besucht haben, gekommen sind und direkt nach dem Tod also die ersten Tage, wir auch so gut wie nie alleine waren.	7(92)	Fr. Gering
38	Was wir gehört haben ist so eine Meinung: Die sind ja selber schuld.	7(92)	Fr. Gering
39	Wir haben schon aber auch erlebt, das wir durch die Stadt gegangen sind und Leute dann, die uns dann halt nicht so nahe standen, auch auf die andere Straßenseite gegangen sind.	7(92)	Fr. Gering
40	Die Sekretärin kam hinten aus der Tür raus und sieht mich und schlägt sich mit der Hand vor dem Mund und geht wieder ins Zimmer rein.	7(93)	Fr. Gering
41	Auf uns sind viele Leute zugekommen. Verwandte, Freunde.	7(93)	Fr. Gering
42	Also ich kann mich wirklich an nichts erinnern, was sehr negativ war.	7(94)	Fr. Gering
43	Es gab wohl Zufallverletzer aber das ist nicht boshaft gemeint. Das hat mit der eigenen Empfindlichkeit zu tun.	7(94)	Fr. Gering

Tabelle 21: Ergebnisse der Kategorie 5 (Fortsetzung)

5. soziales Umfeld

5.1. erlebtes Verhalten der Umwelt

lfd. Nr.		Int. Nr.	Name
44	Das ist ganz häufig gewesen, daß in Gesprächen irgendwelche Themen angesprochen werden, wo man selber denkt. Können die nicht mal jetzt den Mund halten? Müssen die darüber sprechen? Oder: Warum denken die nicht daran, daß das Thema für mich so schwer ist.	7(94)	Fr. Gering
45	Und dann muß man wohl auch (sagen), daß wir Freunde gehabt haben, die uns in dieser Phase sehr geholfen haben.	7(110)	Hr. Gering
46	Es traf sich immer wieder, also das war immer die Ebene, daß alle, die Frederik kannten total verunsichert waren, daß das passiert sein konnte.	7(110)	Hr. Gering
47	Das sieht man aber bei jedem Tod, daß viele dann zunächst meinen, einen aus dem Weg zu gehen. Wenn man einen sieht, dann wechselt man die Straße.	7(110)	Hr. Gering

Anhang B - Ergebnisse

Tabelle 22: Ergebnisse der Kategorie 5 (Fortsetzung)

5. soziales Umfeld

5.2. Ideen über das Verhalten der Umwelt

ftl. Nr.		Int. Nr.	Name
48	Der Tod an sich wird tabuisiert.	1(11)	Fr. Franjo
49	(Der Lockführer hat das Gespräch abgelehnt) aus Angst wahrscheinlich, daß ich ihm Vorwürfe mache.	1(26)	Fr. Franjo
50	Aber heute denk ich: Sie wußten es nicht anders. Sie haben einfach irgendwie versucht Mut zu machen. Ich weiß, daß war Unwissenheit.	2(34)	Fr. Löhmann
51	(Die Reaktion der Nachbarn, wenn man ihnen erzählen würde, wie man die Trauer bewältigt wäre) erschrocken. Die wären wahrscheinlich still und würden nichts sagen. Oder sie würden im nachhinein denken: Ja, Frau Löhmann die spinnt allmählich.	2(34)	Fr. Löhmann
52	Das war wahrscheinlich der Tod, daß die da so nicht mit klar kommen. Ich mein den Suizid.	2(35)	Fr. Löhmann
53	Das ist vielleicht auch Angst. Die leben ja in einer ganz anderen Welt, in einer heilen Welt.	2(35)	Fr. Löhmann
54	Die wollen mit dem Tod dann nichts zu tun haben. In dem Moment vielleicht ja, wenn es akut ist aber so im nachhinein, das ist jetzt schon so lange her, das müßte eigentlich vergessen sein.	2(35)	Fr. Löhmann
55	So nach drei Jahren, hätte ich mich wahrscheinlich auch nicht mehr so damit beschäftigt, um ganz ehrlich zu sein.	2(35)	Fr. Löhmann
56	So hab ich das Gefühl gehabt, daß die einfach gedacht haben: Och das geht ja alles wieder. Nach außen hin sieht auch alles in Ordnung aus.	2(36)	Fr. Löhmann
57	(Das die Nachbarn nicht mal zu besuch kamen) denke ich, alles aus Angst.	2(40)	Fr. Löhmann
58	Die konnten (mit dem Thema) nicht umgehen. Den fehlten einfach die Worte, die richtigen Worte und dann besser Abstand.	3(48)	Fr. Löhmann
59	...wir wollten ja immer das Selbe erzählen und das ist so, daß die Nachbarn (das) einfach nicht hören wollten.	3(49)	H. Löhmann
60	Die meisten könne da nicht mit umgehen. Das ist auch gar nicht so einfach. Man hat ja überhaupt kein Gefühl dafür. Das ist Angst irgendetwas falsches zu sagen.	3(49)	Hr. Löhmann
61	Das liegt in ihrer Natur, die kann nicht anders. Sie ist egoistisch, selbstbewußt. Sie ist zu stark und meint man könne sich nicht gehen lassen. Man muß sich zusammenreißen und es wird schon wieder.	4(64)	Fr. Ewald
62	(Die Tochter der Arbeitskollegin) hatte einen Unfall, sie haben eine Entschuldigung.	5(75)	Fr. Quer
63	Die anderen sagen einem (die Vorwürfe) das nicht so massiv. Aber man merkt das an vielen Stellen.	5(75)	Fr. Quer
64	Das Thema finden alle schrecklich. Das will dann auch keiner richtig ausführen oder nachfragen.	5(77)	Fr. Quer
65	Das ist bei diesem Tod so, weil, niemand will es mehr wissen. Die sagen alle: Das ist jetzt 8 Jahre her und das reicht jetzt dicke.	5(81/82)	Fr. Quer
66	Das kann ich heute so erklären, daß die Angst hatten, das Gespräch mit einem zu suchen. Es ist eine Unsicherheit und Angst der anderen Person, mit einem darüber zu sprechen.	7(110)	Hr. Gering
67	Wenn jemand bei einem Verkehrsunfall zu Tode (kommt) – schlimm, aber Suizid ist vielleicht noch eine andere Ebene.	7(110)	Hr. Gering
68	Das ist eine Abwarthaltung oder Unsicherheit. Das ist aber in keinster Weise negativ. So hab ich daraus gelernt, auf die Leute zuzugehen.	7(111)	Hr. Gering

Tabelle 23: Ergebnisse der Kategorie 5 (Fortsetzung)

5. soziales Umfeld

5.3. Eigeninitiative

lfd. Nr.		Int. Nr.	Name
69	In der Regel sind wir die Betroffenen, wir gehen auf die Menschen zu und nicht die auf uns.	1(12)	Fr. Franjo
70	Und wir haben hier im Dorf viel zum Thema gemacht.	1(13)	Fr. Franjo
71	Mut machen auch und da ist es wieder das auf die Menschen zugehen, nämlich Mut machen, mit mir zu sprechen.	1(13)	Fr. Franjo
72	Wir haben die Therapeuten da alle geschult zum Thema.	1(16)	Fr. Franjo
73	Mit dem Ehemann überlegt, was hätteste gerne gemacht, hast es aber nicht gemacht mit Rücksicht auf ihn?	1(21)	Fr. Franjo
74	Und man will es ihnen (den Nachbarn) dann auch immer gar nicht sagen (wie es in einem aussieht). Ich muß ihnen ganz ehrlich sagen, dann spielt man auch die heile Welt vor.	2(36)	Fr. Löhmann
75	Aber wir selbst haben uns wahrscheinlich auch abgeschottet.	2(40)	Fr. Löhmann
76	Wir machen das (Feiern) seit dem ja nicht mehr. Wir nehmen an nichts mehr teil, weil wir es einfach nicht können.	2(40/41)	Fr. Löhmann
77	Ich kann an solchen Dingen (Silvesterfeier) nicht teilnehmen. Weil es ja nun gerade die Weihnachtszeit war. Unsere Tochter ist am 28. Dezember gestorben und das ist einfach nicht möglich, daß ich noch zu einer Silvesterfeier gehe.	2(41)	Fr. Löhmann
78	So das unser einer anfangen mußte und dann hab ich auch wieder Vertrauen gewonnen.	3(48)	Hr. Löhmann
79	Ich persönlich werde auch, ob es in der Firma ist, ob es in der Nachbarschaft ist, immer unsere Jutta mit ins Gespräch bringen.	3(49)	H. Löhmann
80	Nur, ich werde sie immer wieder ins Gespräch bringen.	3(50)	Hr. Löhmann
81	Weil ich dann auch sehe, daß die Leute dann Probleme damit haben, darüber zu sprechen oder jemanden anzusprechen, der in der Situation ist.	6(93)	Fr. Gering
82	Die sind nicht in der Lage darüber zu sprechen, weil die Angst haben. Angst vor dem Thema und Angst vor uns in der Situation anzusprechen.	6(93)	Fr. Gering
83	Aber es gibt auch Situationen, wo mir das sehr klar war, daß die Leute so reagieren mußten zum Teil, daß ich dann darauf zugegangen bin. Und bei anderen, bei denen es mir nicht so wichtig war, hab ich es halt gelassen.	6(93)	Fr. Gering

149

Anhang B - Ergebnisse

Tabelle 24: Ergebnisse der Kategorie 6

6. Verlauf

6.1. generelle Aussagen

ftl. Nr.		Int. Nr.	Name
1	Die erste Frage, die sich ziemlich lange hinzog war das „Warum?"	1(1)	Fr. Franjo
2	Der Ablauf an sich selbst auf der Arbeit, man sitzt da und heult. Man kann sich nicht dagegen wehren. Man sitzt da und heult. Man kann nicht arbeiten, man bleibt wieder drei vier Tage zuhause, ist krank geschrieben...	1(5)	Fr. Franjo
3	Also die erste Zeit nach Bernd`s Tod habe ich nur funktioniert, ich habe überhaupt nicht mehr gelebt, ich war bei lebendigem Leibe tot. Ich habe für nichts mehr Gefühle gehabt. Ich habe nur von einer Stunde auf die andere gelebt, geatmet, kaum gegessen.	1(5)	Fr. Franjo
4	...abgenommen bis auf's Skelett, an nichts mehr denken können, Phantomschmerzen. Also körperliche Beschwerden in jeder Hinsicht. Gallenschmerzen, obwohl man eigentlich gesund ist.	1(5)	Fr. Franjo
5	Das ich in dem Moment (während der Begegnung mit nicht existierenden Personen) wirklich am Ende war, so am Ende, daß ich wahrscheinlich auch, wenn ich nicht so gesund gewesen wäre, tot umgefallen wäre.	1(7)	Fr. Franjo
6	Sie müssen sich das so vorstellen, man ist in einem Zustand und ist in einem tiefen Loch. Man weiß nicht wie es weitergeht. Es ist eben die Hölle. Es ist die seelische und körperliche Hölle und man meint man wird verrückt. Man ist auch wirklich am Rande des Irrsinns.	1(8)	Fr. Franjo
7	Das ganze Leben hat sich geändert.	1(12)	Fr. Franjo
8	Es (das Verhalten des sozialen Umfeldes) ist dann (nach Öffentlichkeitsarbeit) eher in Verständnis umgeschlagen und nicht mehr so in Vorwurf.	1(13)	Fr. Franjo
9	Am Anfang wehrt man sich gegen dieses (wohlwollende) Gefühl (ohne Trauer).	1(21)	Fr. Franjo
10	Ich erwisch mich heute noch dabei, daß ich mich bestrafe, selber bestrafe. Bestrafe wegen Bernds Tod, wegen seinem Suizid. Das ich einfach auf Dinge verzichte eben um mich zu bestrafen.	1(21/22)	Fr. Franjo
11	Es dauert dann unheimlich lange Dinge zuzulassen, die dann wohltuend sind.	1(22)	Fr. Franjo
12	...und dann hab ich zu meinem Mann gesagt, wenn ich das jetzt nicht die Woche von irgendjemand noch kriege (das Sehen des Leichnams) dann ist mein Leben vorbei.	1(27)	Fr. Franjo
13	(Bei dem Sehen des Leichnams) war ich ganz ruhig. Ich hab ihn angefaßt, ich hab ihn gestreichelt und ich hab mein Kopf auf seinen Bauch gelegt und geheult. Es war auch eine Überzeugung davon, daß er Tod war. Das ist total wichtig!	1(27)	Fr. Franjo
14	Männer sind (in der Trauer) sehr introvertiert, lassen kaum was raus. Wir haben ganz selten Männer, die auch wirklich auch dann abheulen in der Gruppe und die Trauer auch definitiv raus lassen.	1(29/30)	Fr. Franjo
15	Bei Männern ist es ganz oft so, daß sie verdrängen.	1(30)	Fr. Franjo
16	Bei manchen (Männern) kommt es dann psychosomatisch, daß die krank werden, daß die Asthma bekommen.	1(30)	Fr. Franjo
17	Anfangs war man ja auch so empfindlich. Ich hab das heute gelernt, nicht mehr so empfindlich zu sein.	2(33)	Fr. Löhmann

150

Tabelle 25: Ergebnisse der Kategorie 6 (Fortsetzung)

6. Verlauf

6.1. generelle Aussagen

lfd. Nr.		Int. Nr.	Name
18	Das habe ich heute nicht mehr (eine Wut im Bauch). Das hat sich alles gelegt.	2(38)	Fr. Löhmann
19	Vielleicht kommt das ja mal wieder (das Feiern). Aber ich muß das auch nicht haben.		Fr. Löhmann
20	Das ist einfach, die Angst davor, daß ist in diesem Jahr genauso. Das ist dies Jahr abgeschwächt, aber es ist dies Weihnachten. Da sind wir immer allein.	2(41)	Fr. Löhmann
21	Weihnachten ist ja auch was ganz Bestimmtes und ich denk, daß ist eine ganz schwere Zeit, wenn die Kinder fehlen.	2(41)	Fr. Löhmann
22	Dann kriegte ich Rheuma dazu, also chronische Polyarthritis, die ich seit drei Jahren habe.	2(42)	Fr. Löhmann
23	Ich fall heute auch noch mal tief. Ich hatte das vor einigen Wochen auch mal ganz extrem, daß ich einfach mal wieder so traurig war. Man schafft die Arbeit kaum, man ist einfach wer weiß wie traurig. Ich hab überhaupt keine Lust am Tag was zu machen. Das Aufstehen allein fällt mir schwer. Ich meine, es ist fast wie eine Depression, daß der Tag so schwer ist, daß ich mich nur danach sehne, daß der Tag vorüber geht, daß ich wieder ins Bett gehen kann, daß ich diesen Tag erst mal wieder geschafft habe. Da kann ich hier sitzen, da vergehen zwei drei Stunden, es ist nichts passiert.	2(43/43)	Fr. Löhmann
24	Das ist das, was mir jetzt einfach fehlt, daß wir das jetzt nicht mehr können (über die Tochter und das Erleben sprechen). Das ist auch ein ganz großes Problem seit dem letzten ½ Jahr.	2(43)	Fr. Löhmann
25	Das war am Anfang so, wir haben geredet und geredet, Tag für Tag, dass war ja nur noch das Thema.	2(43)	Fr. Löhmann
26	Nur jetzt denk ich geht so jeder seinen eigenen Weg. Und mal sehen, wann wir wieder zusammenfinden.	2(43)	Fr. Löhmann
27	Ich beschäftige mich da mehr mit (als mein Mann). Ich schaff dann auch die Trauer, daß ich mich damit beschäftige. Ich denke mein Mann schiebt da einfach weg.	2(44)	Fr. Löhmann
28	Ich denk, die Trauer hört auch nie auf. Es ist anders geworden, das Jahr wird immer besser, man sieht es ja. Nur ich denke, da wird man nie richtig mit klar kommen.	2(44)	Fr. Löhmann
29	Anfangs war es eben sehr schwierig, weil alle ihre Freundinnen fingen an, sie heirateten, sie bekamen Kinder. Das ich da gar nicht mit umgehen konnte, aber das hat man alles gelernt.	2(44)	Fr. Löhmann
30	Der Einstieg in die Arbeit wir immer schwieriger.	3(52)	Fr. Löhmann
31	Das Begreifen, daß Jutta nicht mehr da ist, wird ja immer schlimmer. Die Trauer wird immer tiefer.	3(53)	H. Löhmann
32	Man fängt an zu begreifen, daß sie nicht mehr da ist.	3(53)	Hr. Löhmann
33	Man wird komischer, frustrierter. Ich kann es nicht mehr haben, wenn mich jemand umarmt, einen Kuß gibt oder Geschlechtsverkehr.	4(56)	Fr. Ewald
34	Das mir bewußt geworden ist, daß sich mein ganzes Leben nach Brittas Tod verändert hat. Die Freude ist nicht, mehr da, die man sonst hatte. Man kann fröhliche Menschen schlecht ertragen oder Feiern. Dann werd ich traurig und denk an Brittas Tod, daß sie nicht mehr da ist.	4(57)	Fr. Ewald
35	In den letzten 3 Jahren hab es begriffen und kann ich in Britta hineinfühlen.	4(58)	Fr. Ewald

151

Anhang B - Ergebnisse

Tabelle 26: Ergebnisse der Kategorie 6 (Fortsetzung)

6. Verlauf

6.1. generelle Aussagen

lfd. Nr.		Int. Nr.	Name
36	Wir haben uns im Laufe der Jahre alles zusammen gesucht, was es hätte sein können.	4(59)	Fr. Ewald
37	Mensch, wie kann man sich das alles so zu Herzen nehmen? Und im Laufe der letzten Jahre fang ich an genauso zu denken.	4(66)	Fr. Ewald
38	...und man begreift ja gar nichts mehr.	4(67)	Fr. Ewald
39	Man hat mit Mühe und Not das Bett gemacht, hat mit Mühe und Not was zu Essen gekocht. Aber das war alles so sinnlos.	4(67)	Fr. Ewald
40	Arbeiten hätte ich nicht können, da hätte ich nicht funktioniert.	4(68)	Fr. Ewald
41	Die Welt geht so an einem vorbei. Es interessiert einem auch nicht.	4(68)	Fr. Ewald
42	Dann hatte man nachts Alpträume aber ich konnte gar ich sagen worüber. Aber man wachte auf, hatte Angst, weinte und das dauerte auch Jahrelang.	4(68)	Fr. Ewald
43	Desinteresse, viel geweint und viel Sprechen, daß hat mir auch geholfen. Und keine Musik hören, da fing ich jetzt ganz langsam an, so in der letzten Zeit.	4(68)	Fr. Ewald
44	Britta liebte so Vivaldi, Mozart oder Verdi, die kann ich mir jetzt mal leise anhören. Aber sonst, lustige Musik oder Sendungen im Fernsehen? Nee, nichts!	4(68)	Fr. Ewald
45	Einladungen anzunehmen, das war schwer zu ertragen.	4(68)	Fr. Ewald
46	Das war auch nicht am Anfang, das kam auch erst später. Das man mal wieder sprach.	4(69)	Fr. Ewald
47	Auch der Gedanke: Britta ist gestorben, was schlimmeres kann mir nicht mehr passieren. Jetzt ist mir egal, was ich mache.	4(69/70)	Fr. Ewald
48	Ich hab lange gebraucht um mit ihr hier (in der Wohnung) zu sprechen.	5(78)	Fr. Quer
49	Ja und man arbeitet weiter daran. Es ist kein Ende abzusehen, man geht nur anders damit um, man lebt anders damit.	5(79)	Fr. Quer
50	Wenn ich mir die Jahre so begucke, daß war einfach immer wieder ein Schritt weitergehen und immer wieder suchen und gucken.	5(86)	Fr. Quer
51	Ich hab (nach 13 Jahren) nicht das Gefühl, daß noch großartig drunter zu leiden.	6(89)	Fr. Gering
52	Es gab schon viele Sachen, an denen ich mich erfreuen konnte aber ich hab so im Nachhinein immer das Gefühl gehabt: Es war nicht echt. Sondern ich hab es nur halt gemacht. Wir haben viel Sachen gemacht, die schön waren aber ich glaube, ich hab mich nicht wirklich darüber gefreut.	6(95)	Fr. Gering
53	Ich kann sagen ich kann das schlecht beschreiben, der Tag lief einfach vorbei ohne das ich viel Spaß daran hatte. Das wurde gemacht, ob ich nun in den Urlaub fuhr oder arbeiten ging. Es war im grundgenommen alles vollkommen unwichtig.	6(95)	Fr. Gering
54	(Der Tod) war eigentlich immer präsent.	6(96)	Fr. Gering
55	Mir ist zumindest bewußt gewesen, was passieren kann wenn man sich (in der Trauerphase) zurückzieht.	6(98)	Fr. Gering
56	Hinzu kommt, das mein Mann und ich nicht unbedingt immer nur reden. Wir brauchten das aber wir brauchten auch ein Teil an Ruhe.	6(99)	Fr. Gering
57	Im Nachhinein denk ich mir, wenn man das noch etwas gezielter angegangen wäre, dann wäre es vielleicht ein bisschen schneller gegangen.	6(99)	Fr. Gering

Tabelle 27: Ergebnisse der Kategorie 6 (Fortsetzung)

6. Verlauf

6.1. generelle Aussagen

ffl. Nr.		Int. Nr.	Name
58	Aber ich glaube, man braucht auch seine Zeit. Es nützt auch nichts es übers Knie zu brechen.	6(99)	Fr. Gering
59	Zwischendurch habe ich dann ziemlich viel Wut gehabt auch einfach darüber, daß er das so gemacht hat....	6(99)	Fr. Gering
60	Wir bekamen nachher auf keine Frage eine Antwort.	7(108)	Hr. Gering
61	Und auf dieses „Warum?" bekam man nie ein Amtwort. Und dieses „Warum?" steht auch heute noch im Raum, nur nach diesen Jahren, weiß man, daß man keine Antwort darauf kriegt. Und damit habe ich mich abgefunden.	7(108/ 108)	Hr. Gering
62	Wir haben versucht jeden Stein umzudrehen um etwas herauszukriegen. Aber wenn man nichts findet dann bleibt eben die Ratlosigkeit oder dieses „Warum?" bleibt.	7(112)	Hr. Gering
63	Ich bin in der ganzen Sache der Rationelle geblieben oder der, der auch funktionieren mußte.	7(112)	Hr. Gering
64	Die Gespräche endeten immer an diesem Punkt, daß war mit diesem „Warum?" und darauf kriegte ich nirgends eine Antwort.	7(113)	Hr. Gering
65	Und die Angst war auch immer um den zweiten Sohn. Wenn der Erste schon wie ein Blitz aus heiterem Himmel vor den Zug geht, warum sollte er nicht? Und das war zunächst mal eine permanente Angst.	7(114)	Hr. Gering

Anhang B - Ergebnisse

Tabelle 28: Ergebnisse der Kategorie 6 (Fortsetzung)

6. Verlauf

6.2. direkte Zeitangabe

lfd. Nr.	Verlauf	Int. Nr.	Name
66	...fortgesetzt hat sich die ersten vier Jahre immer das Thema: Was hätte ich tun können?	1(1)	Fr. Franjo
67	...psychisch ist man das erste ½ - ¾ Jahr völlig down und dann kommt das Physische dazu.	1(5)	Fr. Franjo
68	...und nach eine ¾ Jahr kam dann auch noch der physische Zusammenbruch.	1(5)	Fr. Franjo
69	Im erste Jahr nach Bernds Tod war ich selber sehr stark Suizid gefährdet.	1(6)	Fr. Franjo
70	Im erste Jahr nach Bernds Tod war ich selber sehr stark Suizid gefährdet.	1(6)	Fr. Franjo
71	Und ich hatte auch Erlebnisse mit Bernd, also gerade in den erste zwei Jahren, hatte ich sehr starke Erlebnisse.	1(7)	Fr. Franjo
72	Also die ersten Erlebnisse hatte ich den Tag nach seiner Beerdigung.	1(7)	Fr. Franjo
73	Ich hatte also die erste Zeit, die ersten zwei Wochen von Morgens bis Abends an seinem Grab gesessen...	1(7)	Fr. Franjo
74	...fünf Jahre nach Bernds Tod habe ich angefangen eine Therapie zu machen	1(9)	Fr. Franjo
75	Sie müssen sich das so vorstellen, in der ersten Zeit sind noch Verwandte da, Freunde noch da aber nach drei vier Monaten halten die das nicht mehr aus mit ihnen und das bröckelt dann immer mehr ab.	1(10)	Fr. Franjo
76	Man kann sagen, so nach einem ¾ Jahr ist man echt wirklich ganz allein. Man ist der einsamste Mensch überhaupt.	1(10)	Fr. Franjo
77	Also im ersten 1 ½ Jahren nach Bernds Tod haben bei uns fast überhaupt keine Aktivitäten stattgefunden.	1(11)	Fr. Franjo
78	...also in der Regel sagt man so, nach einem ¾ Jahr fängt die große Einsamkeit an.	1(12)	Fr. Franjo
79	Also ich hab die letzten drei Monate vor Bernds Tod fast keine Nacht mehr geschlafen.	1(14)	Fr. Franjo
80	Und die letzten 14 Tage vor seinem Tod, da war das schon Telepathie. Ich hab zu meinem Mann gesagt: Ich hab Angst, das die Polizei hier vor der Tür steht und sagt Bernd lebt nicht mehr.	1(14)	Fr. Franjo
81	Man lebt eigentlich die ersten 1-2 Jahre wirklich fast am Rande des Irrsinns. Man kann sich irgendwie auch gar nicht vorstellen, daß das Leben wirklich weiter geht. Daß das Leben so ein Punkt bekommt wo das Leben wieder Lebenswert ist.	1(16)	Fr. Franjo
82	Bei den verwaisten Eltern ist es so, daß erst in der Regel, nach einem dreiviertel Jahr, da kommt so eine ganz schlimme Zeit. So ein ganz schlimmer Knick nach unten, wo der Mensch eigentlich wirklich realisiert, daß das Kind tot ist.	1(19)	Fr. Franjo
83	Ich würde mal sagen, die erste Zeit. Also das erste ¾ Jahr ist nur Schockphase.	1(19)	Fr. Franjo
84	Die Gefühle, die mich bewegt haben, die bewegen mich ja heute immer noch. Das wird 6 Jahre im Dezember und das ist immer wieder da. Den ganzen Tag ist man irgendwie, damit beschäftigt.	2(33)	Fr. Löhmann
85	Ich denke es vergeht glaub ich keine Stunde, wo ich nicht an unsere Jutta denke.	2(33)	Fr. Löhmann
86	Das ich selbst auch gedacht habe, ich wollt nicht mehr leben. Also das hatte ich Anfangs schon sehr stark, im ersteh halben Jahr, trotz der Gruppe.	2(42)	Hr. Löhmann

154

Tabelle 29: Ergebnisse der Kategorie 6 (Fortsetzung)

6. Verlauf

6.2. direkte Zeitangabe

lfd. Nr.		Int. Nr.	Name
87	Richtig begriffen haben wir es nach einem ½ Jahr. Und dann kommt an sich so der Moment, wo es wirklich weh tut. Wo es unentwegt einfach weh tut.	2(53)	H. Löhmann
88	So nach 1 ½ bis 2 Jahren, daß dann die Trauer erträglich wird	2(53)	Hr. Löhmann
89	Also das hat ungefähr 6 Jahre gedauert, bis ich ihn (den Tod der Tochter) akzeptiert habe.	4(58)	Fr. Ewald
90	In den letzten 3 Jahren hab ich es begriffen und kann ich in Britta hineinfühlen.	4(58)	Fr. Ewald
91	Ich hab 1 ½ Jahre nur geweint. Egal, ob ich zum Arzt mußte, ob im Bus saß, ob ich jemanden sah, wo ich dachte, das könnte Britta von hinten sein.	4(62)	Fr. Ewald
92	Also ich will immer noch über Brittas Tod reden (auch nach 9 Jahren).	4(65)	Fr. Ewald
93	Das war schon in den ersten drei Jahren nach Brittas Tod, in der Zeit, wo ich merkte: Jetzt wird es langsam besser.	4(70)	Fr. Ewald
94	Auf jeden Fall haben wir nach 6 Wochen schon ein Seminar mitgemacht.	7(97)	Fr. Gering

Anhang B - Ergebnisse

Tabelle 30: Ergebnisse der Kategorie 6 (Fortsetzung)

6. Verlauf

6.3. eigene Suizidgefährdung

lfd. Nr.	Verlauf	Int. Nr.	Name
95	Mann kann sagen: Ja ich gehe da lebendig durch oder ich nehme mir selber das Leben, weil ich nicht durch die Hölle durchgehen will.	1(5)	Fr. Franjo
96	Freunde würd ich sagen, die haben mir das Leben gerettet	1(6)	Fr. Franjo
97	Das war so ein Gedanke, hinter ihm herzugehen.	1(6)	Fr. Franjo
98	Und ich hab mich ganz oft selber dabei erwischt, wie ich mit dem Auto ein Landstraße entlang gefahren bin, mit 100, 150 und gedacht habe: Eigentlich kannste jetzt auch loslassen. Ist doch eh egal. Das Leben ist nicht mehr lebenswert.	1(6)	Fr. Franjo
99	...aber der innere Drang, auch hinter dem Kind hinterher zu gehen, ja weil es nicht mehr da ist und weil man es nicht mehr erleben kann.	1(7)	Fr. Franjo
100	Und vielleicht auch einfach zu gucken, wo er ist.	1(7)	Fr. Franjo
101	Ja also letztendlich, wenn mir jetzt was passiert wäre, wär es ja auch egal gewesen.	1(21)	Fr. Franjo
102	Das ich immer gesagt habe, also was soll ich hier noch? Das ich mich auch immer damit beschäftigt habe, ich möchte bei ihr sein.	2(42)	Fr. Löhmann
103	Ich hab einfach gedacht, es gibt keine Zukunft mehr, gar nichts mehr.	2(42)	Fr. Löhmann
104	Und dann ist es auch immer so, daß ich denke, ich will einfach nicht mehr hier sein, das kommt bei mir auch durch.	2(43)	Fr. Löhmann
105	Das ist nur, weil ich dann immer wieder an meinen Mann denke und er ist noch alleine und ich muß für ihn noch da sein.	2(43)	Fr. Löhmann
106	Es gab natürlich Zeiten nach Brittas Tod, da will man ja selber nicht mehr leben. Das war sinnlos. Ein Kind ist tot. Wozu lebt man noch? Warum muß mas das passieren?	4(67)	Fr. Ewald
107	Sie haben an gar nichts mehr Freude. Man hat kein Lebensgefühl mehr. Man möchte am liebsten tot sein.	4(67)	Fr. Ewald
108	Der Wunsch nicht mehr zu leben.	4(67)	Fr. Ewald
109	Es wird einem alles zuviel, was man hört und was man sieht. Man möchte sich abkapseln von allen.	4(67)	Fr. Ewald
110	Und dieses: Warum leb ich noch? Ich hab hier auf der Erde gesessen und hab gedacht: So ich will mich jetzt auch weg machen.	5(80)	Fr. Quer
111	Der Gedanke war da, das ich sagte: Ich hab kein Recht mehr zu leben. Jetzt muß ich das tun aber der Mut war nicht da.	5(80)	Fr. Quer
112	Was noch ganz wichtig war, halt unser zweiter Sohn. Das war noch mal so ein Punkt, dß ich gedacht habe: Ja, du mußt einfach weiterfunktionieren. Ob ich das damals ohne ihn geschafft hätte, weiß ich gar nicht.	6(106)	Fr. Gering
113	Also ich hätte schon in Streßsituationen mir das Leben nehmen können, wenn es nicht mehr ging.	7(106)	Fr. Gering
114	Müdigkeit, keine Lust mehr, einfach nicht mehr zu wollen, keine Kraft mehr zu haben, zu sagen, es ist vielleicht besser nicht, mehr zu leben, als zu leben.	7(106)	Fr. Gering
115	Ich wußte für meine Person, daß das Leben weitergeht.	7(112)	Hr. Gering

156

Tabelle 31: Ergebnisse der Kategorie 6 (Fortsetzung)

6. Verlauf

6.4. spirituelle Erlebnisse

lfd. Nr.		Int. Nr.	Name
116	Einen Tag bin ich wach geworden an diesem Grab und hab so neben mich geguckt und da standen so links und rechts neben mir zwei Männer, in schwarz gekleidet mit Zylinder und die haben mich angeguckt und mir die Hand gereicht. Und später hab ich so gedacht, daß waren die, die mich mitnehmen wollten zu Bernd.	1(7)	Fr. Franjo
117	Er (der Sohn) hat mich nur angeguckt, hat gewunken, als wenn er sagen wollte: Mama guck mal, so bin ich heute. Genauso wie Du dir das immer gewünscht hast.	1(8)	Fr. Franjo
118	Ich habe nur einmal von Britta geträumt, da stand sie mit zwei anderen schwarz gekleideten Mädchen in so einer Hütte, als wenn sie auf der Weide ein Unterstellplatz für Pferde haben und dann lächelte sie und sagte zu mir: Mama mir geht es gut!	4(68)	Fr. Ewald
119	Die Schwester hat auch mal geträumt, daß Britta ihr gesagt hat: Sag deiner Mama, mir geht es gut! Das hat ihre Schwester geträumt.	4(68)	Fr. Ewald
120	Und im ersten Moment als Britta starb, da fängt man an, mit dem lieben Gott zu hadern. Und hat seine Zweifel. Warum tust Du mir das an? Warum nicht anderen? Aber mir hat der Glaube sehr geholfen.	4(70)	Fr. Ewald
121	Ich habe immer das Gefühl, sie ist beim lieben Gott und es geht ihr dort gut. Das bestärkt mich, weil ich weiß, sie glaubte (deshalb) ist bei mir der Glaube noch intensiver geworden.	4(70)	Fr. Ewald
122	In der ersten Zeit hat man schon gehadert aber dann fing das schon an über Gott: „Hilf mir, daß ich nicht verrückt werde, daß ich irgendwie wieder alles begreife, daß es etwas erträglicher wird, daß man wieder essen kann, daß man wieder schlafen kann.	4(70)	Fr. Ewald
123	Beim Tod von Frederik habe ich das komplett weggeschoben. Ich habe jegliche Beziehung zur Kirche, zum Glauben, zu Gott abgebrochen.	6(77)	Fr. Quer
124	Der (Glaube) hat eine große Rolle gespielt.	6(77)	Fr. Quer
125	Also letztendlich haben wir dann Gott die Schuld gegeben und haben gesagt: Wenn Du das zulassen kannst, dann kannst Du nicht mein Gott sein.	6(78)	Fr. Quer
126	Ich habe in Rom gespürt, das mir das (der Glaube) eigentlich doch wichtig ist. Während der Gottesdienste und durch Gebete, die dann gesprochen wurden, hab ich gemerkt, daß ich eigentlich doch eine relativ enge Beziehung trotzdem noch zur Kirche und zu Gott habe.	6(78)	Fr. Quer

Anhang B - Ergebnisse

Tabelle 32: Ergebnisse der Kategorie 6 (Fortsetzung)

6. Verlauf

6.5. Persönlichkeit

ftl. Nr.	Verlauf	Int. Nr.	Name
127	Positiv ist, daß ich meine ganze Lebenseinstellung verändert hat. Früher war das immer so, arbeiten gehen anschaffen, was auf die Beine stellen, ein Haus bauen, doch sehr materialistisch eigentlich. Und das ist heute völlig unwichtig. Mir ist es auch unwichtig, ob ich mein Konto überzogen habe oder ist total unwichtig, was ich anziehe und bin auch gründlicher gegenüber Menschen.	1(22)	Fr. Franjo
128	Ich würde mich heute nicht mehr mit oberflächlichen Menschen abgeben.	1(23)	Fr. Franjo
129	Die Erfahrung hab ich heute gemacht, daß ich viel empfindlicher bin und ich kann einfach ganz anders damit umgehen. Ich weiß, ich kann mit den Leuten auch darüber reden. Also das ist etwas, was ich daraus gelernt habe aus dieser Zeit.	2(35)	Fr. Löhmann
130	Auch im allgemeinen, wenn was passiert ist, ich kann da ganz anders mit den Leuten reden.	2(35)	Fr. Löhmann
131	Das ich viel sensibler geworden bin, daß ich vielleicht viel besser mit anderen Menschen umgehen, wo ich sonst vielleicht oberflächlich gewesen bin. Das ich auf die zugehen mag, mit den darüber reden mag, es einfach versuche.	2(41)	Fr. Löhmann
132	Ich sag jetzt schon mal eher, was ich früher nicht gemacht habe, den Leuten die Meinung.	4(69)	Fr. Ewald
133	Ich laß mir nicht so alles gefallen. Also ich aber wenig Möglichkeiten aber man ist irgendwie stärker geworden.	4(70)	Fr. Ewald
134	Jetzt sag ich meine Meinung oder wehre mich auch mal und nehme auch nicht alles so ernst.	4(70)	Fr. Ewald
135	Aus diesem Elend, aus dieser Trauer hat man aber auch Kraft geschöpft.	4(70)	Fr. Ewald
136	Das läßt sich schlecht in ein paar Worte fassen. Ich würde sagen, ich habe in dieser Zeit eine Entwicklung gemacht, die hätte ich nie gemacht, wenn das nicht passiert wäre. Also das viele Dinge, ob das Konsumgeschichten oder was auch immer (sind), überhaupt keine Rolle mehr spielen. Das Dinge, die wirklich wichtig sind. Lernt zu leben. Das Menschen nicht mehr so eine wichtige Rolle spielen, die einem wirklich nicht gut tun, daß man vieles nicht mehr an sich ran läßt. Also man verändert sich aber zum positiven, daß man oft viel bewußter lebt.	5(85)	Fr. Quer
137	Heute bin ich mir sicher, daß solche Einbrüche, nicht in der Form aber jeder negative Einbruch einfach nur weiterbringt und weiterentwickelt.	5(86)	Fr. Quer
138	Tod verbindet, würde ich das in etwa so sehen.	7(111)	Hr. Gering

Tabelle 33: Ergebnisse der Kategorie 7

7. Eigene Theorien über das Begehen von Suizid

7.0.

lfd. Nr.	7.0	Int. Nr.	Name
1	Ich bin der festen Überzeugung, daß die Menschen, die sich das Leben nehmen, im Leben schon vorher weggewesen sind. Und ich bin der festen Überzeugung, daß wenn jemand vom Hochhaus springt oder sich von der Brücke stürzt, daß kann man nicht bei normalem Bewußtsein machen. Die haben gar keins mehr, die sind schon weg. Die haben vorher mit dem Leben abgeschlossen und sind schon geistig seelisch weg.	1(24)	Fr. Franjo
2	Man kann den Menschen kein Vorwurf machen, die das tun (die sich das Leben nehmen).	1(25)	Fr. Franjo
3	Freitod ist der falsche (Begriff) absolut. Er suggeriert etwas negatives. Das in Verbindung mit dem Suizidenten steht.	1(25)	Fr. Franjo
4	Die kam auch einfach nicht klar auch alles was geschah in der Welt. Das hat sie auch aufgeschrieben das sie einfach nicht klar kommt mit dieser ganzen Welt. Und dieses Elend auf der Welt.	2(39)	Fr. Löhmann
5	Sie hatte natürlich auch den falschen Beruf gehabt, denke ich.		Fr. Löhmann
6	Obwohl ich keinen Auslöser weiß. Das können alles Auslöser für ihren Tod gewesen sein. Es kam vielleicht irgendwie eine Kleinigkeit noch dazu, was auslöste.	4(58)	Fr. Ewald
7	Sie hat ihren Tod lange im Voraus geplant	4(59)	Fr. Ewald
8	Wir haben immer das Gefühl, sie guckt uns hier über die Schulter	4(60)	Fr. Ewald
9	Es ist traurig, daß sie mit dem Leben nicht fertig wurde.	4(65)	Fr. Ewald
10	Ich weiß nicht ob sie sich vorher überlegt hat, wie die Mutter und die Schwester darunter leiden können, wenn sie nicht mehr da ist. Aber sie muß ja so verzweifelt und mit allem fertig gewesen sein, daß sie keinen Ausweg mehr fand und da kam ich doch keine Wut auf mein Kind haben.	4(65)	Fr. Ewald
11	Und dann gab es auch Zeiten in denen ich dachte: Na ja, sie ist krank, aber das denk ich heute nicht mehr.	4(66)	Fr. Ewald
12	Britta ist nicht krank, aber die Gesellschaft, in der sie gezwungen ist zu leben... In dem sie egoistisch, rücksichtslos unordentlich (ist). Keine Ehrfurcht, weder vor Gott noch vor der Natur, noch vor den Menschen oder den Tieren.	4(66)	Fr. Ewald
13	Und dann habe ich begriffen, es ist Veranlagung, Veranlagung eines jeden einzelnen Menschen, wie man mit dem Leben fertig wird.	4(71)	Fr. Ewald
14	Also jeder trägt sein Teil dazu bei oder gibt weiter, was er auch selber erfahren hat.	5(74)	Fr. Quer
15	Sie hat auch gelebt das man sagte, sie hat gewußt, ihre Zeit ist eingegrenzt, also sie hat sehr intensiv gelebt, daß ich dachte, das erlebt manch einer in 80 Jahren nicht. Das ich das Gefühl hatte, sie hat gelebt, daß sie denkt, sie hat nicht viel Zeit.	5(85)	Fr. Quer
16	Ich mein es kann nicht sein, daß jemand wegen einer Schokolade zum Selbstmord kommt und das er gegen einen Sextaner Tischtennis verloren hat. da kam dann für mich die Frage, wenn es so war, dann war er auch nicht lebenstüchtig. Mit solchen Situationen muß man fertig werden, daß ich auch sage, das kann es nicht gewesen sein.	7(113)	Hr. Gering

Anhang C – Zweiter und dritter Schritt der Analyse

Tabelle 34: Zweiter und dritter Analyseschritt der 1 Kategorie

1. Intrapersonel

1.1. Gedanken

ftl. Nr.	Paraphrasen	Generalisierung
1	Warum hat er das gemacht	Warum?
2	der Vorwurf, nicht vehement genug gewesen	eigenes Verhalten nicht Konsequent genug
3	die Frage „Warum?"	Warum?
4	Was hätte ich tun können?	Kreisgedanken
5	an den Suizid von Bernd gedacht	Präsenz der Tat
6	Kreisgedanken um die Schuld	Kreisgedanken um die Schuld
7	an den Lockführer gedacht.	Präsenz der Tat
8	Was hätte man noch machen können um zu helfen?	Kreisgedanken
9	sie ist immer wieder da.	Präsenz des Kindes
10	Wenn sie (nur zur Therapie gegangen wäre)	nicht konsequent genug
11	ich hätte vieles anders machen müssen.	Kreisgedanken um die Schuld
12	...nach dem „Warum? gefragt. Daß werden wir nie raus kriegen.	Warum?
13	Warum Britta das eigentlich gemacht hat.	Warum?
14	Das ich immer wieder an Britta denke	Präsenz des Kindes
15	Britta hat auch mal eine Tür geknallt	negative Seiten des Kindes sehen
16	Warum hab ich mich da nicht hingesetzt und mit ihr gesprochen. Britta, ich hab mir Gedanken gemacht, dir könnte was passiert sein.	Kreisgedanken um die Schuld
17	Was habe ich falsch gemacht? Warum habe ich sie nicht anders erzogen? Warum habe ich sie nicht Lebensfähiger gemacht?	Kreisgedanken um das Warum
18	Warum habe ich nicht mehr geben können?	Warum?
19	Das kann man nicht so als einzelnen Gedanken sagen. Dieses ganze Schuldenpaket geht da rauf und runter. Was habe ich versäumt in der Zeit, als sie kleine Kinder waren? Wieder angefangen zu arbeiten, hat das dazu beigetragen? Die Trennung von ihrem Vater?	Schuldenpaket
20	Die Depression hab ich ihr mitgegeben.	Schuldgefühle
21	Wut, Unverständnis, bis zu Hilflosigkeit mit der Frage, warum? Verletzt sein, verbittert sein.	Wut, Unverständnis, Hilflosigkeit, Warum?
22	Warum tut er so was?	Warum?
23	Warum tut er so etwas oder zieht das so durch,	Warum?
24	Ich, bin nicht so Gefühlsbetont, wie andere. Ich geh da im Grundegenommen sachlicher ran.	eher der rational herangegangen

Tabelle 35: Zweiter und dritter Analyseschritt der 1 Kategorie (Fortsetzung)

I. Intrapersonel

I.2. Gefühle

lfd. Nr.	Paraphrase	Generalisierung
25	ein Weg durch die Hölle	Hölle
26	Sehnsucht nach ihm	Sehnsucht
27	Depression	Depression
28	Dazu kam die Sehnsucht nach ihm mit unendlichen Schmerzen	Sehnsucht
29	ganz schlimme Depressionen	Depression
30	kann sich kein Mensch vorstellen, wie es geht.	Unvorstellbar
31	leichter gehabt, weil nicht so viele Schuldgefühle	Gefühle waren abgespalten
32	das Brita nicht mehr da ist, dass ich sie manchmal umarmen möchte	Wunsch nach Nähe
33	Trauer. Das man die Welt nicht mehr ertragen konnte, ständig weinte, lustige Menschen nicht ertragen konnte, Musik nicht mehr hören wollte aber das Bedürfnis hatte, immer zu reden.	Trauer ist fröhliche Menschen und Musik nicht ertragen zu können
34	alles abgespalten, nicht weinen können, hab ich in der Therapie lernen müssen	Gefühle waren abgespalten
35	Wut zulassen, Warum hast du mir das angetan? Die lässt man nicht zu, weil man sich schuldig fühlt, man darf nicht Wütend sein, weil man hat seinen Teil dazu beigetragen.	Wut zulassen trotz Schuldgefühle
36	Der Verlust des Kindes macht einen zu jemanden, der amputiert ist. Vom Gefühl ist das Gleichgewicht gestört, eigentlich muß ich erst sterben.	Gefühl der Amputation
37	Ich hab Jahre nicht das Gefühl gehabt, am Leben teilzunehmen, daß hat mich alles nicht erreicht.	vom Leben unerreicht
38	Man tut Dinge um sich überhaupt wieder lebendig zu fühlen. Aber das funktioniert nicht, daß fühlt man nicht.	vom Leben unerreicht
39	...das Gefühl verlassen worden zu sein,	Gefühl des Verlassens
40	Angst. Das sowas nochmal passiert.	Angst vor Wiederholung
41	Hoffnungslosigkeit.	Hoffnungslosigkeit
42	das Gefühl funktionieren zu müssen, gelebt zu werden. Wenig selbst zu leben und selbst zu bestimmen, keine Kraft zu haben.	Keine Kontrolle über das Leben
43	Es war alles vollkommen unwichtig.	Alles unwichtig
44	Es war wie in ein Loch zu fallen, immer so das Gefühl, nicht raus zu können.	Keine Kontrolle über das Leben
45	Trauer kann ich auch als zurückgezogen in mich selber beschreiben, sehr viel mit anderen sprechen, auch sehr viele Phasen, in den ich mich zurückzog.	zurückgezogen

Anhang C – Zweiter und dritter Schritt der Analyse

Tabelle 36: Zweiter und dritter Analyseschritt der 2. Kategorie

2. Beziehung

2.1. damals

ftl. Nr.	Paraphrase	Generalisierung
1	Bis zu einem gewissen Alter war die Beziehung sehr liebevoll. Wir haben viel zusammen gemacht. Von klein auf schon.	Liebevolle Beziehung bis zu einem gewissen Alter
2	Ich war auch mal sehr wütend auf ihn	Mal wütend auf das Kind
3	Wir haben auch viel Streit gehabt.	Spannungen
4	Wenn wir uns gesehen haben, hat es nur Stoff gegeben	Viel Streit gehabt
5	Ganz ehrlich, sehr gut.	im Ganzen eine gute Beziehung
6	Wir hatten ein gutes Verhältnis	im Ganzen eine gute Beziehung
7	(Die Pubertätszeit), das war eine ganz schwierige Zeit. (Nach meiner Trennung von ihrem Vater) hat sie mich wieder an sich ran gelassen	Gute Beziehung ab einem gewissen Alter
8	viel zusammen gesessen, bis in die Nacht mit Gespräche haben eine gute Zeit gehabt.	Gute Beziehung durch viel Gespräche
9	Ich hätte die Beziehung als sehr gut beschrieben.	im Ganzen eine gute Beziehung
10	Er war schon in der Phase, wo es häufiger mal zu Spannungen gekommen ist. Wo er eine andere Meinung hatte	Meinungsverschiedenheit
11	Normal, Eingutes Vater-Sohn-Verhältnis.	im ganzen eine gute Beziehung

Tabelle 37: Zweiter und dritter Analyseschritt der 2. Kategorie (Fortsetzung)

2. Beziehung

2.2. heute

ftl. Nr.	Paraphrase	Generalisierung
12	Die letzten 2 Jahre vor Bernds Tod haben schon vieles getrübt	Zeit vor dem Tod haben Beziehung getrübt
13	Traurig, das es so gekommen ist	Traurig über den Verlauf
14	Wir haben nie Krach gehabt, nie Streit, heute denke ich, das ist das Problem	Sehr gute Beziehung als Problem
15	vielleicht haben wir sie zu sehr verwöhnt. Das sie mit den Schwierigkeiten im Leben nicht klar kam.	gut Beziehung hat nicht auf Probleme im Leben vorbereitet.
16	Ich liebe sie noch genau wie damals	sehr gute Beziehung
17	Ich sag mal nach wie vor gut.	gutes Beziehung
18	Ich denke, sie hat mich für das Leben was ich geführt habe sehr verachtet.	Verachtung von dem Kind
19	Also es waren so zehn gute Jahre, wo es immer besser wurde	gute Beziehung
20	sie sei dankbar, das ich sie hab (ins Ausland) gehen lassen.	gute Beziehung
21	Ich würde denken, das es eine gute Beziehung war.	gute Beziehung
22	Sie hat immer gesagt: Ich will nicht so werden wie Du!"	Verachtung vom Kind
23	Ich hab diese Pubertätszeit, als sehr schlimm empfunden. Und danach kann ich nur sagen es war eine gute Beziehung.	gute Beziehung ab einem gewissen Alter
24	Das was wir an Engem so erlebt haben, das hätte ich vielleicht in vielen Jahren, nicht erleben können.	gute Beziehung durch intensives Zusammenleben
25	Ich würde sie heute immer noch so (als gut) beschreiben.	gute Beziehung
26	Das war alles in Ordnung.	gute Beziehung
27	Da hätte ich mir auch keine Vorwürfe zu manchen, das war alles in Ordnung	gute Beziehung

163

Anhang C – Zweiter und dritter Schritt der Analyse

Tabelle 38: Zweiter und dritter Analyseschritt der 3. Kategorie

3. Eigeninitiative

3.0.

ftl. Nr.	Paraphrase	Generalisierung
1	Mann kann sich kurzfristig ablenken durch Arbeit."	Ablenken durch Arbeit
2	Und dann hab ich mir ein Motorrad gekauft	Freude gönnen
3	Wenn ich gefahren bin, hab ich einen total leeren Kopf gehabt. Das waren so die ersten Phasen, wo eigentlich ein kleines Stück Leben zurückgekommen ist	Freude gönnen
4	Ich hab versucht (die Art des Todes) nachzuvollziehen.	in die Lage des Kindes versetzen
5	Was geht da vor? Ich wollte mich da hineinversetzen in mein Sohn.	In die Lage des Kindes versetzen
6	Ich hab versucht mit dem Lockführer zu sprechen.	Gespräch mit Zeugen
7	...ich unterhalte mich auch mit ihr	Nähe zum Kind
8	Mein Mann hat gleich nach zwei Monaten gesagt: „Wir müssen was tun, sonst gehen wir zugrunde."	Hilfe durch Selbsthilfegruppe
9	...ihre Sachen herauskrame und in den Arm nehme um sie einfach in der Nähe zu spüren.	Nähe zum Kind
10	Da bin ich aber tief traurig und fang auch wieder an in ihren Sachen zu kramen, mir wieder was raushole und lese, da brauch ich das.	Nähe zum Kind
11	...dann will ich einfach mal wieder eine viel nähere Verbindung darstellen, sie herholen.	Nähe zum Kind
12	Wenn ich tief traurig war, bin ich da rein gegangen. Dann hab ich sie auch gespürt, ich hab ihren Geruch gespürt. Und das hat mir geholfen.	Nähe zum Kind
13	Nur im Hinterkopf hat man ja: Selbsthilfegruppe, irgendwie wird einem da geholfen.	Hilfe durch die Selbsthilfegruppe
14	Wir persönlich hätten gern geredet.	Bedürfnis zu reden
15	Man muß an sich arbeiten um auch mal wieder die Sonne zu sehen.	die Besserung muß man sich erarbeiten
16	...jetzt weiter machen, um die Trauer zu verarbeiten, das das Leben wieder Lebenswert ist.	zum Alltag zurück kehren
17	Ich bin auch in der ersten Zeit sehr viel mit dem Fahrrad unterwegs gewesen.	Freude gönnen
18	Man muß sich auch eine Freude gönnen.	Freude gönnen
19	Man muß gefördert sein um die Trauer minutenweise, nachher viertelstundenweise, halbstundenweise, stundenweise zu vergessen.	sich fordern um zu vergessen
20	Das ist in der Firma genauso gewesen, keiner will einem da ansprechen.	Umfeld redet nicht über der Tod

Tabelle 39: Zweiter und dritter Analyseschritt der 3. Kategorie (Fortsetzung)

3. Eigeninitiative

3.0.

ftl. Nr.	Paraphrase	Generalisierung
21	Man muß selber anfangen zu reden dann sind die anderen auch bereit, sonst passiert das nicht	Auf andere zugehen
22	Ich bin nach 8 Tagen wieder angefangen (zu arbeiten).	zum Alltag zurück kehren
23	Ich habe da regelrecht dran gearbeitet, nicht daran zu zerbrechen.	die Besserung muß man sich erarbeiten
24	Ich sag: Ich komme heute Abend nur um einfach mal zu reden	Bedürfnis zu reden
25	(mit der Übernahme von Perspektiven der Tochter) tröste ich mich oder habe Brittas Tod begriffen.	in die Lage des Kindes versetzen
26	Wenn ich mal unterwegs eine abgebrochene Blume finde, hebe ich sie auf und denk an Britta	Nähe zum Kind
27	Wenn Britta diesen schönen bunten Baum sehen würde, sie würde sich freuen.	Gegenstände des Kindes
28	(ihrem) Teddy sag ich jeden Abend gute Nacht, dann kriegt er von Britta einen Küsschen und gibt dann Brittas Bild ein Küsschen.	Gegenstände des Kindes
29	Ich bin dann auch nach sechs Wochen wieder zur Arbeit gegangen. Das kappte hervorragend.	zum Alltag zurück kehren
30	...hab mir eine Therapeutin gesucht, bin da ein Jahr hingegangen.	professionellen Rat
31	Und dann hab ich mir jemand anders (Therapeuten) gesucht und da bin ich dann regelmäßig hin gegangen.	professionellen Rat
32	Ich habe ein Gruppe gesucht, wo man sich wirklich austauschen kann.	Gruppe zum Austauschen gesucht
33	Und das Leben verändert sich, wenn man daran arbeitet und wenn man nicht damit vor sich hin vegetiert. Man wird zu etwas, das ich nie geglaubt hätte, das ich mich dahin entwickle	die Besserung muß man sich erarbeiten durch Unterstützung holen, einen Schritt vor den anderen Setzen
34	...hab dann gedacht: „Jetzt muß ich mal gucken, was ich tun kann.	Die Besserung muß man sich erarbeiten
35	Ich habe eine Schuldigen gebraucht. In dem Moment, ich hatte keinen Schuldigen, weil Frederik sich das Leben genommen hat und wir wussten nicht warum.	Schuldigen gesucht um den Tod des Kindes zu begründen
36	Gut, Du machst jetzt eine Therapie mit aber das hat mir letztlich überhaupt nichts gebracht. Die hab ich auch irgendwann abgebrochen, ich hatte zu dem Therapeuten keine Beziehung. Ich konnte mit dem Therapeuten nicht gut reden. Ich hatte das Gefühl, der schweb da oben irgendwo, der hört gar nicht zu. Ich mochte den nicht. Das lag an seiner Person. Das fing schon damit an, das er zum Schluß auf die Uhr guckte. Da hätte nie zwei Minuten länger gemacht. Ich hatte das Gefühl, der harkt das nur so ab. Ich hab mich nicht von dem verstanden gefühlt.	Therapie contraindiziert wenn zu dem Therapeuten kein Verhältnis aufgebaut werden kann, Der Therapeut das Thema nur abharkt, sich insgesamt unverstanden fühlt
37	Ich bin sofort wieder angefangen zu arbeiten nach einer Woche	zum Alltag zurückkehren
38	Wir haben dann auch versucht mit verschiedenen Leuten zu reden, Ärzte und Kinder- und Jugendpsychiatrien	professionellen Rat
39	Ich bin damit auch persönlich fertig geworden, weil ich das als Schicksal, gesehen habe.	Suizid als Schicksal auffassen
40	(Ich) bin dann die andere Woche sofort zur Schule gegangen und bin da offen mit umgegangen. und damit war die Luft raus.	auf die Mensch zugehen

Anhang C – Zweiter und dritter Schritt der Analyse

Tabelle 40: Zweiter und dritter Analyseschritt der 4. Kategorie

4. Hilfe

4.1. Therapeut

ftl. Nr.	Paraphrase	Generalisierung
1	Ich wäre überhaupt nicht in der Lage gewesen, zu dem Zeitpunkt eine Therapie zu machen.	Therapie zu beginn der Trauer unmöglich
2	Ich hab mich beeinflussen lassen und mir gesagt: das tuse dir jetzt nicht auch noch an.	Vor der Therapie wird noch zurückgeschreckt
3	Diese Einzelgespräche haben mir einfach nicht gut getan, weil der Therapeut nicht auf meine, zu dem Zeitpunkt tiefste Trauer eingehen konnte.	*Im Gespräch auf Belange des Kn eingehen wird*
4	...dieser Weg, nach dem Tod eines Kindes ist komplett ein anderer Weg, es wird nie wieder so wie es früher	neue Wege aus der Krise finden
5	Und wichtig wäre für den Therapeuten, die neuen Wege zu finden und nicht nach den Alten zu gucken, weil die helfen nicht.	neue Wege aus der Krise finden
6	Der beste Therapeut wäre eigentlich der, der so eine Ausbildung hat wie Sie und selber betroffen ist.	*bester Therapeut ist ein betroffener Th.*
7	viele Eltern nach 2-3 mal, daß sie sagen: „Nee, das hilft mir nicht ein Stück weiter.	*Therapie produktiv beim Gefühl der Hilfe*
8	dass eben ihre wirkliche Trauer und die Bewältigung das Alltags überhaupt nicht zum Tragen kommt.	Im Gespräche sollte Bewältigung des Alltags zum tragen kommen
9	...das (die Therapeutin) mir auch nach, heute immer wieder die Möglichkeit gibt, den Tod meines Sohnes einfließen zu lassen.	Therapeut sollte den Tod des Kindes immer wieder einfließen lassen
10	...daß dieser Mensch bei ihnen weinen darf, wirklich weinen darf.	Therapeut: sollte zulassen, daß die Kn wirklich weinen darf
11	Das das Kind präsent sein darf. Alles was mit dem Kind zusammenhängt, das Gute oder das Schlechte	Therapeut sollte zulassen, das - das Gute und schlechte des Kindes präsent sein darf.
12	was kann man machen, wenn ich jetzt am Arbeitsplatz auf einmal in Heulkrampf kriege.	Im Gespräch sollte ein Lebensplan erstellt werden
13	In der Therapie könnte man z:B. ein Lebensplan aufstellen, für eine Woche.	Im Gespräch sollte ein Lebensplan erstellt werden
14	für die Therapie ganz wichtig, ein Ritual zu üben, mit dem Menschen. Z.B eine Geburtstagsparty vorzubereiten, den Todestag vorzubereiten. Weihnachten.	Im Gespräch sollte ein Lebensplan erstellt werden
15	ein Therapeut , wenn er so jemanden nimmt, in die Therapie, muß er sagen: Ich muß mich erst mal mit dem Thema Trauer beschäftigen.	Therapeut sollte bei: - Therapiezusage sich zum Thema Trauer Weiterbildung
16	Und das wäre für einen Therapeuten auch wichtig Wege zu finden, zu gucken, was macht der eigentlich für eine Arbeit. Vielleicht gibt es eine Möglichkeit eine neue Arbeit zu machen	neue Wege aus der Kriese finden
17	Es kann nur jedem Familientherapeuten raten, sich dem Thema Trauer anzunehmen.	Therapeut raten, sich mit dem Thema Trauer generell anzunehmen
18	Und da konnte man eben auch alles raus lassen, was mir sehr gut (getan hat), alles sagen , was uns bedrückt (hat) und geschimpft auf den Freund. Er hat einfach zugehört und nichts gesagt. Vielmehr, er hat uns noch unterstützt.	Im alles raus lassen können

166

Tabelle 41: Zweiter und dritter Analyseschritt der 4. Kategorie (Fortsetzung)

4. Hilfe

4.1. Therapeut

lfd. Nr.	Paraphrase	Generalisierung
19	Ich bin dann auch in eine Verhaltenstherapie geraten, hab gemerkt, dass ich da völlig falsch bin, dass ich genau das viel zu gut konnte, nämlich zu funktionieren.	Verhaltentherapie contraproduktiv
20	Die hat im Grunde Körperarbeit gemacht.	Therapie in form von Körperarbeit
21	Im Grunde hab ich mit ihr das Ganze immer wieder von vorne nach hinten gedreht.	Therapeut sollte den Tod des Kindes immer wieder einfließen lassen
22	Ich mußte mein Leben aufdröseln, da sind Schuldgefühle die kann man nicht beschreiben,	In der Therapie sollte das eigene Leben angeschaut werden, um die Schuldgefühle zu verstehen
23	man ist gezwungen, sich sein Leben anzugucken: Warum ist den das Erleben mit meiner Tochter so verlaufen? Also man muß im Grundegenommen seine ganze Geschichte noch mal bearbeiten.	In der Therapie sollte das eigene Leben angeschaut werden, um die Schuldgefühle zu verstehen
24	Also ich denke die Scham der Eltern ist da noch enorm groß.	Vor Therapie wird noch zurückgeschreckt
25	Man wälzt das Leben immer wieder von vorne nach hinten. Ich denke, daß ich zum 1000mal in der Therapie alles wieder durchgewälzt habe. Das war aber wichtig, auf jemanden zu treffen, der sich das zum 1000sten mal anhört.	Therapeut sollte den Tod des Kindes immer wieder einfließen lassen
26	Da war Verhaltenstherapie genau das falsche.	Verhaltentherapie contraproduktiv
27	Das Erste, wo sich bei mir was gelöst hat, daß überhaupt weinen möglich war, daß war durch Körperarbeit. Ich hatte das Gefühl, ich bin links ganz zusammen geschrumpft. Nur vom hinlegen und spüren. Man ist wirklich nicht mehr ganz.	Therapie in form von Körperarbeit
28	...immer wieder die Chance haben, darüber zu reden. Und das einmal die Woche und dann kann ich wieder nach Hause gehen und kann das wieder ein paar Tage an die Seite stellen, aber mit dem Gefühl in der nächsten Woche, alles was sich aufstaut, ich kann es wieder rauslassen.	Therapeut sollte den Tod des Kindes immer wieder einfließen lassen
29	In der Therapie konnte man sagen: „Die kriegt ihr Geld dafür, die muß das jetzt." Das man weg kam von diesem „Ich will jetzt nicht wieder zur Last fallen."	Therapeut wirkt dem Gefühl entgegen, anderen zur Last zu fallen.
30	Da sind vielleicht noch Berührungsängste (von Betroffenen Eltern mit der Therapie)	Vor Therapie wird noch zurückgeschreckt.
31	Meine Erfahrungen sind, das die Leute ja immer noch Therapie als was nicht Selbstverständliches ansehen und ich denke mit der Problematik nicht so ohne weiteres dahingehen.	Vor Therapie wird noch zurückgeschreckt
32	Ich habe einen Kaplan kannengelernt und hatte also dann die Gelegenheit, mit dem alle vier Wochen ein Gespräch zu führen. Ich habe mich fast über ein ganzes Jahr regelmäßig mit dem drüber auseinander gesetzt.	Über ein Jahr alle vier Wochen ein Gespräch

167

Anhang C – Zweiter und dritter Schritt der Analyse

Tabelle 42: Zweiter und dritter Analyseschritt der 4. Kategorie (Fortsetzung)

4. Hilfe

4.1. Therapeut

ftl. Nr.	Paraphrase	Generalisierung
33	Das Reden war kein Problem, es lag daran, das ich unheimlich Vertrauen hatte. Weil er sehr gut zuhören konnte, sehr aufmerksam war und wirklich die Dinge mitkriegte, die einen betroffen machten, nicht vom Verstand an das Thema ran ging.	Im Gespräche sollten Vertrauen vom Kn vorhanden sein, der Th. gut zuhören können und nicht nur vom Verstand an die Sache angeht
34	Er hat versucht mich durch Fragestellungen in Richtungen zu drängen, in die ich nicht wollte. Statt zu gucken was ich wollte und worüber ich reden wollte.	Im Gespräche sollte sich der Kn nicht gedrängt fühlen und die Wünsche verstanden werden.

Tabelle 43: Zweiter und dritter Analyseschritt der 4. Kategorie (Fortsetzung)

4. Hilfe

4.2. Selbsthilfegruppe

ftl. Nr.	Paraphrase	Generalisierung
35	...andere Menschen zu treffen, die genau das gleiche Schicksal haben wie ich, nämlich ein Kind zu verlieren	Menschen mit dem selben Schicksal treffen
36	...und dann kommen sie in so eine Gruppe rein und hören auf Menschen, denen es ganz genauso geht. Die auch erzählen: Ich glaub ich werde verrückt, ich bin irrsinnig, ich muß ins Landeskrankenhaus, von genau den gleichen Gefühlen erzählen, die sie selber auch haben. Das war für mich der Lebensanker überhaupt	Menschen mit dem Glauben verrückt zu werden treffen
37	...durch die Selbsthilfegruppe haben wir natürlich auch Freundschaften geknüpft.	Freunde durch die Selbsthilfegruppe gewonnen
38	Wir wissen da ganz genau, daß unsere Kinder präsent sind, diese Gefühle hat man nicht, wenn man mit unbeteiligten losgeht.	Menschen mit dem selben Schicksal lassen die toten Kinder immer präsent sein.
39	Am meisten geholfen hat mir die Gruppe Verwaiste Eltern.	Größte Hilfe Bot die Selbsthilfegruppe
40	Man hat so ein bißchen Angst aber es ist egal, ob es ein Unfall oder Suizid war, man hat sich gleich so geborgen gefühlt. Man konnte alles erzählen, man hat sich verstanden gefühlt. Das ist das wichtigste an der ganzen Sache.	Verständnis der Gruppenmitglieder bei der Art der Trauerbewältigung
41	eine Frau, mit der ich fast jeden zweiten Tag telefoniere, das wir uns sagen, wenn`s uns schlecht geht, wir haben Radtouren gemacht, diese Dinge haben mir unwahrscheinlich geholfen.	Freunde durch die Selbsthilfegruppe gewonnen
42	Wenn ich diese Menschen nicht gehabt hätte, ich glaube dann hätte ich das nicht geschafft.	größte Hilfe Bot die Selbsthilfegruppe
43	In der Gruppe spürt man einfach, die wissen genau was man denkt, was man fühlt. Man kann alles sagen, alles erzählen, auch wenn es noch so dumm ist.	man spürt das Verständnis in der Selbsthilfegruppe
44	Klar, wenn wir die Gruppe nicht gehabt hätten, hätte man irgendwas machen müssen, ich glaube dann wäre ich richtig krank geworden.	SHG hat Psychosomatische Beschwerden verhindert
45	(Die Gruppe) Ist zwar eine Hilfe, doch schaffen muß man das alleine	die Gruppe ist zwar eine Hilfe, doch schaffen muß man das alleine.
46	Und dann haben wir uns untereinander auch besucht.	Freunde durch die Selbsthilfegruppe gewonnen
47	Wir haben in der Gruppe Personen kennen gelernt, die genauso empfinden wie wir, und auch nach Hilfe ringen.	Verständnis der Gruppenmitglieder bei der Art der Trauerbewältigung
48	Also uns hat es gut getan und ich kann es auch nur jedem empfehlen.	man kann es nur jedem empfehlen.

Anhang C – Zweiter und dritter Schritt der Analyse

Tabelle 44: Zweiter und dritter Analyseschritt der 4. Kategorie (Fortsetzung)

4. Hilfe

4.2. Selbsthilfegruppe

ftl. Nr.	Paraphrase	Generalisierung
49	Ich bin lange nicht mehr da gewesen, weil mir tun jetzt die Leute, die jetzt neu kommen, leid, das schmerzt richtig. Dann muß ich jedes Mal weinen, so leid tun die mir.	Nicht mehr zur Gruppe gehen, weil das Schicksal der Neuen schmerzt.
50	Das ist ein Frage, die hab ich im Kreis noch nicht stellen wollen (nach der Sexualität)	
51	Die Gruppe hat eine sehr große Rolle gespielt (beim Begreifen von Brittas Tod). Weil ich da hingehen konnte und reden konnte, wie mir zumute ist. Was ich fühle, was ich empfinde.	Verständnis der Gruppenmitglieder bei der Art der Trauerbewältigung
52	Wir konnten jeder reden, wie wir wollten, wie uns danach zumute war. Wir konnten die verrücktesten Sachen sagen. Wir wurden ernst genommen. Es wurde nicht widersprochen. Und ich konnte reden und weinen.	Verständnis der Gruppenmitglieder bei der Art der Trauerbewältigung
53	Was haben wir geweint in der Gruppe	Man konnte weinen in der Gruppe
54	Dann nehm ich den Teddy und drück ihn so und wenn sie das in der Gruppe erzählen, das ist ganz normal, das ist ganz vernünftig.	Verständnis der Gruppenmitglieder bei der Art der Trauerbewältigung
55	Ich sag Britta und dem Teddy jeden Abend gute Nacht. Da wird nicht gelästert.	Verständnis der Gruppenmitglieder bei der Art der Trauerbewältigung
56	Dort ist das alles ganz natürlich. Man kann jede Regung erzählen und über alles reden und sprechen.	Verständnis der Gruppenmitglieder bei der Art der Trauerbewältigung
57	Wenn andere erzählen: „Ich laufe im Pullover meines Sohnes rum", dann können sie nachvollziehen, warum er das tut.	Verständnis für die Art der Trauerbewältigung der anderen
58	Und ich war eigentlich die einzige, die ein Kind verloren hatte. Und da fand auch kein Verständnis. Denn die stellten das so hin, als wenn mein Großmutter mit 80 Jahren gestorben ist.	Zusammensetzung der SHG war ungünstig, somit kein Verständnis erfahren.
59	...da hat man mir auch dauern versucht einzureden, Du must doch eine Wut auf deine Tochter haben, das sie dir das angetan hat.	Zusammensetzung der SHG war ungünstig, somit kein Verständnis erfahren
60	In der Gruppe habe ich dann ein Jahr gesessen: „da habe ich mich aber nachher wieder raus gezogen. Ich hatte kein Gegenüber. Das waren alles Eltern mit Krankheiten und Unfall. Und hat zwar jeder sich angehört, wenn ich was gesagt habe aber Rückfragen kamen auch da nicht. Das waren auch ganz andere Todesarten, das paßte dann nicht.	Zusammensetzung der SHG war ungünstig, somit kein Verständnis erfahren
61	...und hab gesagt: Wenn jemand kommt mit der Problematik, dann sagen Sie mir bescheid, ich setz mich als Gegenüber hin und sage: ja und dieses Gefühl kenn ich oder das ist das was man eigentlich braucht.	Eigene Erfahrungen als Reflektion anbieten

Tabelle 45: Zweiter und dritter Analyseschritt der 4. Kategorie (Fortsetzung)

4. Hilfe

4.2. Selbsthilfegruppe

lfd. Nr.	Paraphrase	Generalisierung
62	Es geht wirklich um Todesarten: Schulgefühle sind bei allen.	
63	Ich geh heute hin, weil das für mich ein Raum ist, an meine Tochter intensiv zu denken und hier darf man darüber reden und man kann nach zehn Jahren noch sagen: „Ich bin traurig heute."	Zusammensetzung der SHG war ungünstig, somit kein Verständnis erfahren SHG als Ort der Besinnung des Verständnisses gerade nach Jahren der Traue
64	Und während des Seminars, an dem auch Eltern teilgenommen haben, deren Kinder schon 9 oder 10 Jahre Tod waren, habe ich also mitbekommen, wie Eltern trauern und was die eigentlich alles anstellen können und wie die sich eigentlich zurückziehen können. Und mir ist zumindest klar geworden, wie schwer das ist, wenn man sich verbuddelt und überhaupt nicht darüber spricht und sich zurückzieht.	Seminarteilnehmer geben Beispiele, wie man nicht Trauern sollte.
65	Ich würde es (ein Seminar über Trauer) auf jeden Fall empfehlen.	Seminar über Trauer ist empfehlenswert
66	Wir hatten sehr viele Freunde mit denen wir sprechen konnten, die haben sich nicht zurückgezogen, die waren sehr geduldig mit uns, wir hatten viel die Möglichkeit zu reden.	Möglichkeit mit Freunden zu sprechen
67	...das hat mir sehr geholfen, mit dem Tod umzugehen. Das ich aus diesen Negativbeispielen Rückschlüsse für mein Leben gezogen habe.	Seminarteilnehmer geben Beispiele, wie man nicht Trauern sollte
68	Für mich war ganz prägend dieses Seminar. So konnte ich für mein Leben die Richtung sehen, wie ich mit dem Tod nicht umgehen (wollte).	Seminarteilnehmer geben Beispiele, wie man nicht Trauern sollte

Anhang C – Zweiter und dritter Schritt der Analyse

Tabelle 46: Zweiter und dritter Analyseschritt der 4. Kategorie (Fortsetzung)

4. Hilfe

4.3. Alltag

ftl. Nr.	Paraphrase	Generalisierung
69	Mich hat interessiert, wie geht es weiter? Wie bewältige ich meinen Alltag? Wie komme ich mit meinen traurigen Zeiten klar?	Alltag und Daten planen
70	Wenn ich auf der Arbeit sitze und es fängt an mir schlecht zu gehen und ich muß heulen, was kann ich tun oder wie kann ich das irgendwie bewältigen?	Alltag und Daten planen
71	Wir haben manchmal Kontakt zu Pastoren, die auch betroffen sind. Und da haben wir total guten Kontakt zu weil die eben auch die Situation der Leute gut verstehen.	betroffene Pastoren verstehen betroffenen Eltern besser
72	Wir haben festgestellt, wichtig ist es einfach in dieser Trauerzeit Dinge zu planen.	Alltag und Daten planen
73	Vielleicht gibt es eine Möglichkeit eine neue Arbeit zu machen. Ich habe auch die Arbeit gewechselt, da war mein Sohn 1 ½ Jahre tot, da hab ich gedacht, das erdrückt mich alles. Ich hab innerhalb der Firma die Stelle gewechselt	Arbeitsplatz als Strukturvorgabe
74	Berufliche Veränderungen waren sehr gut und dann auch private Veränderungen.	private und berufliche Veränderungen
75	Loslassen von Kindern (im Sinne Freuds) wollen wir gar nicht. Und das ist auch in Ordnung so.	präsent des Kind
76	Den Leichnam zu sehen das war mein Wunsch. Das war auch so ein Ding, für das ich gelebt habe, die Woche bis zur Beerdigung.	Leichnam des Kindes sehen ist wichtig
77	Die (Bestatter) haben alle Möglichkeiten und man kann nur einen Arm rausgucken lassen. Irgendwas, was die Eltern anfassen können. Jede Mutter wird die Hand ihres Kindes erkennen.	Leichnam des Kindes sehen ist wichtig
78	Es entstehen auch ganz starke Eheprobleme. Sie müssen sich das so vorstellen, mein Mann hat eine lebensfrohe Frau geheiratet, das war mit einem Tag vorbei.	Eheprobleme durch Änderung der Persönlichkeit
79	Sie lebt einfach mit mir weiter, so kann ich das sagen. Ich hab sie nicht mehr in meiner Nähe, ich kann sie nicht mehr berühren, sie ist aber eben ganz dicht bei mir.	Präsenz des Kindes
80	Mein Mann hat gesagt: Wir müssen sehen, das wir hier raus kommen, sonst schaffen wir das nicht.	Alltag und Daten planen
81	Sie hätte doch sagen können: Ich versteh dich oder das wird schon wieder werden oder verliere nicht den Mut, du wirst schon wieder, Du wirst schon wieder die Kraft finden am Leben teilzunehmen und nicht mehr so trübe Gedanken haben.	richtige Worte finden
82	Ich konnte mit meinem Lebensgefährten reden.	Gespräche mit dem Lebenspartner
83	Ich konnte zu den verwaisten Eltern gehen und mit Bekannten die ich hatte, konnte ich immer über Britta reden. Und das hat mir geholfen. Ich habe viel geredet.	Gespräche mit der SHG und Freunden
84	Wenn ich spazieren ging, dann habe ich Brittas Namen ganz laut gerufen. Das hat mich irgendwie befreit und ich habe gemeint, die hört es.	lautes Rufen des Namens
85	mir war klar, ich muß mir eine Hilfe suchen, ich kann damit nicht zuhause sitzen und das mit mir selber abmachen.	Hilfe suchen

172

Tabelle 47: Zweiter und dritter Analyseschritt der 4. Kategorie (Fortsetzung)

4. Hilfe

4.3. Alltag

ftl. Nr.	Paraphrase	Generalisierung
86	Und das (Gefühl einem Menschen zu begegnen, der die Probleme kennt) hab ich wirklich erst in einem Buch gefunden.	Literatur
87	Dieses Loswerden können. Und das ganze noch mal und noch mal immer wieder, den das ist das, was täglich im Grunde abläuft.	in Gesprächen belastendes immer wieder loswerden können
88	Ich hab mein Arbeit gemacht, ich bin dahin gegangen, ich war sehr dankbar.	Arbeitsplatz als Strukturvorgabe
89	Ich fahr jetzt zur Kur und ich fahr das nächste Jahr noch mal 8 Wochen. Ich hab mir diese Zeit dann geben können.	Zeit für eine Kur geben
90	Die (Arbeit) hatte ein ganz wichtige Funktion. Das hatte so ein Gewicht, das ich da gut funktioniert habe. Also sich da kein Schwächen erlauben.	Arbeitsplatz als Strukturvorgabe
91	Der Inhalt war, das wir über Frederik gesprochen haben, zunächst über den Tod selber und auch über das „Warum?". Und zu gucken, wie ich damit klar komme. Und das ich das durch den Glauben besser annehmen konnte.	Inhalt der Gespräche war der Tod des Kinde, das Warum und der eigen Status quo
92	Mit den Freunden haben wir sehr viel darüber gesprochen. Oder auch mit den Nachbarn.	Gespräche mit den Freunden
93	Fand ich schlimm das es nicht erlaubt war (den Leichnam des Kindes zu sehen). Die hatten den Auftrag mich davon abzuhalten.	Leichnam des Kindes sehen ist wichtig
94	Ich glaube es ist sicherlich besser, weil ich wahrscheinlich schlimm aussah und nicht wiederzuerkennen war. Es wäre wahrscheinlich nur ein Schock gewesen. Aber was das Gefühl angeht, sich von jemanden verabschieden zu müssen, dann wäre es wichtig gewesen.	Leichnam des Kindes sehen ist wichtig.
95	Um sich verabschieden zu können.	Leichnam des Kindes sehen ist wichtig
96	Ich würde auf jeden Fall, jeden immer empfehlen, wenn es eben möglich ist, sich schon zu verabschieden.	Leichnam des Kindes sehen ist wichtig
97	Also ich denke, dass ich jetzt Frederik so in Erinnerung behalte, wie er gewesen ist. Wenn ich ihn aber gesehen hätte, dann wäre vielleicht auch ein Teil verloren gegangen.	Leichnam des Kindes sehen kann zerstören
98	Also einen Großteil sind wir zusammen gegangen und haben uns auch stützen können.	Ehepartner als Stütze durch zulassen von Gefühlen
99	Ich denke, das wir auch Gefühle zulassen konnten. Einer halt für den anderen da war, wenn es schwierig war.	
100	Wobei ich mir manchmal von meinem Mann gewünscht hätte, das er mehr darüber geredet hätte.	Wunsch an den Mann mehr über den Tod zu reden
	Vielleicht ist es für uns erleichternd, das wir keinen Antwort bekommen haben. Vielleicht wäre ein Abschiedsbrief oder so viel schlimmer gewesen.	mit Abschiedsbrief vielleicht Vorwürfe bekommen

Anhang C – Zweiter und dritter Schritt der Analyse

Tabelle 48: Zweiter und dritter Analyseschritt der 4. Kategorie (Fortsetzung)

4. Hilfe

4.3. Alltag

lfd. Nr.	Paraphrase	Generalisierung
101	…wir haben ein Wochenendseminar mitgemacht. Und das waren Eltern, die auch noch unter diesem Tod sehr standen, und da hab ich festgestellt, so dürfen wir da nicht mit umgehen. Dann ist unser Leben nicht mehr lebenswert.	Seminar gibt negative Trauerbeispiele
102	Ich bin da selbst mit fertig geworden, keine Notwendigkeit, irgendwelche Psychologen aufzusuchen. Wenn ich mit Ärzten gesprochen habe war es das Gleiche.	Gespräch mit Ärzten und Psychologen

Tabelle 49: Zweiter und dritter Analyseschritt der 5. Kategorie

5. soziales Umfeld

5.1. erlebtes Verhalten

lfd. Nr.	Paraphrase	Generalisierung
1	...hat mir eine nette Kollegin einen Zeitungsartikel auf den Tisch gelegt, da wurde die Selbsthilfegruppe gegründet.	Hinweis auf SHG gegeben
2	Der (Pastor) ist mit mir allein in die Kirche gegangen und hat für Bernd gebetet.	Beten für das Kind
3	Also, Freunde sind aus dieser Zeit überhaupt nicht geblieben.	keine Freunde aus der Zeit vor dem Suizid
4	Die Ansprüche an Menschen, die ihre Kinder verloren haben, sind hoch.	Unverständnis gegenüber der Trauerarbeit
5	Mein Mann, der hat nach 1 ½ Jahren fast gar nicht mehr ausgehalten mit mir.	Eheprobleme
6	(Der Lokführer) hat das auch abgelehnt (mit der Mutter zu sprechen).	Gespräche abgelehnt
7	Weil der Bestatter mir das (sehen des Leichnams) verweigert (hat). Er hat gesagt: Der ist so stark entstellt, das mach ich nicht.	Verweigerung des Sehens des Leichnams
8	Das (besprechen der Gefühle und Gedanken, die einem durch den Kopf gehen) kann man nicht mit Nachbarn, die verstehen das einfach nicht.	Art der Trauerarbeit verstehen unbetroffene nicht
9	...dann ist ja von den Nachbarn: „Fahrt in den Urlaub, vergesst! Und dann seht ihr was anderes.".	Ideen sich abzulenken
10	Die Nachbarn sind vor uns weggelaufen. Wir kamen hier aus dem Haus und die Nachbarn drüben kamen auch gerade aus dem Haus, sofort zurück und Tür zu.	Isolation
11	Und wenn man mal selbst eben das Thema anschneidet, wird überhaupt nicht drauf reagiert.	Gespräche abgelehnt
12	...nicht mal, das man daran dachte zu kommen, zu besuchen.	Isolation
13	...zu mir gesagt hat: „Ich weiß ja nicht, ob Jutta genügend geglaubt hat" Und das war für mich einfach zuviel, das beschäftigt mich heute noch.	Verhalten des Kindes zu Lebzeiten in Frage stellen
14	Die Leute behandeln einen als wenn man Aussätziger ist.	als Aussätziger behandelt
15	Nachbarn, die haben sich auch zurückgezogen.	Isolation
16	Hat ihre Tochter das auch gemacht? Das wird keiner mehr sagen.	keine Reaktion
17	Bei der Erwähnung des Namens nehmen (sie) das einfach zur Kenntnis und das ist dann o.k..	keine Reaktion
18	Unser Nachbar, der hat gesagt: „Daniel, bleib nicht zulange zuhause, geh früh genug zur Arbeit."	Ideen sich abzulenken
19	(Der Beginn der Arbeit) das ist wie so ein Spießrutenlaufen. Sie werden angeguckt, wie so ein Aussätziger.	als Aussätziger behandelt
20	Ich hab nachher gesagt: Mensch Du musst jetzt mehrfach durch den ganzen Betrieb durchgehen, damit sie dich alle sehen.	auf die Menschen zugehen
21	(Angesprochen wurde man von den) Arbeitskollegen, die auch schon etwas mitgemacht haben. Und die mußten schon etwas älter sein. Junge Leute sowieso nicht, die waren ja auch hilflos.	Alter erfahrene Kollegen waren hilfreich
22	Und ich hatte damals das Gefühl, als Britta starb, sie war mehr sensationslüstig.	Sensationsgier

175

Anhang C – Zweiter und dritter Schritt der Analyse

Tabelle 50: Zweiter und dritter Analyseschritt der 5. Kategorie (Fortsetzung)

5.soziales Umfeld

5.1. erlebtes Verhalten

ffl. Nr.	Paraphrase	Generalisierung
23	Sie (die Schwester) war hier und dann nahm ich auch so den Teddy gehalten, und das fand sie entsetzlich.	Art der Trauerarbeit verstehen Unbetroffene nicht
24	Ich krieg auch „gute" Ratschläge, die sie ja von allen kriegen: Die Zeit heilt Wunden und das Leben geht weiter und Du mußt doch darüber wegkommen, Du bist doch nicht die einzige.	Worthülsen
25	Die Nachbarn haben alle ganz normal reagiert. Es war nicht so, daß die sich zurückgezogen haben.	Außenstehende haben normal reagiert
26	Denn die (Nachbarn) waren vielleicht am Anfang auch neugierig. Die waren vorsichtig.	Außenstehende haben normal reagiert
27	Ich bin angesprochen worden, ich konnte über Britta reden.	Außenstehende haben normal reagiert
28	Mit (meinem Lebensgefährten) kann ich heute noch über Britta sprechen.	Partner ist eine Stütze
29	Meine Schwester versuchte mir klar zu machen: Britta ist krank.	Verhalten des Kindes zu Lebzeiten in Frage stellen
30	Und dann stellte sich heraus, daß diese Kollegin nicht wollte, daß ich mit ihr in einem Raum sitze. Ich erinnere sie jeden Morgen an ihre Tochter.	Isolation durch Erinnerungen
31	Und dann hat (die Kollegin) mir gesagt: „Bild dir mal ja nicht ein, daß hier keiner weiß, was deine Tochter gemacht hat!"	Gespräche abgelehnt
32	Die wollen nicht mit einem reden, da ist einfach eine Grenze.	Keine Reaktion
33	Die anderen sagen einem das (die Vorwürfe) nicht so massiv. Aber man merkt das an vielen Stellen.	latente Vorwürfe
34	Da hat sich von meinen Freunden so ein Netzwerk gebildet.	Netzwerk aus Freunden
35	...daß nach einem Jahr gesagt wird: „Jetzt muß aber gut sein (mit der Trauer)."	Art der Trauerarbeit verstehen Unbetroffene nicht
36	Das war so, daß sämtliche Leute, die wir kennen, total betroffen waren.	Betroffenheit bei Außenstehenden
37	Was sehr positiv war, ist, daß ganz ganz viele uns direkt auch besucht haben, gekommen sind und direkt nach dem Tod also die ersten Tage, wir auch so gut wie nie alleine waren.	Angesprochen werden
38	Was wir nicht gehört haben ist so eine Meinung: „Die sind ja selber schuld."	es gab keine Anschuldigungen
39	Wir haben erlebt Leute dann, die uns dann halt nicht so nahe standen, auf die andere Straßenseite gegangen sind.	Isolation
40	Die Sekretärin kam aus der Tür und sieht mich und schlägt sich mit der Hand vor dem Mund und geht wieder ins Zimmer rein.	Isolation
41	Auf uns sind viele Leute zugekommen. Verwandte, Freunde....	Netzwerk aus Freunden durch Zugehen
42	Also ich kann mich wirklich an nichts erinnern, was sehr negativ war.	es gab keine Anschuldigungen
43	Es gab wohl Zufallverletzer, aber das ist nicht boshaft gemeint. Das hat mit der eigenen Empfindlichkeit zu tun.	Zufallsverletzer

176

Tabelle 51: Zweiter und dritter Analyseschritt der 5. Kategorie (Fortsetzung)

5. soziales Umfeld

5.1. erlebtes Verhalten

lfd. Nr.	Paraphrase	Generalisierung
44	...ganz häufig, daß in Gesprächen Themen angesprochen werden, wo man selber denkt: Können die nicht den Mund halten? Müssen die darüber sprechen? Oder: Warum denken die nicht daran, daß das Thema für mich so schwer ist.	Zufallsverletzer
45	...daß wir Freunde gehabt haben, die uns in dieser Phase sehr geholfen haben.	Netzwerk aus Freunden
46	Es traf sich immer wieder, das alle, die Frederik kannten total verunsichert waren, daß das passiert sein konnte.	Verunsicherung der Außenstehenden
47	Das sieht man aber bei jedem Tod, das viele dann zunächst meinen, einem aus dem Weg zu gehen.	Isolation

Anhang C – Zweiter und dritter Schritt der Analyse

Tabelle 52: Zweiter und dritter Analyseschritt der 5. Kategorie (Fortsetzung)

5. soziales Umfeld

5.2. Ideen über das Verhalten

lfd. Nr.	Paraphrase	Generalisierung
48	Der „Tod an sich" wird tabuisiert.	Tod ist tabuisiert
49	(Der Lokführer hat das Gespräch abgelehnt) aus Angst wahrscheinlich, daß ich ihn Vorwürfe mache.	Angst vor Vorwürfen
50	Aber heute denkt ich: Sie wußten es nicht anders. Sie haben einfach irgendwie versucht Mut zu machen. Ich weiß, das war Unwissenheit.	verletzendes Verhalten ist Unwissenheit, Sie haben versucht Mut zu machen.
51	(Die Reaktion der Nachbarn, wenn man ihnen erzählen würde, wie man die Trauer bewältigt, wäre) erschrocken. Die wären wahrscheinlich still und würden nichts sagen. Oder sie würden im Nachhinein denken: Ja, Frau Löhmann, die spinnt allmählich.	Art der Trauerbewältigung wird von Außenstehenden nicht verstanden
52	Das war wahrscheinlich der Tod, daß die (Nachbarn) da so nicht mit klar kommen.	Tod ist tabuisiert
53	Das ist vielleicht auch Angst. Die leben ja in einer heilen Welt.	Außenstehende leben in einer heilen Welt
54	Die wollen mit dem Tod dann nichts zu tun haben. In dem Moment vielleicht ja, wenn es akut ist, aber so im Nachhinein, das ist jetzt schon so lange her, das müßte eigentlich vergessen sein.	Tod ist tabuisiert
55	So nach drei Jahren, hätte ich mich wahrscheinlich auch nicht mehr so damit beschäftigt, um ganz ehrlich zu sein.	eigenes Handeln sähe nicht anders aus
56	So hab ich das Gefühl gehabt, daß die einfach gedacht haben: Och das geht ja alles wieder. Nach außen hin sieht auch alles in Ordnung aus.	Art der Trauerbewältigung wird von Außenstehenden nicht verstanden
57	(Daß die Nachbarn nicht mal zu Besuch kamen) denke ich, alles aus Angst.	Isolation aus Angst
58	Den fehlten einfach die Worte, die richtigen Worte.	Isolation, weil die richtigen Worte fehlen
59	...wir wollten ja immer dasselbe erzählen und das ist so, daß die Nachbarn (das) einfach nicht hören wollten.	Außenstehende verstehen die Art der Trauerarbeit nicht
60	Die meisten können da nicht mit umgehen. Das ist auch gar nicht so einfach. Man hat ja überhaupt kein Gefühl dafür. Das ist Angst, irgendetwas falsch zu sagen.	Angst vor dem Umgang mit Angehörigen, weil das Gefühl fehlt
61	Sie ist egoistisch, selbstbewußt. Sie ist zu stark und meint, man könne sich nicht gehen lassen, man muß sich zusammenreißen, und es wird schon wieder.	Isolation durch Egoismus und zum schein waren
62	(die Tochter der Arbeitskollegin) hatte einen Unfall, sie haben eine Entschuldigung.	Tod durch Unfall ist entschuldbar, Suizid nicht
63	Das Thema finden alle schrecklich. Das will dann auch keiner richtig ausführen oder nachfragen.	Tod ist tabuisiert
64	...niemand will es mehr wissen. Die sagen alle: Das ist jetzt 8 Jahre her und das reicht jetzt.	Außenstehende verstehen die Art der Trauerarbeit nicht

Tabelle 53: Zweiter und dritter Analyseschritt der 5. Kategorie (Fortsetzung)

5. soziales Umfeld

5.2. Ideen über das Verhalten

ftl. Nr.	Paraphrase	Generalisierung
65	Die sind nicht in der Lage darüber zu sprechen, weil die Angst haben. Angst vor dem Thema und Angst, uns in der Situation anzusprechen.	Isolation durch Angst vor dem Thema und der Situation
66	...das die Angst hatten, das Gespräch mit einem zu suchen. Es ist eine Unsicherheit und Angst der anderen Person, mit einem darüber zu sprechen.	Isolation aus Angst und Unsicherheit
67	...wenn jemand bei einem Verkehrsunfall zu Tode (kommt) – schlimm, aber Suizid ist vielleicht noch eine andere Ebene.	Tod durch Unfall ist entschuldbar, Suizid nicht
68	Das ist eine Abwarthaltung oder Unsicherheit. Das ist aber in keinster Weise negativ. So hab ich daraus gelernt, auf die Leute zuzugehen.	Isolation aus Unsicherheit und abwartende Haltung

Anhang C – Zweiter und dritter Schritt der Analyse

Tabelle 54: Zweiter und dritter Analyseschritt der 5. Kategorie (Fortsetzung)

5. soziales Umfeld

5.3. Eigeninitiative

ftl. Nr.	Paraphrase	Generalisierung
69	Man kann sich kurzfristig ablenken durch Arbeit.	Ablenken durch Arbeit
70	...die Betroffenen, wir gehen auf die Menschen zu und nicht die auf uns.	Angehörige gehen auf die Menschen zu
71	Und wir haben hier im Dorf viel zum Thema gemacht.	Öffentlichkeitsarbeit
72	...auf die Menschen zugehen, Mut machen, mit mir zu sprechen.	Angehörige gehen auf die Menschen zu
73	Wir haben die Therapeuten da alle geschult zum Thema.	Therapeuten sensibilisieren
74	...mit dem Ehemann überlegt: Was hätteste gerne gemacht, hast es aber nicht, mit Rücksicht auf ihn?	sich eine Freude gönnen
75	Und man will es ihnen (den Nachbarn) dann auch immer gar nicht sagen. Dann spielt man auch die heile Welt vor.	heile Welt vorspielen
76	Aber wir selbst haben uns wahrscheinlich auch abgeschottet.	gewollte Isolation
77	Wir machen das (Feiern) seit dem ja nicht mehr. Wir nehmen an nichts mehr Teil, weil wir es einfach nicht können.	Isolation durch Fernbleiben von Feiern
78	Ich kann an solchen Dingen (Silvesterfeier) nicht teilnehmen. Weil es ja nun gerade die Weihnachtszeit war.	Isolation durch Fernbleiben von Feiern
79	...so daß unser einer anfangen musste, und dann hab ich auch wieder Vertrauen gewonnen.	Angehörige gehen auf die Menschen zu
80	Ich persönlich werde auch, ob es in der Firma ist, ob es in der Nachbarschaft ist, immer unsere Jutta mit ins Gespräch bringen.	die Toten bewußt ins Gespräch bringen
81	Ich werde sie immer wieder ins Gespräch bringen.	die Toten bewusst ins Gespräch bringen
82	...weil ich dann auch sehe, daß die Leute dann Probleme damit haben, darüber zu sprechen oder jemanden anzusprechen, der in der Situation ist.	Angehörige gehen auf die Menschen zu
83	Aber es gibt auch Situationen wo mir das sehr klar war, daß die Leute so reagieren mußten, daß ich dann drauf zugegangen bin. Und bei anderen, bei denen es mir nicht so wichtig war, hab ich es halt gelassen.	Angehörige gehen auf die Menschen zu

Tabelle 55: Zweiter und dritter Analyseschritt der 6. Kategorie

6. Verlauf

6.1. generelle Aussagen

lfd. Nr.	Paraphrase	Generalisierung
1	Die erste Frage, die sich ziemlich lange hinzog, war das „Warum?".	lange nach dem „Warum?" gefragt
2	Der Ablauf auf der Arbeit, man sitzt da und heult. Man kann sich nicht dagegen wehren. Man kann nicht arbeiten, man bleibt wieder drei vier Tage zuhause, ist krank geschrieben.	Arbeit wäre unmöglich gewesen
3	Also die erste Zeit habe ich nur funktioniert, ich habe überhaupt nicht mehr gelebt, ich war bei lebendigem Leibe tot. Ich habe für nichts mehr Gefühle gehabt. Ich habe nur von einer Stunde auf die andere gelebt, geatmet, kaum gegessen.	in der ersten Zeit wie bei lebendigem Leib tot
4	...abgenommen bis auf's Skelett, an nichts mehr denken können, Phantomschmerzen, also körperliche Beschwerden in jeder hinsicht. Gallenschmerzen, obwohl man eigentlich gesund ist.	Physische und psychosomatische Beschwerden
5	...daß ich in dem Moment wirklich am Ende war, daß ich wahrscheinlich auch, wenn ich nicht so gesund gewesen wäre, tot umgefallen wäre.	seelische und körperliche Hölle
6	Man ist in einem tiefen Loch. Man weiß nicht wie es weitergeht. Es ist die seelische und körperliche Hölle. Man ist auch wirklich am Rande des Irrsinns.	seelische und körperliche Hölle
7	Das ganze Leben hat sich geändert	das ganze Leben hat sich geändert
8	Es (das Verhalten des sozialen Umfeldes) ist dann (nach Öffentlichkeitsarbeit) eher in Verständnis umgeschlagen und nicht mehr so in Vorwurf.	nach der Öffentlichkeitsarbeit gab es mehr Verständnis als Vorwürfe
9	Am Anfang wehrt man sich gegen dieses (wohlwollende) Gefühl (ohne Trauer).	Selbstbestrafung wegen Schuld am Suizid durch Verzicht
10	Ich erwisch mich heute noch dabei, daß ich mich bestrafe, wegen Bernds Tod, wegen seinem Suizid. Das ich einfach auf Dinge verzichte eben um mich zu bestrafen.	Selbstbestrafung wegen Schuld am Suizid durch Verzicht
11	Es dauert dann unheimlich lange Dinge zuzulassen, die dann wohltuend sind.	Zulassen von Wohltuendem dauert lange
12	...wenn ich das nicht kriege (Kontakt mit dem Leichnam) dann ist mein Leben vorbei.	Abschied ist lebensnotwendig
13	(Bei dem des Leichnams) war ich dann ganz ruhig. Ich hab ihn angefaßt, ich hab ihn gestreichelt und ich hab meinen Kopf auf seinen Bauch gelegt und geheult. Es war auch eine Überzeugung davon, daß er tot war.	Abschied ist lebensnotwendig
14	Wir haben ganz selten Männer, die auch wirklich abheulen in der Gruppe und die Trauer definitiv raus lassen.	Männer trauern introvertiert
15	Bei Männern ist es ganz oft so, daß sie verdrängen.	Männer verdrängen, Frauen beschäftigen sich mit der Trauer
16	Bei manchen (Männern) kommt es zu psychosomatisch(en Erkrankungen), daß die Asthma bekommen.	Männer bekommen psychosomatische Beschwerden

181

Anhang C – Zweiter und dritter Schritt der Analyse

Tabelle 56: Zweiter und dritter Analyseschritt der 6. Kategorie (Fortsetzung)

6. Verlauf

6.1. generelle Aussagen

lfd. Nr.	Paraphrase	Generalisierung
17	Anfangs war man ja auch so empfindlich. Ich hab das heute gelernt, nicht mehr so empfindlich zu sein.	die Trauer ändert sich, hört aber nie auf
18	Das habe ich heute nicht mehr (eine Wut im Bauch). Das hat sich alles gelegt.	die Trauer ändert sich, hört aber nie auf
19	Vielleicht kommt das ja mal wieder (Feiern). Aber ich muß das auch nicht haben.	generell keine Feiern mehr
20	Mit Panik (wird auf das Weihnachtsfest gewartet). Das ist einfach, die Angst davor. Da sind wir immer allein.	generell keine Feiern mehr
21	Weihnachten ist ja auch was ganz Bestimmtes, und ich denk, das ist eine ganz schwere Zeit, wenn die Kinder fehlen.	generell keine Feiern mehr
22	Dann kriegte ich Rheuma dazu, also chronische Polyarthritis, die ich seit drei Jahren habe.	psychosomatische Beschwerden
23	Ich hatte das vor einigen Wochen auch mal ganz extrem, daß ich mal wieder so traurig war. Man schafft die Arbeit kaum, man ist einfach wer weiß wie traurig. Ich hab überhaupt keine Lust am Tag was zu machen. Das Aufstehen allein fällt mir schwer. Ich meine, es ist fast wie eine Depression, daß ich mich nur danach sehne, daß ich wieder ins Bett gehen kann. Da kann ich hier sitzen, da vergehen zwei drei Stunden (und) es ist nichts passiert.	Trauer kommt in Phasen immer wieder
24	Das ist das, was mir jetzt einfach fehlt, daß wir ja jetzt nicht mehr können (über die Tochter und das Erleben zu sprechen). Das ist auch ein ganz großes Problem seit dem letzten halben Jahr.	nach einer gewissen Zeit geht jeder seinen Weg in der Trauer
25	Das war am Anfang so, wir haben geredet und geredet, Tag für Tag, das war ja nur noch das Thema.	nach einer gewissen Zeit geht jeder seinen Weg in der Trauer
26	Nur jetzt, denk ich, geht so jeder seinen eigenen Weg. Und mal sehen, wann wir wieder zusammenfinden.	nach einer gewissen Zeit geht jeder seinen Weg in der Trauer
27	Ich beschäftige mich da mehr mit (als mein Mann). Ich schaff dann auch die Trauer, daß ich mich damit beschäftige. Ich denke mein Mann schiebt das einfach weg.	Männer verdrängen, Frauen beschäftigen sich mit der Trauer
28	Ich denk, die Trauer hört nie auf. Es ist anders geworden, das Jahr wird immer besser, da wird man nie richtig mit klar kommen	Die Trauer ändert sich, hört aber nie auf
29	Anfangs war es eben sehr schwierig, weil alle ihre Freundinnen fingen an, sie heirateten, sie bekamen Kinder. Das ich da gar nicht mit umgehen konnte, aber das hat man alles gelernt.	Entwicklung der Peergroup ist anfangs schwer zu ertragen
30	Der Einstieg in die Arbeit wir immer schwieriger.	Einstieg in die Arbeit wir immer schwieriger
31	Das Begreifen, dass Jutta nicht mehr da ist, wird ja immer schlimmer. Die Trauer wird immer tiefer.	Trauer wird immer tiefer, immer schlimmer
32	Mann fängt an zu begreifen, daß sie nicht mehr da ist.	Trauer wird immer tiefer, immer schlimmer

Tabelle 57: Zweiter und dritter Analyseschritt der 6. Kategorie (Fortsetzung)

6. Verlauf

6.1. generelle Aussagen

lfd. Nr.	Paraphrase	Generalisierung
33	Man wird komischer, frustrierter. Ich kann es nicht mehr haben, wenn mich jemand umarmt, einen Kuß gibt oder Geschlechtsverkehr.	man wird frustrierter, distanzierter
34	...daß sich mein ganzes Leben nach Brittas Tod verändert hat. Die Freude ist nicht mehr da. Man kann fröhliche Menschen schlecht ertragen, oder Feiern.	Man verliert die Freude am Leben
35	In den letzten Jahren hab ich es begriffen, und kann ich mich in Britta hineinfühlen.	den Tod im Laufe der Jahre akzeptiert
36	Wir haben uns im Laufe der Jahre alles zusammengesucht, was es hätte sein können.	das „Warum?" bleibt
37	...wie kann man sich das alles so zu Herzen nehmen? Und im Laufe der letzten Jahre fing ich an genauso zu denken.	Übernahme von Ansichten und Eigenschaften des Suizidenten
38	...und man begreift ja gar nichts mehr.	man begreift nichts mehr
39	Man hat mit Mühe und Not das Bett gemacht, was zu essen gekocht. Aber das war alles so sinnlos.	leben ist sinnlos geworden
40	Arbeiten hätte ich nicht können, da hätte ich nicht funktioniert.	Arbeit wäre unmöglich gewesen
41	Die Welt geht so an einem vorbei. Es interessiert einen auch nicht.	leben ist sinnlos geworden
42	Dann hatte man nachts Alpträume. Man wachte auf, hatte Angst, weinte, und das dauerte auch jahrelang.	jahrelange Alpträume
43	Desinteresse, viel geweint und viel Sprechen, das hat mir auch geholfen.	weinen und viel reden
44	Britta liebte Vivaldi, Mozart oder Verdi, die kann ich mir jetzt mal leise anhören.	Übernahme von Eigenschaften des Suizidenten
45	Einladungen anzunehmen, das war schwer zu ertragen.	generell keine Teilnahme an Feiern
46	Das war auch nicht am Anfang, das kam auch erst später, daß man mal wiedersprach.	nach der Trauer seine Meinung durchsetzen
47	Auch der Gedanke: „Britta ist gestorben, was Schlimmeres kann mir nicht mehr passieren". Jetzt ist mir egal, was ich mache.	ein Schritt vor dem anderen
48	Ich hab lange gebraucht um mit ihr hier (in der Wohnung) zu sprechen.	man wird frustrierter distanzierter
49	Es ist kein Ende abzusehen, man geht nur anders damit um, man lebt anders damit.	Trauer wird immer tiefer, immer schlimmer
50	Wenn ich mir die Jahre so begucke, das war einfach immer wieder ein Schritt weitergehen, und immer wieder suchen und gucken.	ein Schritt vor dem anderen
51	Ich hab (nach 13 Jahren) nicht das Gefühl, da noch drunter zu leiden.	kein Leiden mehr
52	Wir haben viel Sachen gemacht, die schön waren aber, ich glaube ich hab mich nicht wirklich darüber gefreut.	schöne Sachen berührten einen nicht wirklich
53	...der Tag lief einfach vorbei, ohne daß ich viel Spaß daran hatte. Das wurde gemacht, ob ich nun in den Urlaub fuhr oder arbeiten ging. Es war im Grunde genommen alles vollkommen unwichtig.	leben ist sinnlos geworden
54	(Der Tod) war eigentlich immer präsent.	Der Tod war immer präsent.

Anhang C – Zweiter und dritter Schritt der Analyse

Tabelle 58: Zweiter und dritter Analyseschritt der 6. Kategorie (Fortsetzung)

6. Verlauf

6.1. generelle Aussagen

lfd. Nr.	Paraphrase	Generalisierung
55	Mir ist zumindest bewußt gewesen, was passieren kann wenn man sich zurückzieht.	Wissen über Konsequenz der Isolation
56	Hinzu kommt, daß mein Mann und ich nicht unbedingt immer nur reden. Wir brauchten auch ein Teil an Ruhe.	Abwechslung zwischen Reden können und Ruhe haben
57	Im Nachhinein denk ich mir, wenn man das noch etwas gezielter angegangen wäre, dann wäre es vielleicht ein bisschen schneller gegangen.	Trauer besser bearbeitet wenn gezielter angegangen
58	Aber ich glaube, man braucht auch seine Zeit. Es nützt auch nichts es übers Knie zu brechen.	Trauer braucht sein Zeit.
59	Zwischendurch habe ich dann ziemlich viel Wut gehabt, auch einfach darüber, erst mal, daß er das so gemacht hat....	Am Anfang hat man Wut, das legt sich.
60	Wir bekamen auf keine Frage eine Antwort.	das „Warum?" bleibt
61	Und auf dieses „Warum?" bekam man nie ein Antwort. Und das steht auch heute noch im Raum. Und damit habe ich mich abgefunden.	das „Warum?" bleibt
62	Ich bin in der ganzen Sache der Rationale geblieben oder der, der auch funktionieren mußte.	als Mann rationell an die Sache rangegangen
63	Wir haben versucht, jeden Stein umzudrehen, um etwas herauszukriegen. Aber wenn man nichts findet dann bleibt eben die Ratlosigkeit oder dieses "Warum?" bleibt.	dieses „Warum?" bleibt
64	Die Gespräche endeten immer an diesem Punkt, das war mit diesem „Warum?", und darauf kriegte ich nirgends eine Antwort.	das „Warum?" bleibt
65	Und die Angst war auch immer um den zweiten Sohn. Wenn der erste schon wie ein Blitz aus heiterem Himmel vor den Zug geht, warum sollte er nicht?	Angst um das zweite Kind

Tabelle 59: Zweiter und dritter Analyseschritt der 6. Kategorie (Fortsetzung)

6. Verlauf

6.2. direkte Zeitangabe

lfd. Nr.	Paraphrase	Generalisierung
66	...fortgesetzt hat sich die ersten vier Jahre immer das Thema: „Was hätte ich tun können?"	Gefühle vom Anfang auch nach Jahren noch da
67	...psychisch ist man das erste halbe - dreiviertel Jahr völlig down, und dann kommt das physische dazu.	...psychisch ist man das erste ½ -¾ Jahr völlig down
68	...und nach einem dreiviertel Jahr kam dann auch noch der physische Zusammenbruch.	nach eine ¾ Jahr kam der physische Zusammenbruch
69	Im erste Jahr nach Bernds Tod war ich selber sehr stark suizidgefährdet.	falsch Kategorie
70	Im erste Jahr nach Bernds Tod war ich selber sehr stark Suizid gefährdet.	im ersten Jahr nach dem Suizid selber stark suizidgefährdet
71	...also gerade in den erste zwei Jahren hatte ich sehr starke Erlebnisse.	spirituelle Erlebnisse in den ersten beiden Jahren
72	Also die ersten Erlebnisse hatte ich drei Tage nach seiner Beerdigung.	spirituelle Erlebnisse in den ersten drei Tagen nach der Beerdigung
73	Ich hatte also, die ersten zwei Wochen von morgens bis abends an seinem Grab gesessen...	ersten 2-3 Wochen ganzen Tag am Grab gesessen
74	...fünf Jahre nach Bernds Tod habe ich angefangen eine Therapie zu machen.	nach 5 Jahren Therapie begonnen
75	...in der ersten Zeit sind noch Verwandte da, Freunde noch da, aber nach drei vier Monaten halten die das nicht mehr aus mit Ihnen.	nach 3 – 4 Monaten ist man allein
76	So nach einem dreiviertel Jahr ist man ganz allein. Man ist der einsamste Mensch überhaupt.	nach ¾ Jahr ist man der einsamste Mensch
77	...in den ersten ein einhalb Jahren haben bei uns fast überhaupt keine Aktivitäten stattgefunden.	ersten 1 ½ Jahren keine Aktivität
78	...also in der Regel sagt man, so nach einem dreiviertel Jahr fängt die große Einsamkeit an.	nach ¾ Jahr fängt die große Einsamkeit an
79	Also ich hab die letzten drei Monate vor Bernds Tod fast keine Nacht mehr geschlafen.	3 Monate vorher fast keine Nacht mehr geschlafen
80	Und die letzten 14 Tage vor seinem Tod, da war das schon Telepathie.	ab 14 Tage vor seinem Tod Telepathie, daß das Kind stirbt
81	Man lebt eigentlich die ersten ein – zwei Jahre wirklich am Rande des Irrsinns. Man kann sich irgendwie auch gar nicht vorstellen, daß das Leben weiter geht.	ersten 1-2 Jahre lebt man am Rande des Irrsinns
82	Nach einem dreiviertel Jahr, kommt eine ganz schlimme Zeit, wo der Mensch realisiert, daß das Kind Tod ist.	nach ½ bis ¾ Jahr realisiert man, daß das Kind tot ist
83	Also das erste dreiviertel Jahr ist nur Schockphase.	erste ¾ Jahr ist nur Schockphase
84	Die Gefühle, die mich bewegt haben, die bewegen mich ja heute immer noch.	Gefühle vom Anfang auch nach Jahren noch da
85	Ich denke, es vergeht glaub ich keine Stunde, wo ich nicht an unsere Jutta denke.	Präsenz des Kindes
86	...ich wollt nicht mehr leben. Also, das hatte ich schon sehr stark, im ersth halben Jahr.	Suizidgefährdung im ersten ½ Jahr

185

Anhang C – Zweiter und dritter Schritt der Analyse

Tabelle 60: Zweiter und dritter Analyseschritt der 6. Kategorie (Fortsetzung)

6. Verlauf

6.2. direkte Zeitangabe

lfd. Nr.	Paraphrase	Generalisierung
87	Richtig begriffen haben wir es nach einem halben Jahr. Und dann kommt an sich so der Moment, wo es wirklich weh tut, wo es unentwegt einfach weh tut.	nach einem halben bis dreiviertel Jahr realisiert man, daß das Kind tot ist.
88	...so nach ein einhalb bis zwei Jahren, daß dann die Trauer erträglich wird...	Trauer wird nach 1 ½ Jahren erträglich.
89	Also, das hat ungefähr sechs Jahre gedauert, bis ich ihn (den Tod) akzeptiert habe.	6 Jahre, bis der Tod akzeptiert wurde
90	In den letzten drei Jahren hab es begriffen.	6 Jahre, bis der Tod akzeptiert wurde
91	Ich hab ein einhalb Jahre nur geweint.	1 ½ Jahre nur geweint
92	Also ich will immer noch über Brittas Tod reden (auch nach 9 Jahren).	Gefühle vom Anfang auch nach Jahren noch da
93	in den ersten drei Jahren nach Brittas Tod, in der Zeit, wo ich merkte, jetzt wird es langsam besser.	nach 3 Jahren wurde es langsam besser
94	Auf jeden Fall haben wir nach 6 Wochen schon ein Seminar mitgemacht.	nach 6 Wochen schon Seminar mitgemacht

Tabelle 61: Zweiter und dritter Analyseschritt der 6. Kategorien (Fortsetzung)

6. Verlauf

6.3. eigene Suizidgefährdung

lfd. Nr.	Paraphrase	Generalisierung
95	Man kann sagen: Ja ich gehe da lebendig durch (die Hölle) oder ich nehme mir selber das Leben.	entweder überstehen oder sterben
96	Freunde würd ich sagen, die haben mir das Leben gerettet.	Freunde haben mir das Leben gerettet
97	Das war so ein Gedanke, hinter ihm herzugehen.	will bei meinem Kind sein
98	Und ich hab mich ganz oft selber dabei erwischt, wie ich mit dem Auto ein Landstrasse entlang gefahren bin, mit 100, 150 und gedacht habe, eigentlich kannste jetzt auch loslassen. Ist doch eh egal, das Leben ist nicht mehr lebenswert.	das Leben ist nicht mehr lebenswert
99	...aber der innere Drang, auch hinter dem Kind hinterher zu gehen, ja, weil es nicht mehr da ist, und weil man es nicht mehr erleben kann.	will bei meinem Kind sein
100	...und vielleicht auch einfach zu gucken, wo er ist.	will bei meinem Kind sein
101	Ja, also letztendlich, wenn mir jetzt was passiert wäre, wär es ja auch egal gewesen.	Leben ist nicht mehr lebenswert
102	...also was soll ich hier noch?" Das ich mich auch immer damit beschäftigt habe, ich möchte bei ihr sein.	Leben ist nicht mehr lebenswert
103	Ich hab einfach gedacht, es gibt keine Zukunft mehr.	keine Zukunft mehr
104	Und dann ist es auch immer so, daß ich denke, ich will einfach nicht mehr hier sein.	nicht mehr leben wollen
105	Das ist nur, weil ich dann immer wieder an meinen Mann denke, und er ist noch alleine, und ich muß für ihn noch da sein.	Partner wäre sonst alleine
106	Ein Kind ist tot. Wozu lebt man noch?	Leben ist nicht mehr lebenswert
107	Sie haben an gar nichts mehr Freude. Man hat kein Lebensgefühl mehr. Man möchte am liebsten tot sein.	an nichts Freude haben, kein Lebensgefühl vorhanden
108	...der Wunsch nicht mehr zu leben.	Leben ist nicht mehr lebenswert
109	Es wird einem alles zuviel, was man hört und was man sieht. Man möchte sich abkapseln von allen	kraftlos
110	„Warum leb ich noch?" Ich hab gedacht, so, ich will mich jetzt auch weg machen.	Leben ist nicht mehr lebenswert
111	Der Gedanke war da, daß ich sagte: „Ich hab kein Recht mehr zu leben." Jetzt muß ich das tun, aber der Mut war nicht da.	ich habe kein Recht mehr zu leben
112	Was noch ganz wichtig war halt unser zweiter Sohn. Ob ich das damals ohne ihn geschafft hätte, weiß ich gar nicht.	mein anderes Kind wäre sonst alleine
113	Also ich hätte schon in Streßsituationen mir das Leben nehmen können.	in Stresssituationen
114	Müdigkeit, keine Lust mehr, einfach nicht mehr zu wollen, keine Kraft mehr zu haben, zu sagen, es ist vielleicht besser nicht mehr zu leben, als zu leben.	Leben ist nicht mehr lebenswert
115	Ich wußte für meine Person, daß das Leben weitergeht.	das Leben geht weiter

Anhang C – Zweiter und dritter Schritt der Analyse

Tabelle 62: Zweiter und dritter Analyseschritt der 6. Kategorie (Fortsetzung)

6. Verlauf

6.4. Spirituelles

lfd. Nr.	Paraphrase	Generalisierung
116	Einen Tag bin ich wach geworden an diesem Grab und hab so neben mich geguckt, und da standen so links und rechts neben mir zwei Männer, in schwarz gekleidet mit Zylinder, und die haben mich angeguckt und mir die Hand gereicht. Und später hab ich so gedacht, das waren die, die mich mitnehmen wollten zu Bernd.	zwei Männer rechts und links in schwarz mit Zylinder, angesehen und Hand gereicht
117	Er (der Sohn) hat mich nur angeguckt, hat gewunken, als wenn er sagen wollte: Mama guck mal, so bin ich heute. Genauso wie Du dir das immer gewünscht hast."	Das Kind hat geschaut, gewinkt, als wenn es sagen wollte: ich bin so, wie Du es wolltest.
118	Ich habe nur einmal von Britta geträumt, da stand sie mit zwei anderen schwarz gekleideten Mädchen in so einer Hütte, als wenn sie auf der Weide ein Unterstellplatz für Pferde haben und dann lächelte sie und sagte zu mir: Mama mir geht es gut!	Kind stand zwischen zwei schwarz gekleidete Mädchen in einer Hütte und sagte, ihr ginge es gut
119	Die Schwester hat auch mal geträumt, das Britta ihr gesagt hat: „Sag deiner Mama, mir geht es gut!"	Schwester vom Suizidenten träumte das die Suizident sagte, die solle der Mutter sagen, es ginge ihr gut
120	Und im ersten Moment als Britta starb, da fängt man an, mit dem lieben Gott zu hadern und hat seine Zweifel. Warum tust Du mir das an? Warum nicht den anderen? Aber mir hat der Glaube sehr geholfen!	Zweifel an Gott: Warum tust Du mir das an?
121	Ich habe immer das Gefühl, sie ist beim lieben Gott, und es geht ihr gut. Das bestärkt mich, weil ich weiß, sie glaubte, (deshalb) ist bei mir der Glaube noch intensiver geworden.	Gefühl, dass sie bei Gott ist und es ihr gut geht
122	In der ersten Zeit hat man schon gehadert aber dann fing das schon an über Gott: Hilf mir, daß ich nicht verrückt werde, daß ich irgendwie wieder alles begreife, daß es etwas erträglicher wird, daß man wieder essen kann, daß man wieder schlafen kann!"	Zuerst an Gott gezweifelt dann aber im Glauben gefestigt
123	Beim Tod von Frederik habe ich das komplett weggeschoben. Ich habe jegliche Beziehung zur Kirche, zum Glauben, zu Gott abgebrochen.	beim Tod des Kindes alle Beziehungen zur Kirche abgebrochen
124	Der (Glaube) hat eine große Rolle gespielt.	Glaube hat ein große Rolle gespielt
125	Also letztendlich haben wir dann Gott die Schuld gegeben und haben gesagt: Wenn Du das zulassen kannst, dann kannst Du nicht mein Gott sein.	Gott die Schuld an dem Suizid gegeben
126	Während der Gottesdienste und durch Gebete, die dann gesprochen wurden, hab ich gemerkt, daß ich eigentlich doch eine relativ enge Beziehung zur Kirche und zu Gott habe	Glaube hat ein große Rolle gespielt

Tabelle 63: Zweiter und dritter Analyseschritt der 6. Kategorie (Fortsetzung)

6. Verlauf

6.5. Persönlichkeit

ftl. Nr.	Paraphrase	Generalisierung
127	Positiv ist, daß sich meine ganze Lebenseinstellung verändert hat, sie war doch sehr materialistisch. Und das ist heute unwichtig. Mir ist es auch unwichtig, ob ich mein Konto überzogen habe oder ist total unwichtig, was ich anziehe und bin auch gründlicher gegenüber Menschen.	Lebenseinstellung ist nicht mehr materialistisch
128	Ich würde mich heute nicht mehr mit oberflächlichen Menschen abgeben.	keine oberflächlichen Bekanntschaften
129	...daß ich viel empfindlicher bin, und ich kann einfach ganz anders damit umgehen, ich kann mit den Leuten auch darüber reden. Also, das ist etwas, was ich daraus gelernt habe, aus dieser Zeit.	sensibler gegenüber Menschen
130	Auch im allgemeinen, wenn was passiert ist, ich kann da ganz anders mit den Leuten reden.	sensibler gegenüber Menschen
131	...daß ich viel sensibler geworden bin, daß ich vielleicht viel besser mit anderen Menschen umgehe, wo ich sonst vielleicht oberflächlich gewesen bin. Daß ich auf die zugehen mag, mit den darüber reden mag, es einfach versuche.	sensibler gegenüber Menschen
132	Ich sag jetzt schon mal eher, was ich früher nicht gemacht habe, den Leuten die Meinung.	die Meinung sagen
133	Ich laß mir nicht so alles gefallen. Also ich habe wenig Möglichkeiten, aber man ist irgendwie stärker geworden.	aus der Trauer Kraft geschöpft
134	Jetzt sag ich meine Meinung oder wehre mich auch mal und nehme auch nicht alles so ernst.	die Meinung sagen
135	Aus diesem Elend, aus dieser Trauer hat man aber auch Kraft geschöpft.	aus der Trauer Kraft geschöpft
136	Das läßt sich schlecht in ein paar Worte fassen. Ich würde sagen, ich habe in dieser Zeit eine Entwicklung gemacht, die hätte ich nie gemacht, wenn das nicht passiert wäre. Also, daß viele Dinge, ob das Konsumgeschichten oder was auch immer (sind), überhaupt keine Rolle mehr spielen, daß Dinge, die wirklich wichtig sind, lernt zu leben. Daß Menschen nicht mehr so eine wichtige Rolle spielen, die einem wirklich nicht gut tun, daß man vieles nicht mehr an sich ran lässt. Also, man verändert sich aber zum Positiven, das man oft viel bewußter lebt.	Entwicklung zum bewußteren Leben
137	Heute bin ich mir sicher, daß solche Einbrüche nicht in der Form aber jeder negative Einbruch einfach nur weiterbringt und weiterentwickelt.	Reifung durch Schicksalsschläge
138	Tod verbindet, würde ich das in etwa so sehen.	Tod verbindet

Anhang C – Zweiter und dritter Schritt der Analyse

Tabelle 64: Zweiter und dritter Analyseschritt der 7. Kategorie

7. Eigene Ideen über das Begehen von Suizid

7.0

lfd. Nr.	Paraphrase	Generalisierung
1	Ich bin der festen Überzeugung, daß die Menschen, die sich das Leben nehmen, im Leben schon vorher weggewesen sind. Und das, wenn jemand vom Hochhaus springt oder sich von der Brücke stürzt, das kann man nicht bei normalem Bewußtsein machen. Die haben gar keins mehr. Die haben vorher mit dem Leben abgeschlossen.	Menschen, die sich das Leben nehmen sind vorher schon geistig und seelisch abwesend
2	Man kann den Menschen keinen Vorwurf machen, die das tun.	Suizidanten kann man keinen Vorwurf machen.
3	Freitod ist der falsche (Begriff), absolut. Er suggeriert etwas Negatives.	Freitod suggeriert etwas Negatives.
4	Das hat sie auch aufgeschrieben, daß sie einfach nicht klarkommt mit dieser ganzen Welt.	Gesellschaft
5	Sie hatte natürlich auch den falschen Beruf gehabt, denke ich.	falscher Beruf
6	Das können alles Auslöser für ihren Tod gewesen sein.	Es kann alles gewesen sein
7	Sie hat ihren Tod lange im voraus geplant.	den Tod lange geplant
8	Wir haben immer das Gefühl, sie guckt uns hier über die Schulter.	Präsenz des Kindes
9	Es ist traurig, daß sie mit dem Leben nicht fertig wurde.	Gesellschaft
10	Ich weiß nicht ob, sie sich vorher überlegt hat, wie die Mutter und die Schwester darunter leiden können, wenn sie nicht mehr da ist. Aber sie muß ja so verzweifelt und mit allem fertig gewesen sein, daß sie keinen Ausweg mehr fand, und da kann ich doch keine Wut auf mein Kind haben.	Verzweiflung
11	Und dann gab es auch Zeiten in denen ich dachte: Naja, sie ist krank. Aber das denk ich heute nicht mehr.	Gesellschaft
12	Britta ist nicht krank, aber die Gesellschaft, in der sie gezwungen ist zu leben...	Gesellschaft
13	Und dann habe ich begriffen, es ist Veranlagung, Veranlagung eines jeden einzelnen Menschen, wie man mit dem Leben fertig wird.	Veranlagung
14	Also, jeder trägt seinen Teil dazu bei oder gibt weiter, was er auch selber erfahren hat.	Jeder trägt dazu bei.
15	...also, ich hab das sehr intensiv gelebt, sie hat dachte, das erlebt manch einer in 80 Jahren nicht, daß ich das Gefühl hatte, sie hat gelebt, daß sie denkt, sie hat nicht viel Zeit.	Das Kind hat sehr intensiv gelebt
16	Ich meine es kann nicht sein, daß es wegen einer Schokolade zum Selbstmord kommt, und daß er gegen einen Sextaner Tischtennis verloren hat. Da kam dann für mich die Frage, wenn es so war, dann war er auch nicht lebenstüchtig. Mit solchen Situationen muß man fertig werden, daß ich auch sage, das kann es nicht gewesen sein.	keine Alltagsprobleme

190

Therapeutische und beratende Arbeit mit Eltern suizidierter Kinder

ISBN-Nr. 3-8324-7819-1

im Online-Katalog unter www.diplom.de :

Ausgewählte Aspekte des Suizids bei Jugendlichen
J. Weitz / Magdeburg/ 2002 / 114 Seiten / 198,00 EUR / Best.-Nr. 6066

Destruktivität und Suizid
F. Wolf / Hamburg / 2002 / 83 Seiten / 148,00 EUR / Best.-Nr. 6408

Krisenintervention und Prävention
Bei suizidgefährdeten Jugendlichen
C. Lang / Österreich / 2000 / 87 Seiten / 74,00 EUR / Best.-Nr. 3104

Suizidalität
Eine kritische Betrachtung epidemiologischer, theoretischer, diagnostischer und interventiver Aspekte der Suizidforschung
U. Schwaff / Oldenburg / 1996 / 142 Seiten / 74,00 EUR / Best.-Nr. 4326

Zum Phänomen Amok
Eine sozialwissenschaftliche Untersuchung
S. Sehle / Göttingen / 1999 / 131 Seiten / 74,-- EUR / Best.-Nr. 2836

Aussagekräftige Inhaltsangaben und Inhaltsverzeichnisse zu den Studien können kostenlos und unverbindlich unter www.diplom.de eingesehen werden. Zu den oben genannten Preisen stehen die Studien direkt unter www.diplom.de als Download zur Verfügung.

Die Studien können auch gegen 5,00 EUR Aufschlag als Printausgabe oder auf CD-ROM online unter www.diplom.de oder per Fax unter 040 / 6 55 99 222 bestellt werden. Die Versandkosten werden mit 5,00 EUR in Rechnung gestellt.

Studierende erhalten auf den Preis vieler Studien eine Ermäßigung von 50 %.